KB252270

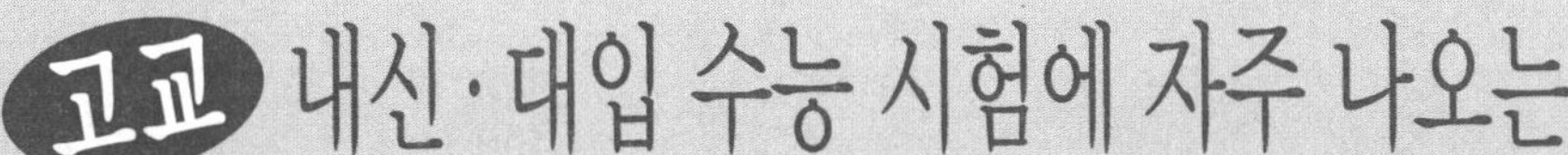

23주 완성 필수 어휘 풀이 사전

- 고사성어 · 속담 · 다의어 · 관용어 -

정문간 엮음

서림문화사

머리말

고등 학교 국어 학습은 여러 갈래의 공부를 요구한다. 내용의 이해, 언어의 의미 파악, 지문의 요지 분석, 문학 작품의 감상 및 상징성 이해, 문법과 고문… 등, 그런데 이 가운데 학교 교육에서 중요하게 취급하지 않으면서 시험에는 빠짐 없이 출제되는 단골 문제들이 있다. 고사·사자 성어와 속담·다의어·관용어로 불려지는 우리말 '어휘' 들이다. 그렇다고 이들만을 따로 공부하기도 쉽지 않으며 또 이에 적합하게 엮어진 자료 역시 충분하지 않다.

이 책은 이처럼 소홀히 할 수도 없고, 그렇다고 정복하기도 마땅치 않은 이와 같은 고사·사자 성어와 우리말 어휘 가운데 수능 시험과 내신 문제에 가장 많이 출제되는 문제만을 골라, 한 주마다 고사·사자 성어와 속담·다의어·관용어를 알맞게 배분하여 학습하게 하였고, 또 학습한 것을 다시 한번 문제로써 반복 확인하고 정리하도록 꾸몄다.

따라서 여러분은 수능과 내신 준비를 하는 귀중한 시간을 별도로 할애하지 않고 하루 가운데 조금씩 남는 짜투리 시간을 이용하여 고사성어와 우리말 어휘를 완전 정복할 수 있도록 하였다. 아무쪼록 이 책으로써 여러분의 고사와 우리말 어휘력 수준을 높이고 국어 실력을 향상할 수 있게 되기 바란다.

차 례

제 1 주 ● 6

제 2 주 ● 14

제 3 주 ● 24

제 4 주 ● 34

제 5 주 ● 44

제 6 주 ● 54

제 7 주 ● 64

제 8 주 ● 74

제 9 주 ● 84

제 10 주 ● 92

제 11 주 ● 102

제 12 주 ● 112

제 13 주 ● 122

제 14 주 ● 132

제 15 주 ● 142

제 16 주 ● 150

제 17 주 ● 160

제 18 주 ● 170

제 19 주 ● 180

제 20 주 ● 190

제 21 주 ● 200

제 22 주 ● 210

제 23 주 ● 218

부록-관용어 ● 229

고교생을 위한 23주 완성

어휘 풀이 사전

고사 성어 · 속담 · 다의어 · 관용어

정문간 엮음

고 사 성 어

각주구검 刻舟求劍

刻 : 새길 각　舟 : 배 주　求 : 구할 구　劍 : 칼 검

칼을 강물에 떨어뜨리자 뱃전에 칼자국을 내어 표시해 두었다가 나중에 칼을 찾으려했다는 뜻으로, 융통성이 없고 낡은 것만 고집하는 어리석음을 비유한 말이다.

　전국 시대 때 초 나라 사람이 배를 타고 양자강을 건너고 있었다. 배가 강의 중심을 지나고 있는데 그만 실수로 칼을 강물에 빠뜨리고 말았다. 그는 칼을 건지려고 했으나 이미 강물 속으로 깊이 가라앉은 뒤였다. 그는 곧 단검을 빼어들고 뱃전에 칼자국을 내어 표시를 하였다. 이윽고 배가 나루터에 닿자 그는 표시를 해놓은 뱃전 밑 물 속으로 뛰어들어 칼을 찾았으나 끝내 찾지 못했다. 배가 움직인 사실을 계산에 넣지 않았던 것이다. 결국 그는 구경하던 사람들의 웃음거리가 되고 말았다.

　각주구검(刻舟求劍)이라는 말은 이처럼 '뱃전에 칼자국을 내어 표시를 하여 놓고 강물에 빠진 칼을 찾는다' 는 뜻으로, 세상이 변한 줄 모르고 너무도 완고하여 융통성이 없거나 어리석은 사람을 가리키는 말로 쓰이게 되었다. 각주구검을 줄여서 각주(刻舟), 각선(刻船), 각현(刻舷)이라고도 한다.

＊출전 : 〈여씨춘추(呂氏春秋)〉 찰금편(察今篇)

간담상조 肝膽相照

肝 : 간 간 膽 : 쓸개 담 相 : 서로 상 照 : 비칠 조

간과 쓸개를 서로 꺼내어 보인다는 뜻으로서, 마음을 터놓고 지내는 절친한 사이를 가리키는 말이다.

　당(唐) 나라 헌종 때 유종원은 친구인 유우석이 파주 자사로 좌천되었다는 소식을 듣고 황제에게 청원하여 자신이 그 곳으로 부임하였다. 대신에 늙은 어머니를 모시고 사는 유우석은 파주보다 형편이 나은 연주로 가게 되었다. 이 사실을 전해들은 한유는 유종원의 진실한 마음씨에 깊이 감동하여 나중에 유종원의 묘지명을 지었다. '간담상조'란 바로 이 묘지명에 나오는 말인데, 한유는 평소엔 간과 쓸개를 내보일 정도로 친하게 지내다가도 조그만 이해 관계가 생기면 언제 보았냐는 듯이 돌아서는 세태를 탓하고, 참다운 우정이란 곤경에 처했을 때 나타난다고 하며 유종원을 칭송하였다. 한유(韓愈)와 유종원(柳宗元)은 당송 팔대가로 당대의 뛰어난 문인이었으며, 그 둘의 우정 또한 매우 깊어 세인들로부터 '한유(韓柳) 사이' 라고 불려지기도 하였다.

＊출전 : 한유(韓愈)의 〈유자후 묘지명(柳子厚 墓誌銘)〉

사자성어

가담항어 街談巷語 ·················· 街 : 거리 가, 談 : 말씀 담, 巷 : 거리 항, 語 : 말씀 어
세상의 풍설, 곧 세상에 떠도는 뜬소문.
- **동의어** 가담항설(街談巷說)
- **유사어** 유언비어(流言蜚語)

가렴주구 苛斂誅求 ·················· 苛 : 가혹할 가, 斂 : 거둘 렴, 誅 : 거둘 주, 求 : 탐낼 구
조세를 가혹하게 징수하여 백성의 재물을 강제로 빼앗음.

가빈사양처 家貧思良妻 ··· 家 : 집 가, 貧 : 가난할 빈, 思 : 생각할 사, 良 : 어질 량, 妻 : 아내 처
집이 가난해지면 어진 아내를 생각함. 넉넉히 지낼 때와는 달리 궁박한
지경에 이르면 어진 관리자를 생각하게 됨.

가빈친로 家貧親老 ·················· 家 : 집 가, 貧 : 가난할 빈, 親 : 친할 친, 老 : 늙을 로
집이 가난하고 어머니가 늙었을 때는 그 봉양을 위해서 마땅치 않은 벼
슬자리라도 가서 한다는 말.

가인박명 佳人薄命 ·················· 佳 : 아름다울 가, 人 : 사람 인, 薄 : 얇을 박, 命 : 목숨 명
미인은 대개 불행하거나 명이 짧다는 말.
- **동의어** 미인박명(美人薄命)
- **유사어** 다재다병(多才多病)

가정맹어호 苛政猛於虎 ··· 苛 : 가혹할 가, 政 : 정사 정, 猛 : 사나울 맹, 於 : 어조사 어, 虎 : 범 호
가혹한 정치의 해로움은 사나운 호랑이보다 무섭다는 말.

각골통한 刻骨痛恨 ·················· 刻 : 새길 각, 骨 : 뼈 골, 痛 : 아플 통, 恨 : 한할 한
원한이 뼈에 사무쳐 잊혀지지 않고 매양 깊이 한탄함.
- **동의어** 각골지통(刻骨之痛)
- **유사어** 원입골수(怨入骨髓), 철천지한(徹天之恨)

간성지재 干城之材 ·················· 干 : 방패 간, 城 : 재 성, 之 : 갈 지, 材 : 재목 재
방패와 성의 구실을 하는 인재란 뜻으로, 국방의 책임을 다할 장수를 이
르는 말.

간악무도 奸惡無道 ·················· 奸 : 간사할 간, 惡 : 악할 악, 無 : 없을 무, 道 : 길 도

간악하고 무지막지함.

갈이천정 渴而穿井 ·············· 渴 : 목마를 갈, 而 : 어조사 이, 穿 : 뚫을 천, 井 : 우물 정
목이 마를 때 비로소 우물을 판다는 뜻으로, 일을 당해서 시작하면 이미
때가 늦다는 말.

감개무량 感慨無量 ·············· 感 : 느낄 감, 慨 : 슬퍼할 개, 無 : 없을 무, 量 : 양 량
사물에 대한 회포의 느낌이 한없이 깊고 큼.

감언이설 甘言利說 ·············· 甘 : 달 감, 言 : 말씀 언, 利 : 이로울 이, 說 : 말씀 설
달콤한 말과 이로운 조건을 내세워 꾀는 말.

감탄고토 甘呑苦吐 ·············· 甘 : 달 감, 呑 : 삼킬 탄, 苦 : 쓸 고, 吐 : 토할 토
달면 삼키고 쓰면 뱉는다는 뜻으로, 인정의 간사함을 이르는 말.
　　유사어 염량세태(炎凉世態)

강호연파 江湖煙波 ·············· 江 : 물 강, 湖 : 물 호, 煙 : 연기 연, 波 : 물결 파
강이나 호수 위에 안개처럼 보얗게 서리는 잔물결.

개과천선 改過遷善 ·············· 改 : 고칠 개, 過 : 허물 과, 遷 : 옮길 천, 善 : 착할 선
지난 허물을 고치고 착하게 됨.

거두절미 去頭截尾 ·············· 去 : 갈 거, 頭 : 머리 두, 截 : 끊을 절, 尾 : 꼬리 미
머리와 꼬리를 자름, 곧 앞뒤의 잔사설은 빼고 요점만 말함.

거안제미 擧案齊眉 ·············· 擧 : 들 거, 案 : 안석 안, 齊 : 가지런할 제, 眉 : 눈썹 미
밥상을 눈 높이로 들어 바친다는 뜻으로, 아내가 남편을 공경하는 예절
을 이름.
　　유사어 제미지례(齊眉之禮)

거재두량 車載斗量 ·············· 車 : 수레 거, 載 : 실을 재, 斗 : 말 두, 量 : 양 량
물건을 수레에 싣고 말(斗)로 된다는 뜻으로, 물건이 아주 흔해빠짐을
비유한 말.

건곤일척 乾坤一擲 ·············· 乾 : 하늘 건, 坤 : 땅 곤, 一 : 한 일, 擲 : 던질 척
하늘과 땅을 걸고 한 번 주사위를 던진다는 뜻으로, 운명을 걸고 단판 승
부를 겨룸을 비유한 말.

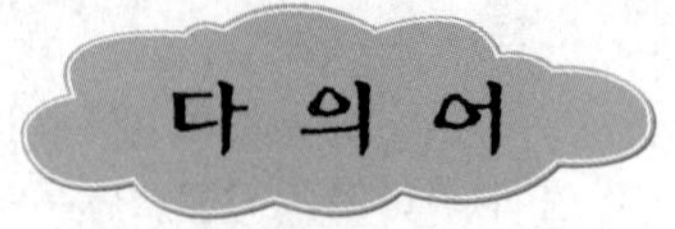

가누다

① (몸을) 바른 자세로 가지다. 예 아직 목을 가누지 못하는 아기.
“술, 술, 술, 술을 더 가져오란 말야, 내일 나는 1계급 특진이고, 상금을 받으니까 오늘은 밤새도록 마셔야 하잖아.” 몸을 못 가눌 정도로 취했으면서도 술만 자꾸 마시는 황 순경이 고래고래 소릴 질렀다. 〈신석상-신의 바람〉
② (기운이나 정신을) 가다듬어 차리다. 예 자꾸 가물거리는 의식을 겨우 가누어 주위를 살펴보았다.
③ (일을) 휘어잡아 처리해 내다. 예 나이 어린 소녀가 집안 일을 곧잘 가누어 간다.

가늠

① 어떤 목표나 기준에 맞고 안 맞음을 헤아려 보는 것. 또는 헤아리는 목표나 기준. 예 짙은 안개 때문에 한치의 앞도 가늠을 할 수 없다. 이십 년이라면 그것이 얼마나 긴 세월이었는지 제대로 가늠도 되지 않을 정도로 오랜 시간인데도, 조금도 변하지 않은 고향을 보고 싶은 것일까. 〈신상웅-타자의 마을〉
② 일이 되어 가는 형편이나 기미를 살펴 얻은 짐작. 예 오늘날과 같은 불확실성의 시대에는 미래에 대한 가늠이 쉽지 않다.

가다

① (한 곳에서 다른 곳으로) 옮겨 움직이다. 예 미국으로 가다.
② 지향점을 가지고 나아가다. 예 민주주의로 가는 길.
③ (어떤 곳에) 복무하거나 종사하기 위하여 다니다. 예 그는 일요일이면 교회에 간다. 만 여섯 살이면 학교에 갈 수 있다.
④ (어떤 직책으로) 자리를 옮기다. 예 그는 모 재벌 회사에 스카웃되어 부장으로 갔다.
⑤ (소식이나 연락 등이) 전달되다. 예 최종 합격자에게는 낼모레 사이에

연락이 갈 것이다.

⑥ (물건이 어떤 사람에게) 옮겨지다. 예 재 손에 갔다 하면 남아 나는 물건이 없다니까.

⑦ (관심이나 짐작 등이) 미치다. 예 누가 그런 짓을 했는지 도무지 짐작이 가지 않았다.

⑧ (시선 따위가) 미치다. 예 교정에 소담하게 핀 목련꽃에 눈길이 가다.

가닥

① 한 군데에 딸린 낱낱의 줄. 예 여러 가닥으로 꼰 동아줄.

② '줄기' 의 뜻을 나타내는 말. 예 한 가닥의 희망. 한 가닥의 빛. 한 가닥의 물줄기.

가라앉다

① (물에 떠 있거나 섞여 있는 것이) 밑바닥에 내려앉다. 예 배가 물 밑으로 가라앉았다.

② (흥분이나 아픔 따위가) 수그러들거나 사라지다. 예 흥분이 가라앉다.

③ (숨결이나 기침 따위가) 순하게 되다. 예 밤새 기침이 심하더니 새벽이 되자 가라앉았다.

④ (바람이나 파도가) 잠잠해지다. 예 파도가 가라앉자 어부들은 출어 준비를 서둘렀다.

⑤ (붓거나 부풀었던 것이) 줄어들어 본래대로 되다. 예 약을 발랐더니 부기가 가라앉았다.

⑥ (떠들썩하던 것이) 조용해지다. 예 떠들썩한 분위기가 가라앉다.

⑦ 조용하고 침착하다. 예 그의 목소리는 착 가라앉아 있었다.

가리다

① (여럿 가운데서) 어떤 것을 구별하여 고르다. 예 친구는 잘 가려 사귀어야 한다.

② (어린아이가) 낯선 사람을 싫어하다. 예 이 애는 낯을 가리지 않는구나.

③ (셈을) 따져 밝히다. 예 빚을 가리다.

④ 시비(是非)를 분간하다. 예 잘잘못을 가려 본들 무엇 하겠니?

⑤ (머리를) 대강 빗다.

⑥ (음식을) 편식하다. 예 음식을 가려 먹지 말아라.

1. 다음의 한시 내용과 관계 깊은 한자 성어는?

　① 누란지위(累卵之危)　　　② 고복격양(鼓腹擊壤)

　③ 가렴주구(苛斂誅求)　　　④ 무위도식(無爲徒食)

　⑤ 혹세무민(惑世誣民)

> "금준미주(金樽美酒)는 천인혈(千人血)이요, 옥반가효(玉盤佳肴)는 만성고(萬姓膏)라. 촉루락시(燭淚落時) 민루락(民淚落)이요, 가성고처(歌聲高處) 원성고(怨聲高)라."
>
> **해석** "금동이의 감미로운 술은 천 명 백성의 피요, 옥소반의 맛있는 안주는 만 백성의 기름이라, 촛불 눈물 떨어질 때 백성 눈물 떨어지고, 노랫소리 높은 곳에 원망 소리 높았더라."

2. 다음 글에서 한국인의 모습을 단적으로 드러낼 수 있는 말은?

　① 군계일학(群鷄一鶴)　　　② 난형난제(難兄難弟)

　③ 대동소이(大同小異)　　　④ 우후죽순(雨後竹筍)

　⑤ 각양각색(各樣各色)

> 　시장에는 많은 사람들로 붐빈다. 뚱뚱한 아주머니, 목소리가 크고 인심이 후한 아저씨, 날씬하고 청순한 모습의 처녀, 우락부락하게 생긴 총각, 비쩍 마른 노인, 허리가 굽은 할머니, 욕심꾸러기 꼬마…… 한국인의 모습은 다양하다.

3. 다음 글에서 나타나는 최 변호사의 인물됨과 가장 가까운 말은?

① 호가호위(狐假虎威)　　② 감탄고토(甘呑苦吐)
③ 토사구팽(兎死拘烹)　　④ 허장성세(虛張聲勢)
⑤ 암중모색(暗中摸索)

최 변호사 : 영감, 왜 노망이슈? 누가 당신 서사고, 머슴인 줄 아슈? 누구
　　　　　게 욕설이구 누구게 패담이야!
이중생 : 　에끼, 적반하장두 유만부동이지. 배라먹을 놈 같으니라구!
　　　　　은혜도 정리두 몰라 보구, 살구도 죽은 송장을 맨들어 말 한
　　　　　마디 못하구 송두리째 재산을 빼앗기게 해야 옳단 말인가!
최 변호사 : 헛헛……. 영감, 말씀 좀 삼가시죠. 영감 가정 일은 가정 일이
　　　　　구, 내게 내줄 것이나 깨끗이 셈을 하십쇼.

4. 다음 글의 인물을 평가하기에 가장 적절한 한자 성어는?

① 결초보은(結草報恩)　　② 백면서생(白面書生)
③ 견위치명(見危致命)　　④ 무위도식(無爲徒食)
⑤ 대의멸친(大義滅親)

　　참의 고경명(高敬命)은 광주 사람이니 임진왜란에 의병을 일으켜서 금
산의 왜적을 치다가 패하여 아들 인후와 막하에 있던 유팽로(柳彭老), 안
영(安瑛)과 함께 죽었다. 또 장자인 종후가 원수를 갚으려 군을 일으켰다
가 진주에서 죽었다.

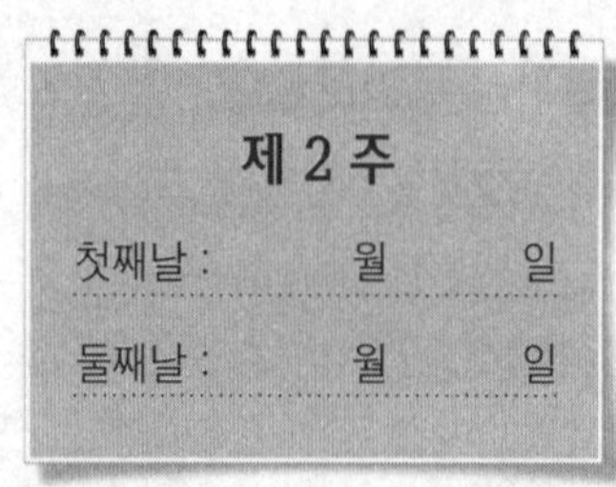

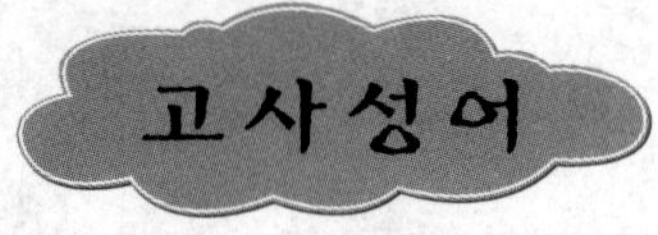

결초보은 結草報恩

結 : 맺을 결 草 : 풀 초 報 : 갚을 보 恩 : 은혜 은

풀을 엮어서 은혜를 갚음. 곧 죽어서까지도 잊지 않고 은혜를 갚는다는 뜻.

춘추 시대 진(晉) 나라 선공 때 위무자라는 사람이 병에 걸리자 아들인 과를 불러 자기가 죽거든 애첩(과의 서모)을 개가시키라고 하였다. 그런데 병이 깊어지자 위무자는 다시 아들에게 애첩을 반드시 순사(殉死 : 따라 죽음)하게 하라고 말하였다. 그러나 위무자가 죽자, 과는 서모를 순사 시키지 않고 개가를 하게 하였다.

그후 진(秦) 나라가 진(晉) 나라를 공격해왔다. 이 싸움에 출전한 위과는 진(秦)의 두회라는 장수와 싸워 목숨이 위태롭게 되었는데, 어느 노인이 두회의 발 앞에 있는 풀을 엮어서 걸려 넘어지게 하여 그를 잡을 수 있게 도와주었다. 그날 밤 위과의 꿈 속에 그 노인이 나타나서 말했다.

"나는 그대가 시집보내준 여자의 아비 되는 사람이오. 그대가 선친의 바른 유언을 따라 내 딸이 죽지 않고 살았으므로 내가 그 은혜를 갚은 것이오."

＊출전 : 〈춘추좌씨전(春秋左氏傳)〉 선공(宣公)

계명구도 鷄鳴狗盜

鷄 : 닭 계　鳴 : 울 명　狗 : 개 구　盜 : 도둑 도

닭의 울음소리를 잘 내는 사람과 개 흉내를 내는 좀도둑이라는 말로, 천박한 재주를 가진 사람도 때로는 쓸모가 있다는 뜻이다.

전국 시대 중엽 제(齊) 나라의 맹상군은 널리 인재를 모으는 일에 힘썼다. 유명한 문사나 무사는 물론 온갖 재주꾼이나 무뢰한들도 맹상군의 식객이 되었다. 그 중에는 닭의 울음소리를 잘 내는 사람과 밤에 개가죽을 둘러쓰고 남의 집에 숨어들어 도둑질하는 좀도둑도 있었다.

이 무렵 진(秦) 나라의 소양왕은 맹상군을 초청하여 재상으로 삼으려다 그만두고 오히려 그를 죽이려고 하였다. 이를 눈치챈 맹상군은 좀도둑으로 하여금 진상품을 훔쳐오게 하여 그를 왕의 총희에게 주어 죽음을 모면하고 귀국 길에 올랐다. 하지만 소양왕은 곧 추격을 명령했다. 맹상군 일행은 한밤중이 되어 국경에 이르렀으나 관문이 닫혀 있었다. 이때 닭 울음소리를 잘 내는 사람이 나서서 닭의 울음소리를 흉내내자 사방의 닭들이 울어대어 새벽이 된 줄로 착각한 병졸이 관문을 열었다. 맹상군 일행은 재빨리 관문을 빠져 나와 어둠 속으로 사라졌다.

＊출전 : 〈사기(史記)〉 맹상군열전(孟嘗君列傳)

곡학아세 曲學阿世

曲 : 굽을 곡 學 : 배울 학 阿 : 아첨할 아 世 : 인간 세

학문을 왜곡하여 세속에 아부함. 곧 학문의 정도를 버리고 출세에 눈이 어두워 시류에 영합한다는 말이다.

전한(前漢)의 경제(景帝) 때 원고생(轅固生)이라는 학자가 있었다. 그는 학문이 깊어 박사(博士)가 되었는데, 두려움 없이 바른 말을 잘하기로 유명했다. 무제(武帝)가 즉위하자 원고생은 나이가 아흔이나 되었지만 또 불려나갔다. 그러자 무제에게 아첨하던 많은 사이비 학자들이 그의 등용을 극력 반대하였다. 그러나 무제는 이를 듣지 않고 그와 더불어 공손홍(公孫弘)이라는 소장 학자를 함께 등용하였다. 공손홍 또한 다른 사람들과 마찬가지로 원고생을 늙은이라고 무시하였지만 원고생은 전혀 개의치 않고 공손홍에게 이렇게 말했다.

"자네는 올바른 학문을 열심히 갈고 닦아 세상에 펼쳐주기 바라네. 부디 학문을 왜곡하여 세상의 속물들에게 아첨하지 말게나."

이 말을 듣자 공손홍은 자신의 무례를 부끄럽게 여겨 사죄하고 원고생의 제자가 되었다고 한다.

＊출전 : 〈사기(史記)〉 유림열전(儒林列傳)

공중누각 空中樓閣

空 : 빌 공 中 : 가운데 중 樓 : 다락 루 閣 : 집 각

공중에 떠 있는 누대와 전각. 근거나 토대가 없는 사물이나 생각을 말한다.

북송(北宋)의 학자 심괄이 지은 '몽계필담'에 다음과 같은 이야기가 실려 있다.

'등주는 사면이 바다에 둘러싸여 있는데 봄과 여름에는 저 멀리 아득한 곳에 성곽과 누대의 모습을 볼 수 있다. 이 고장 사람들은 이것을 해시라 한다.'

훗날 청 나라의 학자 적호는 '통속편'에서 심괄의 글에 대해 이렇게 쓰고 있다.

'지금 말과 행동이 허황된 사람을 일컬어 공중누각이라고 하는데, 바로 이것을 말하는 것이다.'

해시는 사막에서 나타나는 신기루 현상과 같은 것이며, '공중누각'이라는 말은 이처럼 실체나 근거가 없는 사물이나 생각 또는 바로 그런 헛된 생각을 가진 사람을 비유하여 쓰이는 말이다.

*출전 : 〈몽계필담(夢溪筆談)〉 이사(異事)

사 자 성 어

걸해골 乞骸骨 ························ 乞 : 빌 걸, 骸 : 뼈 해, 骨 : 뼈 골
몸은 임금에게 바쳤지만 뼈만은 내려달라는 말로, 늙은 신하가 사직을
청함을 이르는 말.

격세지감 隔世之感 ············ 隔 : 막힐 격, 世 : 세상 세, 之 : 갈 지, 感 : 느낄 감
딴 세대와도 같이 아주 달라진 느낌.

견강부회 牽强附會 ·········· 牽 : 이끌 견, 强 : 억지로 강, 附 : 붙일 부, 會 : 모을 회
가당하지도 않은 말을 억지로 끌어다 붙여 조건이나 이치에 맞도록 함.

견마지년 犬馬之年 ············ 犬 : 개 견, 馬 : 말 마, 之 : 어조사 지, 年 : 해 년
자기 나이를 겸손하게 이르는 말.

견물생심 見物生心 ············ 見 : 볼 견, 物 : 만물 물, 生 : 날 생, 心 : 마음 심
실물을 보면 가지고 싶은 욕심이 생김.
> 유사어 이목지욕(耳目之慾)

견위치명 見危致命 ············ 見 : 볼 견, 危 : 위태할 위, 致 : 다할 치, 命 : 목숨 명
나라가 위태로울 때에는 제 목숨을 바침.
> 동의어 견위수명(見危授命)

견인불발 堅忍不拔 ············ 堅 : 굳을 견, 忍 : 참을 인, 不 : 아니 불, 拔 : 뺄 발
굳게 참고 버티어 마음을 빼앗기지 않음.

결자해지 結者解之 ············ 結 : 맺을 결, 者 : 놈 자, 解 : 풀 해, 之 : 갈 지
맺은 사람이 풀어야 한다는 뜻으로, 일을 저지른 사람이 해결해야 한다
는 말.

겸인지용 兼人之勇 ············ 兼 : 겸할 겸, 人 : 사람 인, 之 : 갈 지, 勇 : 날랠 용
혼자서 몇 사람쯤 능히 당해낼 만한 용기.

경거망동 輕擧妄動 ·········· 輕 : 가벼울 경, 擧 : 들 거, 妄 : 망령될 망, 動 : 움직일 동
경솔하게 함부로 행동함.
> 반의어 은인자중(隱忍自重)

경국지색 傾國之色 ············ 傾 : 기울 경, 國 : 나라 국, 之 : 갈 지, 色 : 빛 색

임금이 혹하여 나라가 기울어져도 모를 만큼 아름다운 미인.

경원 敬遠 ──────────────────────── 敬 : 공경 경, 遠 : 멀리할 원

겉으로는 공경하는 체하며 속으로는 멀리함.

<원 말> 경이원지(敬而遠之)

경천동지 驚天動地 ──────── 驚 : 놀랄 경, 天 : 하늘 천, 動 : 움직일 동, 地 : 땅 지

세상을 깜짝 놀라게 함.

경천애인 敬天愛人 ──────── 敬 : 공경 경, 天 : 하늘 천, 愛 : 사랑 애, 人 : 사람 인

하늘을 공경하고 사람을 사랑함.

계란유골 鷄卵有骨 ──────── 鷄 : 닭 계, 卵 : 알 란, 有 : 있을 유, 骨 : 뼈 골

달걀에 뼈가 있다는 말로, 운수가 나쁜 사람은 모처럼 좋은 기회가 생겨도 뜻대로 되지 않는다는 말.

계포일낙 季布一諾 ──────── 季 : 끝 계, 布 : 베 포, 一 : 한 일, 諾 : 허락할 낙

절대로 신뢰할 수 있는 승낙을 비유하거나 한 번 승낙하면 반드시 실행함을 비유한 말.

계피학발 鷄皮鶴髮 ──────── 鷄 : 닭 계, 皮 : 가죽 피, 鶴 : 학 학, 髮 : 터럭 발

닭의 살갗과 학처럼 흰 머리털이란 뜻으로, 늙어서 주름살이 잡히고 백발이 됨을 비유하여 이르는 말.

고관대작 高官大爵 ──────── 高 : 높을 고, 官 : 벼슬 관, 大 : 큰 대, 爵 : 벼슬 작

지위가 높고 훌륭한 벼슬. 또 그런 직위나 벼슬에 있는 사람.

<반의어> 미관말직(微官末職)

고굉지신 股肱之臣 ──────── 股 : 다리 고, 肱 : 팔뚝 굉, 之 : 어조사 지, 臣 : 신하 신

임금이 팔다리 같이 믿고 가장 중히 여기는 신하.

<유사어> 고장지신(股掌之臣)

고군분투 孤軍奮鬪 ──────── 孤 : 외로울 고, 軍 : 군사 군, 奮 : 떨칠 분, 鬪 : 싸울 투

남의 도움을 받지 않고 적은 인원으로 어려운 일을 해냄. 또는 홀로 여럿을 상대로 싸움.

고금동서 古今東西 ──────── 古 : 옛 고, 今 : 이제 금, 東 : 동녘 동, 西 : 서녘 서

옛날과 지금, 동양과 서양. 곧 때와 지역을 통틀어 일컫는 말.

연 습 문 제

1. 다음과 같은 말을 표현하는 가장 적당한 것은?

① 횡설수설(橫說竪說) ② 중언부언(重言復言)

③ 연목구어(緣木求魚) ④ 감언이설(甘言利說)

⑤ 암중모색(暗中摸索)

> "과인은 수궁에 거하고 그대는 산중에 살아 물과 땅으로 나뉘어 있더니, 오늘 이렇게 만나게 됨은 참으로 기이한 인연이라. 그대가 과인을 위하여 간을 가져온다면, 과인이 어찌 그대의 두터운 은혜를 저버리리요? 후하게 보답할 뿐만 아니라 마땅히 부귀를 함께 누릴지니, 그대는 깊이 생각할지어다."

2. 다음의 밑줄친 부분과 관계 깊은 한자 성어는?

① 구사일생(九死一生) ② 결초보은(結草報恩)

③ 배은망덕(背恩忘德) ④ 사필귀정(事必歸正)

⑤ 이심전심(以心傳心)

> "자기네가 혹 난리 바람에 무슨 일이라도 당허게 되면 무남 독녀(無男獨女) 혈육을 잘 부탁헌다고, 저승에 가서도 그 은혜는 잊지 않겠다고, 서울 어디 사는 누네 딸이고, 본관(本貫)이 어디고, 생일이 언제라고……."
>
> "가락지 말은 안 썼어라우?"

3. 다음 글의 상황에 가장 알맞은 말은?
   ① 토사구팽(兎死拘烹)　　② 연목구어(緣木求魚)
   ③ 견강부회(牽强附會)　　④ 조삼모사(朝三暮四)
   ⑤ 침소봉대(針小棒大)

> 군자금 1,600원 모집해 주었다는 것을 강도범(强盜犯), 경찰범(警察犯)으로 몰아서 징역 8년이라고 검사가 말한다.

4. 다음 글에서 나타내는 바와 관계가 깊은 덕목은?
   ① 군신유의(君臣有義)　　② 부자유친(父子有親)
   ③ 장유유서(長幼有序)　　④ 붕우유신(朋友有信)
   ⑤ 부부유별(夫婦有別)

> 유익한 벗이 셋이니, 정직한 이를 벗하며, 신실한 이를 벗하며, 견문이 많은 이를 벗하면 유익하느니라.

5. 다음 글의 밑줄친 부분과 관련 깊은 말은?
   ① 교언영색(巧言令色)　　② 면종복배(面從腹背)
   ③ 표리부동(表裏不同)　　④ 청산유수(靑山流水)
   ⑤ 양두구육(羊頭狗肉)

> 엊그제꺼정두 <u>내 앞에서 알쫑거리구 꼬리를 쳤던</u> 놈들이 오늘에 와서는 딱 돌아선다? 인젠 알아볼 때가 있으렷다. 내가 다시 살아나구 볼 지경이면…….

6. 한자어에 대한 뜻풀이가 옳지 않은 것은?
　　① 창생(蒼生) : 백성
　　② 섬섬옥수(纖纖玉手) : 여자의 가냘프고 고운 손
　　③ 남가일몽(南柯一夢) : 한바탕의 헛된 꿈
　　④ 농단(壟斷) : 이익 따위를 독차지함
　　⑤ 각축(角逐) : 방황

7. 밑줄친 부분에 담긴 화자의 심리로 적절한 것은?
　　① 의문(疑問)　　　　　　② 좌절(挫折)
　　③ 회의(懷疑)　　　　　　④ 경탄(驚歎)
　　⑤ 허황(虛荒)

> 　　내관디, 블거니 씸거니 어즈러이 구논디고. 銀은山산을 것거 내여 六
> 뉵合합의 ᄂᆞ리ᄂᆞᆫ 돗, 五오月월 長댱天텬의 白빅雪셜은 므ᄉ일고.

8. 밑줄친 부분에 내재된 글쓴이의 의도는?
　　① 계도(啓導)　　　　　　② 전파(傳播)
　　③ 협의(協議)　　　　　　④ 승화(昇華)
　　⑤ 확대(擴大)

> 　　내가 여기에 느낀 바가 있어서 차마설을 지어 그 뜻을 넓히노라.

9. 밑줄친 부분과 같은 '허생'의 행위를 나타내기에 적절하지 않은 것은?
　　① 사재기　　　　　　　　② 독점(獨占)
　　③ 매집(買集)　　　　　　④ 과점(寡占)
　　⑤ 매점 매석(買占賣惜)

10. 밑줄친 '말'을 구체적으로 나타낸 것은?

① 객담(客談)　　　　　② 독설(毒舌)

③ 가설(假說)　　　　　④ 농담(弄談)

⑤ 진담(眞談)

이적진 말로써 풀던 마음
말없이 삭이고
얼마나 더 너그러워져서 이 생명을 살자.
황송한 축연이라 알고
한 세상을 누리자.

정답

1. ④　2. ②　3. ③　4. ④
5. ④　6. ⑤　7. ④　8. ①
9. ④　10. ②

과유불급 過猶不及

過 : 지날 과　猶 : 같을 유　不 : 아니 불　及 : 미칠 급

지나침은 미치지 못함과 같다는 뜻으로, 중용의 도를 나타낸 말이다.

어느 날 자공(子貢)이 공자(孔子)에게 물었다.

"선생님 사(師 : 子張)와 상(商 : 子夏) 중 어느 쪽이 낫습니까?"

"사는 지나치고, 상은 미치지 못한다."

"그러면 사가 낫습니까?"

그러자 공자가 이르기를

"지나침은 미치지 못함과 같다(過猶不及)."

공자는 이 둘이 중용의 도를 잃었기 때문에 누가 더 나은 것이 없이 같다고 대답했던 것이다.

＊출전 : 〈논어(論語)〉 선진편(先進篇)

관포지교 管鮑之交

管 : 대롱 관 鮑 : 절인고기 포 之 : 어조사 지 交 : 사귈 교

> 관중(管仲)과 포숙아(鮑叔牙) 사이의 사귐이라는 말로서, 아주 친한 친구 사이의 두터운 우정을 뜻한다.

춘추 시대 당시의 대국인 제(齊) 나라에 관중과 포숙아가 살고 있었다. 둘은 어릴 때부터 같이 자란 친구였다. 둘이서 같이 장사를 하였는데, 늘 관중이 포숙아보다 많은 이익을 챙겼다. 포숙아는 관중이 자기보다 가난한 사실을 알고 있었기 때문에 관중을 탐욕스럽다고 욕하지 않았다. 뿐만 아니라 관중이 벼슬길에 올랐다가 쫓겨나도 무능하다고 말하지 않았다. 다만 때를 만나지 못했을 뿐이라고 하였다. 또 전쟁터에서 도망쳐 와도 비겁하다고 생각하지 않았다. 왜냐하면 관중은 노모를 모시고 있었기 때문이다. 포숙아는 관중을 천거하여 요직에 등용될 수 있도록 하였고, 관중은 제 나라를 강대한 나라로 만든 훌륭한 재상이 되었다. 관중의 성공은 본인의 탁월한 능력이 바탕이 되었지만, 그 능력을 알아보고 이끌어준 포숙아의 따뜻한 우정에서 비롯된 것이라 할 수 있다. 후에 관중은 이렇게 술회했다.

"나를 낳아준 분은 부모님이지만 진실로 나를 알아준 사람은 포숙아이다."

＊출전 : 〈사기(史記)〉 관안열전(管晏列傳), 〈열자(列子)〉 역명편(力命篇)

괄목상대 刮目相對

刮 : 비빌 괄　目 : 눈 목　相 : 서로 상　對 : 마주할 대

눈을 비비고 상대를 다시 본다는 뜻으로, 남의 학식이나 재주가 놀랄 만큼 갑자기 향상됨을 일컫는 말이다.

삼국 시대 초기 오 나라 손권의 부하 중에 여몽이라는 장수가 있었다. 그는 무식한 사람이었으나 전쟁에서 공을 세워 장군이 되었다. 하루는 손권이 여몽을 불러 나라를 위해 더 큰일을 하려면 책을 많이 읽어 지식을 쌓아야 한다고 충고했다. 이에 여몽은 깊이 깨우치고 열심히 공부를 하였다. 그로부터 얼마 후 학식과 덕망이 높기로 유명한 노숙이 여몽을 찾아갔다. 노숙은 여몽과 마주앉아 이야기를 나누었는데, 여몽이 몰라보게 유식해진 것을 보고 매우 놀랐다. 그러자 여몽은 점잖게 말했다.

"선비란 헤어진 지 사흘이 지나서 다시 만났을 땐 '눈을 비비고 다시 보아야(刮目相對)' 할 정도로 달라져야 하는 법이지."

＊출전 : 〈삼국지(三國志)〉 오지 여몽전주(吳志 呂蒙傳注)

군계일학 群鷄一鶴

群 : 무리 군 鷄 : 닭 계 一 : 한 일 鶴 : 학 학

닭의 무리 가운데 한 마리의 학이라는 뜻으로, 평범한 사람들 속에 가장 뛰어난 사람을 일컫는 말이다.

위진(魏晋) 시대 때 죽림칠현(초야에 묻혀 자연을 즐기며 살던 7명의 현인)의 한 사람인 혜강이 억울하게 죽어 그의 어린 아들 혜소는 홀어머니와 살았다. 세월이 흘러 혜소가 장성하자 산도(죽림칠현 중의 1인)가 그를 위(魏) 무제에게 천거하여 벼슬을 하게 되었다. 어떤 사람이 칠현 중의 한 사람인 왕융에게 감탄하며 말했다.

"어제 수많은 사람들 틈에서 입궐하는 혜소를 보았는데 그 모습이 출중하여 마치 '닭의 무리 속에 있는 한 마리의 학'과 같이 보였습니다."

혜소는 조정에 나선 뒤로 올바른 간언을 하는 것으로 유명하였으며, 죽을 때까지 임금에게 충성을 다했다고 한다.

이로부터 평범한 사람들 가운데 빼어난 인물이 있을 때 '군계일학'이라고 표현하게 되었다.

＊출전 : 〈진서(晋書)〉 혜소전(嵇紹傳)

고담준론 高談峻論 ························ 高 : 높을 고, 談 : 말씀 담, 峻 : 높을 준, 論 : 말할 론
고상하고 준엄한 언론. 남의 이목에 아랑곳하지 않고 젠체하며 과장하여 하는 말.

고대광실 高臺廣室 ························ 高 : 높을 고, 臺 : 집 대, 廣 : 넓을 광, 室 : 집 실
굉장히 크고 호화로운 집.
　(동의어) 대하고루(大廈高樓)

고량진미 膏粱珍味 ························ 膏 : 기름 고, 粱 : 기장 량, 珍 : 보배 진, 味 : 맛 미
살찐 고기와 좋은 곡식으로 만든 맛있는 음식.

고립무원 孤立無援 ························ 孤 : 외로울 고, 立 : 설 입, 無 : 없을 무, 援 : 구원할 원
고립되어 구원받을 데가 없음.
　(동의어) 고립무의(孤立無依)

고식지계 姑息之計 ························ 姑 : 시어미 고, 息 : 그칠 식, 之 : 갈 지, 計 : 꾀 계
근본적인 해결책이 아닌 일시적인 방편이나 계책.
　(동의어) 고식책(姑息策)
　(유사어) 동족방뇨(凍足放尿), 미봉(彌縫)

고육지계 苦肉之計 ························ 苦 : 쓸 고, 肉 : 고기 육, 之 : 갈 지, 計 : 꾀 계
적을 속이기 위해 제 몸을 괴롭혀가면서까지 꾸미는 계책.
　(동의어) 고육책(苦肉策)

고장난명 孤掌難鳴 ························ 孤 : 외로울 고, 掌 : 손바닥 장, 難 : 어려울 난, 鳴 : 울 명
‘외손뼉이 울랴’ 라는 뜻으로, 상대 없는 싸움이 없다는 말. 또 일은 혼자서만 하여 잘되는 것이 아니라는 말.
　(동의어) 독장난명(獨掌難鳴)

고진감래 苦盡甘來 ························ 苦 : 쓸 고, 盡 : 다할 진, 甘 : 달 감, 來 : 올 래
괴로움이 다하면 즐거움이 온다는 뜻으로, 고생 끝에 낙이 온다는 말.
　(반의어) 흥진비래(興盡悲來)

고취 鼓吹 ························ 鼓 : 두드릴 고, 吹 : 불 취

북을 치고 피리를 분다는 뜻. 곧 의견·사상 등을 열렬히 주장하여 널리 선전함. 또는 고무 격려하여 의기를 북돋아 일으킴.

고침안면 高枕安眠 ·················· 高 : 높을 고, 枕 : 베개 침, 安 : 편안할 안, 眠 : 잠잘 면
베개를 높이고 편안하게 잠. 곧 마음 편안하게 잠을 잘 수 있게 됨(근심 없이 편안히 잘 지냄)을 비유하는 말.

골계 滑稽 ·················· 滑 : 어지러울 골, 稽 : 헤아릴 계
남을 웃기려고 우습게 하는 말이나 몸짓. 풍부한 지혜로 재치 있고 재미 있게 이야기함.

골육상쟁 骨肉相爭 ·················· 骨 : 뼈 골, 肉 : 고기 육, 相 : 서로 상, 爭 : 다툴 쟁
가까운 혈족(부자·형제)끼리 서로 싸움.
  [동의어] 골육상잔(骨肉相殘), 자두연기(煮豆燃其)
  [유사어] 이혈세혈(以血洗血)

공과상반 功過相半 ·················· 功 : 공 공, 過 : 허물 과, 相 : 서로 상, 半 : 절반 반
공로와 허물이 서로 반반임.

공수래 공수거 空手來空手去
·················· 空 : 빌 공, 手 : 손 수, 來 : 올 래, 空 : 빌 공, 手 : 손 수, 去 : 갈 거
빈손으로 왔다가 빈손으로 간다는 뜻. 사람의 일생이 허무함을 이르는 말.

과공비례 過恭非禮 ·················· 過 : 지나칠 과, 恭 : 공손 공, 非 : 아닐 비, 禮 : 예도 례
지나친 공손은 도리어 예에 벗어남.

교토삼굴 狡兎三窟 ·················· 狡 : 교활할 교, 兎 : 토끼 토, 三 : 석 삼, 窟 : 굴 굴
교활한 토끼는 굴을 셋이나 갖고 있어 위기를 잘 모면한다는 뜻. 즉 교묘한 지혜로 위기를 잘 넘김을 비유하거나, 어떤 일이 생기기 전에 미리 대책을 세우는 것을 비유한 말.

구곡간장 九曲肝腸 ·················· 九 : 아홉 구, 曲 : 굽을 곡, 肝 : 간 간, 腸 : 창자 장
굽이굽이 깊이든 마음 속.

구명도생 苟命徒生 ·················· 苟 : 구차할 구, 命 : 목숨 명, 徒 : 다만 도, 生 : 날 생
구차스럽게 겨우 목숨만 보전하여 살아감.

구사일생 九死一生 ·················· 九 : 아홉 구, 死 : 죽을 사, 一 : 한 일, 生 : 날 생
아홉 번 죽을 뻔하였다가 한 번 겨우 살아났다는 뜻으로, 아주 어려운 고비를 넘기고 간신히 살아남.

1. 다음 글에서 나타내고자 하는 논지와 관계 있는 한자 성어는?
　① 은인자중(隱忍自重)　　　② 과유불급(過猶不及)
　③ 수서양단(首鼠兩端)　　　④ 곡학아세(曲學阿世)
　⑤ 주객전도(主客顚倒)

> 　전통의 확립과 문화 창조의 과정에서 유의해야 할 점은, 만일 사회 변동에 따른 문화적 적합성을 지나치게 일방적으로 강조하게 되면 문화의 정체를 상실하게 될 위험을 안게 되며, 만일 문화의 정체만을 지나치게 강조하게 되면 다시 문화의 적합성의 위기를 가중(加重)시킬 위험을 초래하게 되며,……

2. 다음의 　　　에 들어갈 적절한 한자 성어는?
　① 개과천선(改過遷善)　　　② 괄목상대(刮目相對)
　③ 대기만성(大器晚成)　　　④ 자강불식(自强不息)
　⑤ 전전긍긍(戰戰兢兢)

> 　나는 우리 나라의 청년 남녀(靑年男女)가 모두 과거의 조그맣고 좁다란 생각을 버리고, 우리 민족의 큰 사명(使命)에 눈을 떠서, 제 마음을 닦고 제 힘을 기르기로 낙(樂)을 삼기를 바란다. 젊은 사람들이 모두 이 정신을 가지고 이 방향으로 힘을 쓸진댄 30년이 못하여 우리 민족은 　　　 하게 될 것을 나는 확신(確信)하는 바다.

3. 다음 글의 주인공이 장차 처하게 될 상황을 가장 잘 나타낸 한자 성어는?

① 고립무의(孤立無依)　　　② 설상가상(雪上加霜)
③ 오리무중(五里霧中)　　　④ 일장춘몽(一場春夢)
⑤ 적반하장(賊反荷杖)

그 남자는 파란 공책을 사서 자신이 바꾼 단어들을 적었다. 그는 이 일로 매우 바빠져서 하루 종일 이 일에 매달리게 되었다. 그래서 사람들은 거리에서 그를 거의 만나지 못하게 되었다.

그는 모든 사물의 이름을 바꾸어 부르게 되면서 차츰 원래의 이름을 잊어버리게 되었다. 그래서 그는 이제 오로지 자신만이 아는 새로운 언어를 사용하게 되었다. 가끔 자신이 만든 새로운 언어로 꿈을 꾸기까지 하였다. 또, 학교 다닐 때 배웠던 노래를 자신이 만든 언어로 바꾸어 부르기도 했다.

4. 다음 글에 나타난 형과 아우의 행동과 가장 관계 깊은 한자 성어는?

① 초록동색(草綠同色)　　　② 막상막하(莫上莫下)
③ 골육상잔(骨肉相殘)　　　④ 난형난제(難兄難弟)
⑤ 동고동락(同苦同樂)

형과 아우는 서로 피비린내나는 싸움을 계속하였다.

5. 다음 글의 밑줄친 부분과 의미가 잘 통하는 한자 성어는?

① 구절양장(九折羊腸)　　　② 다기망양(多岐亡羊)
③ 오리무중(五里霧中)　　　④ 여리박빙(如履薄氷)
⑤ 용두사미(龍頭蛇尾)

> 몸에 감길 듯이 정겨운 황천강(黃泉江) 물줄기를 끼고 돌면, 길은 막히
> 는 듯 나타나고, 나타나는 듯 막히고, 이 산에 흩어진 전설과, 저 봉에 얽
> 힌 유래담을 길잡이에게……

**6. 다음 글의 내용으로 볼 때, 마을 젊은이들 사이에서 만득이의 위상을 드
러내기에 가장 적절한 말은?**

① 유유상종(類類相從)　　② 허장성세(虛張聲勢)
③ 군계일학(群鷄一鶴)　　④ 난형난제(難兄難弟)
⑤ 안하무인(眼下無人)

> 마을 젊은이들 사이에 춘원 바람을 일으킨 것도 만득이었다. '흙', '단
> 종 애사', '무정' 같은 춘원의 책이 젊은이들 사이를 돌며 나달나달해질
> 때까지 읽혔다. 책은 나달나달해졌지만 거기 한번 맛들인 청년들의 눈빛
> 은 별처럼 빛났다.

7. 다음 글의 주제와 관계 있는 덕목은?

① 군신유의(君臣有義)　　② 부부유별(夫婦有別)
③ 부자유친(父子有親)　　④ 장유유서(長幼有序)
⑤ 붕우유신(朋友有信)

> 참의 고경명(高敬命)이 임진왜란에 의병을 일으켜서 금산의 왜적을 치
> 다가 패하여 아들 인후와 막하에 있던 유팽로(柳彭老), 안영(安瑛)과 함
> 께 죽자, 소경 대왕께서 명하여 정문(旌門)을 세워 표창하시고 광주에 사
> 당을 세워 이름을 포충(褒忠)이라 하시고 관원을 보내어 제사를 지내게
> 하시고 좌찬성의 직위를 내리셨다.

8. 다음 글에서 전통 사회의 해체가 가져올 결과를 바르게 표현한 것은?

① 대동소이(大同小異)　　② 일거양득(一擧兩得)

③ 전화위복(轉禍爲福)　　④ 급전직하(急轉直下)

⑤ 평지풍파(平地風波)

> 전통 사회의 해체는, 물론 새롭게 변화하는 사회 구조에 대해서 전통적인 문화가 당면하게 되는 적합성(適合性)의 위기에서 초래되는 것이다. …… 그에 따라 근대화 추진 엘리트들은 변화하는 사회 구조와의 상충성(相衝性)이 가장 많은 유형(類型)부터 집중적으로 공격함으로써 전통적인 문화의 해체를 촉진하기도 한다.

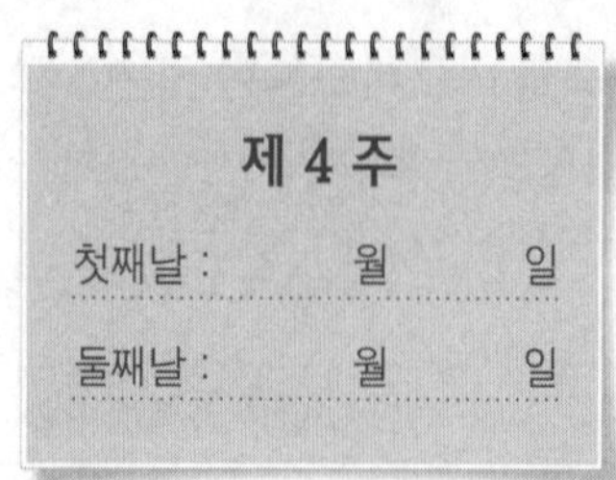

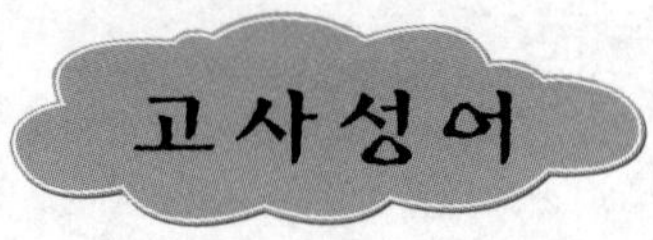

군맹무상 群盲撫象

群 : 무리 군 盲 : 소경 맹 撫 : 어루만질 무 象 : 코끼리 상

장님 여럿이 코끼리를 어루만진다는 뜻으로, 사물을 자기의 좁은 소견과 주관으로 그릇 판단함을 이르거나 사물의 전체를 보지 못하고 일부만을 파악함을 비유하는 말이다.

인도의 경면왕(鏡面王)이 코끼리라는 동물을 가르쳐주기 위해 맹인들을 궁중으로 불러모았다. 왕은 코끼리를 끌어오게 하고는 맹인들에게 만져보라 한 후 어떻게 생겼냐고 물었다. 상아를 만져본 맹인은 코끼리란 '무'와 같이 생겼다고 대답했다. 이어서 귀를 만져본 맹인은 '키'와 같다 했고, 머리를 만져본 이는 '돌'과 같다 하였다. 또 코를 만져본 이는 '절굿공이'와 같다 했고, 다리를 만져본 이는 '널빤지'와 같다 하였으며, 배를 만져본 이는 '항아리'와 같다 했고, 꼬리를 만져본 이는 '새끼줄'과 같다 하였다.

이 이야기에서 코끼리는 석가모니를, 맹인들은 중생을 비유한 것이다. 즉, 모든 중생들은 석가모니를 부분적으로만 이해하여 각기 자신의 석가모니가 따로 있다는 것을 나타낸 것이다. 이와는 달리, 중생들은 단지 자기 눈에 보이는 일부만을 알뿐 전체를 보지 못한다는 뜻으로 설명하기도 한다.

*출전 : 〈열반경(涅槃經)〉

권선징악 勸善懲惡

勸 : 권할 권　善 : 착할 선　懲 : 혼날 징　惡 : 악할 악

악을 징계하고 선을 권장함.

〈춘추좌씨전(春秋左氏傳)〉을 보면 노(魯) 나라 성공(成公) 14년에 다음과 같은 기록이 있다.

9월에 제(齊) 나라로 공녀(公女)를 맞이하러 갔던 교여(僑如-선백)가 부인 강씨(姜氏)를 데리고 돌아왔다. 교여라고 높여 부른 것은 부인을 안심시켜 슬며시 데리고 오기 위해서였다. 이보다 앞서 선백(宣伯)이 제 나라로 공녀를 맞이하러 갔었을 때는 선백을 '숙손(叔孫)'이라고 하여 군주의 사자(使者)로서 높여 부르는 방법을 사용했다. 그러므로 군자는 이렇게 말한다. '춘추 시대의 호칭은 알기 쉬운 것 같으면서도 뜻이 깊고 정돈되어 있으며, 노골적인 표현을 쓰지만 품위가 없지 않고, 악을 징계하고 선행을 권한다(勸善懲惡). 성인이 아니고서야 누가 이렇게 지을 수 있겠는가?'

권선징악이란 바로 여기에서 나온 말이다.

＊출전 : 〈춘추좌씨전(春秋左氏傳)〉

구상유취 口尙乳臭 ················· 口 : 입 구, 尙 : 아직 상, 乳 : 젖 유, 臭 : 냄새 취
입에서 아직 젖내가 난다는 뜻으로, 어리고 유치한 짓을 하는 사람을 비유하는 말.
〔동의어〕 황구유취(黃口乳臭)

구절양장 九折羊腸 ················· 九 : 아홉 구, 折 : 꺾을 절, 羊 : 양 양, 腸 : 창자 장
아홉 번 꺾인 양의 창자처럼 매우 험하고 꼬불꼬불한 산길.

국태민안 國泰民安 ················· 國 : 나라 국, 泰 : 클 태, 民 : 백성 민, 安 : 편안할 안
나라가 태평하고 백성이 살기가 편안함.

궁여지책 窮餘之策 ················· 窮 : 궁할 궁, 餘 : 남을 여, 之 : 갈 지, 策 : 꾀 책
막다른 골목에서 그 국면을 타개하려고 생각다 못해 짜낸 꾀.

권모술수 權謀術數 ················· 權 : 권세 권, 謀 : 꾀할 모, 術 : 꾀 술, 數 : 셀 수
목적을 이루기 위해 인정이나 도덕을 가리지 않고 권력과 중상모략 등 갖은 방법과 수단을 쓰는 술책.

권불십년 權不十年 ················· 權 : 권세 권, 不 : 아니 불, 十 : 열 십, 年 : 해 년
권세는 십 년을 넘기지 못함. 곧 권력이나 세도는 오래가지 못함을 이르는 말.
〔유사어〕 화무십일홍(花無十日紅)

극기복례 克己復禮 ················· 克 : 이길 극, 己 : 자기 기, 復 : 돌아올 복, 禮 : 예도 례
자기의 지나친 욕심을 버리고 예의범절을 좇음.

근묵자흑 近墨者黑 ················· 近 : 가까울 근, 墨 : 먹 묵, 者 : 놈 자, 黑 : 검을 흑
먹을 가까이 하면 검어진다는 말로, 나쁜 친구와 사귀면 나쁜 길로 빠지기 쉽다는 뜻임.
〔동의어〕 근주자적(近朱者赤)

금과옥조 金科玉條 ················· 金 : 황금 금, 科 : 법률 과, 玉 : 구슬 옥, 條 : 가지 조
금이나 옥처럼 귀중히 여기어 받드는 법률이나 규정.

금란지계 金蘭之契 ················· 金 : 쇠 금, 蘭 : 난초 란, 之 : 갈 지, 契 : 맺을 계

둘이 합심하면 능히 쇠를 자를 수 있고, 우정의 향기는 난과 같다는 뜻으로, 친구 사이의 우의가 두터움을 일컫는 말.

금상첨화 錦上添花 ·················· 錦 : 비단 금, 上 : 위 상, 添 : 더할 첨, 花 : 꽃 화
비단옷 위에 꽃을 더하듯이 좋고 아름다운 것 위에 또 좋은 것을 더함.
　반의어 설상가상(雪上加霜), 병상첨병(病上添病)

금성탕지 金城湯池 ·················· 金 : 쇠 금, 城 : 재 성, 湯 : 끓을 탕, 池 : 못 지
금으로 세운 성과 뜨거운 물로 채운 못이라는 뜻으로, 아주 견고하고 방비가 튼튼한 성을 이르는 말.

금오옥토 金烏玉兎 ·················· 金 : 황금 금, 烏 : 까마귀 오, 玉 : 구슬 옥, 兎 : 토끼 토
해(金烏)와 달(玉兎)을 일컫는 말.

금의환향 錦衣還鄕 ·················· 錦 : 비단 금, 衣 : 옷 의, 還 : 돌아올 환, 鄕 : 시골 향
비단 옷을 입고 고향에 돌아옴. 곧 타향에서 크게 성공하여 고향으로 돌아옴을 뜻함.

금지옥엽 金枝玉葉 ·················· 金 : 황금 금, 枝 : 가지 지, 玉 : 구슬 옥, 葉 : 잎 엽
황금의 나뭇가지와 옥으로 만든 잎. 곧 아주 귀하고 소중한 자식. 또는 임금의 자녀나 자손을 소중히 여겨 일컫는 말.

기고만장 氣高萬丈 ·················· 氣 : 기운 기, 高 : 높을 고, 萬 : 일만 만, 丈 : 길이 장
일이 뜻대로 잘 되어 기세가 대단하게 뻗침.

기사회생 起死回生 ·················· 起 : 일어날 기, 死 : 죽을 사, 回 : 돌아올 회, 生 : 날 생
거의 죽을 뻔하다가 다시 살아남.

기상천외 奇想天外 ·················· 奇 : 기이할 기, 想 : 생각할 상, 天 : 하늘 천, 外 : 바깥 외
상식을 벗어난 기발하고 엉뚱한 생각.

기호지세 騎虎之勢 ·················· 騎 : 말 탈 기, 虎 : 범 호, 之 : 갈 지, 勢 : 형세 세
호랑이 등에 올라타고 달리는 사람이 도중에 내릴 수 없는 것처럼 일을 그만두거나 물러설 수 없는 형세를 이르는 말.

낙정하석 落穽下石 ·················· 落 : 떨어질 락, 穽 : 함정 정, 下 : 아래 하, 石 : 돌 석
함정에 빠진 사람에게 돌을 던진다는 말로, 남이 어려움에 처해 있을 때 도와주기는커녕 오히려 위해를 가한다는 뜻.

개같이 벌어서 정승같이 쓴다 천하게 일하고 벌어서 당당하게 쓴다는 뜻.

돈은 더럽게 벌어도 깨끗이 쓰면 된다.

개꼬리 삼 년 묻어도 황모 되지 않는다 본래부터 좋지 않게 타고난 것은 아무리 하여도 그 본질이 좋게 될 수 없다는 말.

개똥밭에 굴러도 이승이 좋다 아무리 고생스럽고 천하게 살더라도 죽는 것보다는 사는 것이 낫다는 말.

산 개가 죽은 정승보다 낫다. 말똥에 굴러도 이승이 좋다. 죽은 정승이 산 개만 못하다.

개똥참외는 먼저 맡는 이가 임자라 무엇이나 소유자가 없는 물건은 먼저 발견하는 사람이 가지게 마련이라는 뜻.

개 머루 먹듯 개가 머루를 먹기는 하나 겉만 핥는 것이라 그 참 맛을 모른다는 말로, 무슨 일이나 그 내용을 잘 모르고 건성으로 아는 체한다는 뜻.

수박 겉 핥기.

개 보름 쇠듯 명절이나 잘 먹고 지내야 할 날에 먹지도 못하고 지냄을 이르는 말.

개천에서 용 난다 변변치 못한 집안에서 훌륭한 인물이 나온다는 말.

개똥밭에 인물 난다. 누더기 속에서 영웅 난다.

개 팔자가 상팔자 놀고 있는 개가 부럽다는 뜻으로, 일이 분주하고 고생스러울 때를 이름. 또 자기의 팔자가 하도 나빠서 차라리 개 팔자가 더 좋겠다는 말.

거지가 도승지를 불쌍타 한다 자기가 불쌍한 처지에 있음에도 불구하고 도리어 그렇지 않은 사람을 동정한다는 뜻.

비렁뱅이가 하늘을 불쌍히 여긴다. 걸인연천(乞人憐天).

검은머리 파뿌리 되도록 검던 머리가 파뿌리처럼 하얗게 셀 때까지란 말로, 아주 늙을 때까지라는 뜻.

겉보리 서 말만 있으면 처가살이하랴 오죽하면 처가살이하겠느냐는
말. 누구나 처가살이할 것은 아니라는 뜻.

게도 구럭도 다 잃었다 게는 잡지도 못하고 가지고 갔던 구럭까지 잃었
다는 뜻으로, 일을 하려다가 이루지는 못하고 도리어 자기 것만 손해보
았다는 말.
달아나는 노루 보다 얻은 토끼 놓쳤다.

게으른 선비 책장 넘기기 글 읽는 데는 마음을 쏟지 않고 얼마나 읽었
나 얼마나 남았나 책장만 뒤지고 있다는 뜻으로, 게을러 빨리 그 일에서
벗어날 궁리만 함을 이름.

경주 돌이면 다 옥돌인가 경주에서 옥돌이 나온다고 해서 경주의 돌이
전부 옥돌은 아니라는 뜻으로, 좋은 일 가운데도 궂은 것이 섞여 있다는
말.

고슴도치도 제 새끼는 함함하다고 한다 털이 바늘처럼 꼿꼿한 고슴
도치도 제 새끼의 털이 부드럽다고 옹호한다는 뜻으로, 자기 자식의 나
쁜 점은 모르고 도리어 자랑삼는다는 말. 또 어버이의 눈에 제 자식은
다 잘나 보인다는 뜻.
흔히 며느리를 미워한다 하여 이르는 말.

고양이 목에 방울 달기 실행하지도 못할 것을 공연히 의논함을 이르는
말.

고양이더러 반찬가게 지켜 달란다 소중한 물건을 염치도 예의도 없고
믿을 수도 없는 사람에게 맡겨 그것을 보아 달라고 하면 도리어 잃게 될
뿐이라는 말.

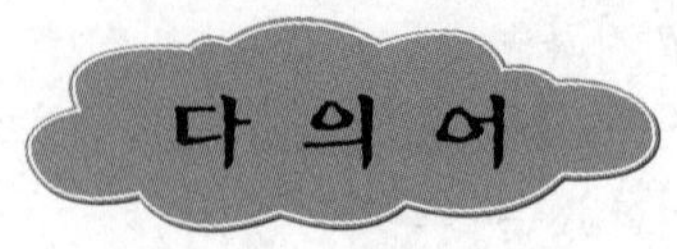

거두다

① (널려 있는 것을) 모아들이다. 예 빨래를 거두다.

② (돈이나 물건 따위를) 받아들이다. 예 세금을 거두다.

③ 기르거나 가꾸어 돌보다. 예 남의 자식을 친자식처럼 거두어 주다.

④ (어떤 일을) 치다꺼리하여 보살피다. 예 부엌일을 거두다.

⑤ (벌여 놓은 것 따위를) 정리하다. 예 살림을 거두어 고향을 떠나다.

⑥ 멈추어 그치거나 철회하다. 예 그 말씀만은 거두어 주십시오.

거북-하다

① 자연스럽지 못하거나 자유롭지 못하다. 예 눈길에 얼음까지 깔려서 걷기가 매우 거북하다.

② 어색하고 겸연쩍다. 예 "누구를 찾으시죠?" "저어 이 댁에 정혜선이라는 아이가 살고 있지요?" 장원두는 잠옷 바람의 여인을 정면으로 바라보기가 거북해서 시선을 돌리며 말했다. 〈안장환-안개강〉

③ (몸이) 찌뿌드드하고 괴롭다. 예 속이 거북해서 아무것도 못 먹겠다.

거스르다

① (남의 뜻에) 따르지 않고 그와 어긋나는 방향을 취하다. 예 선생님의 말씀을 거스르다.

② 순리(順理)를 벗어나다. 예 하늘의 뜻을 거스르다.

③ 세(勢)를 따르지 않고 반대되는 방향을 잡다. 예 대세를 거스를수야 없지.

④ ('비위를'과 함께 쓰이어) 남의 마음을 언짢게 하다.

걱정

① 불안하여 속을 태우는 일. 예 노름으로 가산을 다 날렸으니 앞으로 살아갈 일이 걱정이다.

② 아랫사람의 잘못을 나무라는 말. 예 선생님께 걱정을 듣다.

건너다

①사이에 있는 것을 넘거나 지나서 맞은 편으로 가거나 오다. 예 냇물을 헤엄 쳐 건너다.

②한쪽에서 다른 쪽으로 옮겨지다. 예 이 집 저 집을 건너서 퍼진 소문.

건더기

①국물 있는 음식에서 국물 이외의 것. 예 국건더기.

②액체에 섞여 있는, 풀리지 않은 덩어리.

③내세울 만한 일의 내용이나 근거를 속되게 이르는 말. 예 변명할 건더기가 없다.

건드리다

①조금 움직이게 손으로 만지거나 무엇으로 대다. 예 막대기로 벌집을 건드리다.

②(말이나 행동으로) 거들어서 좋지 않은 작용이나 자극을 일으키다. 예 사나운 개를 건드리면 위험하다.

③부녀자를 꾀어 관계하다. 예 이웃 처녀를 건드리다.

④어떠한 일에 손을 대다. 예 이것저것 건드려 보기는 하는데 끝맺는 게 없다.

건지다

①(물에 떠 있거나 빠진 것을) 집어 내거나 끌어내다. 예 국에 뜬 머리카락을 건지다.

②(곤경에서) 구해 내다. 예 겨우 목숨만 건지다.

③(실패나 손해를 본 것 중에서 그 일부를) 도로 찾다. 예 본전도 못 건졌다.

걸다

①(어떤 물건이) 걸쳐 있도록 하거나 드리워지게 하다. 예 옷을 옷걸이에 걸다.

②(기구나 기계 따위를) 쓸 수 있도록 차려 놓다. 예 솥을 걸다.

③씨름에서, 상대를 쓰러뜨리기 위해 다리를 휘감다. 예 안다리를 걸어 좌로 돌리다.

④(토론이나 심의의) 대상으로 삼아서 다루다. 예 안건을 회의에 걸다.

⑤(말이나 시비 따위를 걸어) 어떤 행동을 시작하다. 예 수작을 걸다.

1. 다음의 밑줄친 부분을 표현하기에 가장 적절한 한자 성어는?
   ① 타산지석(他山之石)　　② 중구난방(衆口難防)
   ③ 임기응변(臨機應變)　　④ 목불인견(目不忍見)
   ⑤ 기상천외(奇想天外)

> 그들이 생각해 낸 계획은 참으로 기발하고도 지극히 영국적인 것이었다. 셰익스피어의 작품에 등장하는 영국의 새들을 몽땅 미국 땅에 가져다 풀어놓자는 계획이었다.

2. 다음 글의 내용으로 보아 밑줄친 부분의 상황에 어울리는 한자 성어는?
   ① 표리부동(表裏不同)　　② 적반하장(賊反荷杖)
   ③ 유아독존(唯我獨尊)　　④ 난형난제(難兄難弟)
   ⑤ 괄목상대(刮目相對)

> 옷궤를 구실로 그 노인의 소망을 유인해 내려는 그녀 나름의 노력의 연장이었다. 하지만 노인의 태도도 아직은 아내에 못지않게 끈질긴 데가 있었다. "집이 어떻게 팔리기는…… 안 팔아도 좋은 집을 장난삼아서 팔았을라더냐, 내 집 지니고 살 팔자가 못 돼 그리 된 거제……."

3. 다음의 밑줄친 부분과 관계 깊은 한자 성어는?
　　① 정문일침(頂門一鍼)　　　　② 설상가상(雪上加霜)
　　③ 악전고투(惡戰苦鬪)　　　　④ 권선징악(勸善懲惡)
　　⑤ 일망타진(一網打盡)

> 　이렇게 사나운 호랑이가 벌을 받는 이야기에는 <u>악(惡)을 물리치고 선(善)이 이기기를 바라는</u> 민간의 의식이 투영되어 있다. 이런 사나운 호랑이는 탐관오리를 뜻하기도 한다.

4. 다음 글의 내용과 가장 관련 깊은 한자 성어는?
　　① 금상첨화(錦上添花)　　　　② 동가홍상(同價紅裳)
　　③ 유유상종(類類相從)　　　　④ 우문우답(愚問愚答)
　　⑤ 화룡점정(畵龍點睛)

> 　영이는 얼굴도 예쁘지만 공부도 잘하였다.

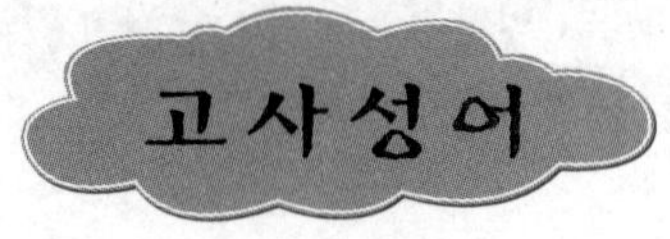

고 사 성 어

낙양지가 洛陽紙價

洛 : 서울이름 락　陽 : 양기 양　紙 : 종이 지　價 : 가격 가

낙양의 종이 값을 올린다는 뜻으로, 책이 호평 속에 잘 팔려 베스트셀러가 됨을 일컫는 말이다. 낙양지귀(洛陽紙貴)라고도 한다.

　진(晉) 나라에 좌사(左思)라는 시인이 있었다. 그는 못생긴데다가 말주변도 없는 사람이었지만 학문에 힘쓰고 창작에 몰두했다. 그는 임치(臨淄)에서 〈제도부(齊都賦 : 임치의 번영을 노래한 시)〉를 지은 후 낙양으로 이사하여 10년 동안 정성을 들여 〈삼도부(三都賦 : 위·촉·오 나라 수도의 풍물을 읊은 시)〉를 완성하였다. 그때 사공(司空)으로 있던 장화(張華)가 〈삼도부〉를 읽어보고 극찬을 하였다. 그러자 소문을 듣고 사람들이 앞다투어 〈삼도부〉를 베껴갔다. 이로 인해 갑자기 종이의 수요가 많아져서 종이 값이 크게 올랐다고 한다. 이 이야기 이후로 대단한 화제를 불러일으킨 베스트셀러가 나오면 '낙양의 지가를 올렸다.' 고 표현하게 되었다.

＊출전 : 〈진서(晉書)〉 문원전(文苑傳)

권토중래 捲土重來

捲 : 말 권　土 : 흙 토　重 : 거듭 중　來 : 올 래

흙먼지를 말아 일으키며 다시 쳐들어옴. 곧 한 번 패하였다가 세력을 회복하여 다시 공격해온다는 말이다. 오늘날에는 한 번 실패한 사람이 다시 그 일에 도전한다는 뜻으로 쓰이고 있다.

기원전 202년 겨울, 초(楚) 나라의 항우가 한(漢) 나라 유방의 군대에 쫓겨 오강(烏江)으로 도망쳤다. 강동(江東)으로 돌아가 재기하라는 권유에 항우는,

"8년 전 강동의 8천여 자제와 강을 건너왔는데 지금은 한 명도 없다. 무슨 낯으로 강동의 부형(父兄)들을 보겠는가?"

라 말하고 싸우다 끝내 자결하였으니, 그의 나이 31세였다.

그후 천여 년의 세월이 흐른 뒤에 당 나라의 시인 두목(杜牧)이 오강을 찾아 다음과 같은 시(題烏江亭)를 지었다.

> 병가(兵家)의 승패는 기(期)할 수 없나니
> 부끄러움을 참는 것이 진정한 남아로다
> 강동의 자제 중에 준재가 많으니
> 권토중래 아직 알 수 없구나(捲土重來未可知)

부끄러움을 참고 돌아갔더라면 재기할 수 있었을 것(권토중래)을, 젊은 나이에 자결한 항우를 애도하며 지은 시다.

＊출전 : 〈두목(杜牧)〉의 제오강정(題烏江亭)

낙화유수 落花流水 —————— 落 : 떨어질 락, 花 : 꽃 화, 流 : 흐를 류, 水 : 물 수
떨어지는 꽃과 흐르는 물이라는 뜻으로, 가는 봄의 정경을 나타낸 말. 또
남녀에게 서로 그리워하는 정이 있음을 이르는 말.

난신적자 亂臣賊子 —————— 亂 : 어지러울 란, 臣 : 신하 신, 賊 : 도둑 적, 子 : 아들 자
나라를 어지럽히는 신하와 어버이를 해치는 자식.

난형난제 難兄難弟 —————— 難 : 어려울 난, 兄 : 맏 형, 難 : 어려울 난, 弟 : 아우 제
누가 형이고 누가 아우인지 분간하기 어려울 정도로 어느 것이 낫고 어
느 것이 못하다고 할 수 없음을 이르는 말.

유사어 막상막하(莫上莫下), 백중지세(伯仲之勢), 호각지세(互角之勢)

남부여대 男負女戴 —————— 男 : 사내 남, 負 : 질 부, 女 : 계집 녀, 戴 : 일 대
남자는 등에 짐을 지고 여자는 머리에 인다는 뜻으로, 가난한 사람들이
나 재난을 당한 사람들이 살 곳을 찾아 이리저리 찾아다닌다는 말.

남상 濫觴 —————— 濫 : 넘칠 람, 觴 : 술잔 상
강의 근원은 잔을 띄울 정도의 작은 흐름에서부터 비롯된 것을 비유한
말. 곧 사물의 맨 처음을 이름.

남선북마 南船北馬 —————— 南 : 남녘 남, 船 : 배 선, 北 : 북녘 북, 馬 : 말 마
옛날 중국에서 남쪽은 강이 많아 배를 타고 다니고, 북쪽은 산이 많아 말
을 타고 다닌다는 뜻으로 바쁘게 여기저기 돌아다님을 나타내는 말.

낭중지추 囊中之錐 —————— 囊 : 주머니 낭, 中 : 가운데 중, 之 : 갈 지, 錐 : 송곳 추
주머니 속에 든 송곳처럼 유능한 사람은 숨어 있어도 자연히 그 존재가
드러나게 됨.

낭중취물 囊中取物 —————— 囊 : 주머니 낭, 中 : 가운데 중, 取 : 취할 취, 物 : 만물 물
주머니 속에 든 물건을 꺼내듯이 손쉬운 일.

내우외환 內憂外患 —————— 內 : 안 내, 憂 : 근심 우, 外 : 바깥 외, 患 : 근심 환
나라 안팎의 근심 걱정.

노류장화 路柳墻花 —————— 路 : 길 로, 柳 : 버들 류, 墻 : 담 장, 花 : 꽃 화

아무나 쉽게 꺾을 수 있는 길가의 버들이나 울타리의 꽃이라는 뜻으로,
기생이나 창부를 일컫는 말.

노심초사 勞心焦思 ·················· 勞 : 일할 로, 心 : 마음 심, 焦 : 탈 초, 思 : 생각할 사
애를 쓰고 속을 태움. 몹시 마음을 졸이는 것을 말함.

녹의홍상 綠衣紅裳 ·················· 綠 : 푸를 록, 衣 : 옷 의, 紅 : 붉을 홍, 裳 : 치마 상
연두 저고리에 다홍치마라는 말로, 곱게 차려 입은 젊은 여인의 옷차림
을 뜻함.

농와지경 弄瓦之慶 ·················· 弄 : 노리개 롱, 瓦 : 실패 와, 之 : 갈 지, 慶 : 경사 경
옛날 중국에서 딸을 낳으면 장난감으로 실패(瓦)를 주었다는 데서 온
말로, 딸을 낳은 경사를 이르는 말.

농장지경 弄璋之慶 ·················· 弄 : 장난감 롱, 璋 : 반쪽 서옥 장, 之 : 갈 지, 慶 : 경사 경
옛날 중국에서 아들을 낳으면 구슬을 주었다는 데서 온 말로, 아들을 낳
은 경사를 이르는 말.

다사다난 多事多難 ·················· 多 : 많을 다, 事 : 일 사, 多 : 많을 다, 難 : 어려울 난
여러 가지 일도 많고 어려움도 많음.

다정불심 多情佛心 ·················· 多 : 많을 다, 情 : 사랑 정, 佛 : 부처 불, 心 : 마음 심
다정다감한 착한 마음.

단도직입 單刀直入 ·················· 單 : 홑 단, 刀 : 칼 도, 直 : 곧을 직, 入 : 들 입
혼자서 칼을 휘두르며 적진으로 곧장 쳐들어감. 요점을 바로 말하여 들
어감.

단사표음 簞食瓢飮 ·················· 簞 : 도시락 단, 食 : 밥 사, 瓢 : 표주박 표, 飮 : 마실 음
도시락밥과 표주박의 물이라는 뜻으로, 변변치 못한 살림살이 또는 청
빈한 생활을 일컫는 말.

단순호치 丹脣皓齒 ·················· 丹 : 붉을 단, 脣 : 입술 순, 皓 : 빛날 호, 齒 : 이 치
붉은 입술과 하얀 이라는 뜻으로, 아름다운 여자의 얼굴을 이르는 말.

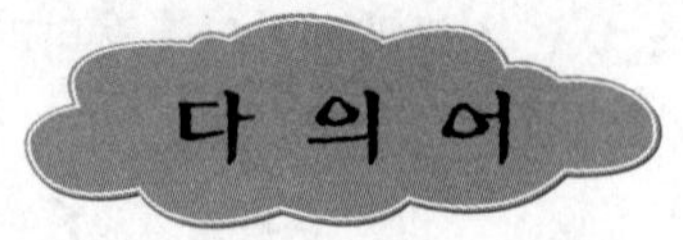

걸치다

① 두 끝이 맞닿아서 겹치다.

② 긴 물건이 어떤 물건에 얹혀 두 끝이 양쪽으로 늘어지다. 예 줄에 빨래가 걸쳐 있다.

③ (해나 달이 기울어져) 산이나 고개 위에 얹히다. 예 서산에 걸린 해.

④ (어느 기간 동안) 계속되다. 예 일주일에 걸친 훈련.

⑤ (어떤 범위에까지) 미치다. 예 여러 방면에 걸친 연구.

겉돌다

① 서로 다른 액체·기체·가루 따위가 한데 섞이지 않고 따로따로 나누이다. 예 기름이 물에 겉돌다.

② 다른 사람과 사귀어 어울리지 못하고 따로 돌다. 예 창수는 늘 외곬으로 행동하기 때문에 친구들 사이에서 겉돌기 일쑤다.

③ (기계·바퀴 따위가) 제대로 구실을 못하고 헛돌다. 예 길이 미끄러워 차바퀴가 겉돌다.

견디다

① (어려움이나 괴로움을) 참고 배겨 내다. 예 추위를 견디다.

② (어떤 외부적 힘이나 작용에) 본래의 상태나 성질을 바꾸지 않고 버티다. 예 밧줄이 무게를 견디지 못하고 끊어지다.

③ 웬만큼 어려운 살림살이를 이겨 나가다. 예 요즈음은 그럭저럭 견뎌 가고 있습니다.

곱다

① 겉모양이 산뜻하고 아름답다. 예 얼굴이 곱다.

② 상냥하고 순하다. 예 마음씨가 고운 아가씨. 가는 말이 고와야 오는 말이 곱다.

③ (살결이나 피륙 따위의 바탕이) 거칠지 않고 부드럽다. 예 고운 모시.

④ (말이나 소리가) 듣기에 맑고 부드럽다. 예 고운 목소리.

⑤ (가루 같은 것이) 아주 잘고 보드랍다. 예 고운 밀가루.

⑥ 평안하고 순탄하다. 예 곱게 자라다.

⑦ 그대로 온전하다. 예 곱게 돌려보내다.

관계(關係)

① 사물이나 현상 사이의 상호 연관. 예 이 사건은 지난 번의 연쇄 살인과 관계가 있다.

② 사람과 사람 사이의 연계. 예 부자 관계.

③ 남녀의 육체적 교섭을 완곡하게 이르는 말. 예 그는 아직껏 딴 사내와 관계를 한다는 것을 생각하여 본 일도 없었다. 〈김동인-감자〉

④ 어떤 방면이나 영역. 예 교육 관계의 서적.

⑤ 남의 일에 참견 하는 것. 예 남이야 맹물 먹고 이를 쑤시든 말든 네가 무슨 관계냐.

⑥ 까닭이나 원인을 가리키는 말. 예 사업 관계로 해외 출장을 떠나다.

구김살

① (종이ㆍ피륙 따위가) 구겨져서 생긴 잔금. 예 다리미로 옷의 구김살을 펴다.

② (성격이나 표정이) 찌들어 그늘진 자취. 예 가난한 환경 속에서도 구김살이 없이 자라다.

③ (일이나 살림이) 순조롭지 못하고 지장이 있는 상태. 예 열심히 일한 보람이 있어 이제는 우리도 구김살을 펴고 살게 되었다.

그늘

① 빛이 물체에 가려져 어두워지는 상태. 또는, 그 자리, 음영(陰影). 예 그늘에 말리다.

② (부모나 어느 사람의) 보살펴 주는 보호나 혜택, 음덕. 예 부모님 그늘에서 이만큼 컸다.

③ 겉으로 드러나지 않는 처지나 환경. 예 그의 재능은 형의 그늘에 가려 제대로 인정받지 못했다.

④ 비참하거나 불우한 환경. 또는, 그로 인하여 나타나는 심리적 분위기. 예 그의 얼굴에는 늘 그늘이 있다.

그릇

① 물건 담는 도구의 총칭. 예 그릇에 과일을 담다.

② 어떤 일을 해 나갈 만한 도량이나 능력. 또는, 그것을 가진 사람. 예 그 사람은 그 일을 할 만한 그릇이 못 돼.

그림자

① 물체가 빛을 가려 나타나는 검은 형상. 예 등잔 밑은 그림자가 져서 어둡다.

② 물에 비쳐 나타나는 물체의 모습. 예 호수에 산 그림자가 비치다.

③ 자취나 흔적. 예 혜경은 창문 밖으로 머리를 내밀고 두루 찾았으나 컴컴한 골목 안에는 사람의 그림자도 찾을 수 없다. 〈심훈-탈춤〉

④ 불행이나 근심 등 어두운 내적 심리 상태가 은연중에 나타나는 것. 예 그의 얼굴에는 늘 어두운 그림자가 떠나질 않는다.

기운

① 하늘과 땅 사이에 가득 찬, 만물이 나고 자라는 힘의 근원.

② 생물이 살아 움직이는 힘. 예 기운을 차리다.

③ 눈에는 보이지 않으나 오관(五官)으로 느껴지는 현상. 예 봄기운.

④ 기미나 징후. 예 감기 기운.

길

① 어떤 곳에서 다른 곳으로 걷거나 탈것을 타고 이동할 수 있도록 땅 위에 내어진 일정한 너비의 공간. 예 시청으로 가려면 어느 길로 가야 합니까?

② 시간이나 공간을 거치는 과정. 예 인류 문명이 발전해 온 길.

③ 방법이나 수단. 예 삼십 명은 확실히 넘은 승객들의 얼굴에는 한 점의 봄빛을 찾을 길이 없고 구름같이 무거운 우울 속에 주름살을 못 편다. 〈계용묵-청춘도〉

④ '어떤 일을 하는 기회나 계제에'의 뜻을 나타내는 말. 예 시내에 나가는 길에 책 한 권 사다 주련?

⑤ 발전이나 활동의 방향. 예 근대화의 길로 들어서다.

⑥ 지향해야 할 바나 도리. 예 스승의 길.

깊다

① 위에서 밑바닥까지, 또는 가에서 안쪽까지의 거리가 멀다. 예 깊은 연못.

② (마음이나 생각이) 듬쑥하고 신중하다. 예 생각이 깊은 사람.

③ (정이나 사귐이) 두텁다. 예 그와 그녀는 깊은 관계이다.

④ (어떠한 상태가 시간의 흐름으로) 정도가 더하다. 예 깊어 가는 가을 밤.

⑤ (수준이나 정도가) 높거나 심하다. 예 음악에 조예가 깊다.

깎다

① 연장의 날로 물건의 거죽을 얇게 베어 내다. 예 과일을 깎다.

② (털이나 풀 따위를) 잘라 내다. 예 머리를 깎다.

③ (값을) 덜어 내다. 예 물건 값을 깎다.

④ (체면이나 명예를) 손상시키다. 예 국가의 위신을 깎다.

⑤ 주었던 권력이나 지위를 빼앗다. 예 벼슬을 깎다.

⑥ (구기 종목에서) 공을 한 옆으로 치거나 차서 돌게 하다. 예 공을 깎아 치다.

깔끄럽다

① (까끄라기 같은 것이) 살에 닿아서 자꾸 따끔거리다.

② 매끈하게 반드럽지 못하고 깔깔하다. 예 담배를 여남은 개비 피웠더니 혓바닥이 소태 껍질처럼 깔끄럽고 썼다.〈김용성—침묵의 메아리〉

③ 무난하거나 원만하지 못하다. 예 그에게는 그런 부탁하기가 깔끄럽다.

깨다

① (단단한 물체를) 조각이 나게 하다. 예 얼음을 깨다.

② (일을) 중간에서 못 이루게 하다. 예 약속을 깨다.

③ (부딪히거나 하여) 상처를 내다. 예 무릎을 깨다.

④ (어려운 장벽을) 뚫다. 예 기록을 깨다.

1. 다음 글의 문맥으로 보아 밑줄친 부분과 가장 관련 깊은 한자 성어는?
　① 기고만장(氣高萬丈)　　　② 노심초사(勞心焦思)
　③ 오매불망(寤寐不忘)　　　④ 전전긍긍(戰戰兢兢)
　⑤ 이심전심(以心傳心)

> 대체 나의 소행이란 무엇이었던가. 하나의 치기(稚氣)어린 장난, 아니면 거짓말, 아니면 연애 사건이었을까. 이제는 그 숱한 허물들도 기억에서 사라지고 없는데 그 때 아버지는 그로 인해 <u>가슴을 태우셨던 것이다.</u>

2. 다음 글의 밑줄친 부분과 의미가 통하는 한자 성어는?
　① 구우일모(九牛一毛)　　　② 다다익선(多多益善)
　③ 괄목상대(刮目相對)　　　④ 조삼모사(朝三暮四)
　⑤ 동가홍상(同價紅裳)

> 자연 과학의 힘은 아무리 많아도 좋으나 인류 전체로 보면 현재의 자연 과학만 가지고도 편안히 살아가기에 <u>넉넉하다.</u>

3. 다음 글로 보아 내향적인 사람을 가장 잘 비유한 한자 성어는?
　① 괄목상대(刮目相對)　　　② 유구무언(有口無言)
　③ 조삼모사(朝三暮四)　　　④ 자포자기(自暴自棄)
　⑤ 대기만성(大器晩成)

내향적(內向的)인 사람은 자신이 없다. 어딘가 모자란 듯싶은 자기 부족감에 고민하고 있다. 적극성도 없고 매사에 용기도 없으니, 해 보기도 전에 패배감부터 든다. 이들이 열등감에 잘 빠지는 것도 이 때문이다. 하지만 그들 중에서 많은 이들은 자신의 성격 때문에 더 열심히 일하고 공부한다. 그것밖에 이들에게 주어진 무기는 없기 때문이다. 노력, 근검형이 될 수밖에 없는 숙명을 타고난 셈이다.

정답

1.② 2.② 3.⑤

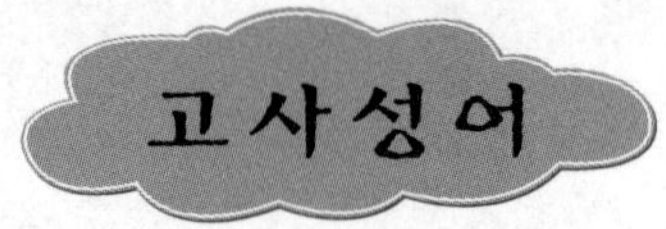

누란지위 累卵之危

累 : 포갤 루　卵 : 알 란　之 : 어조사 지　危 : 위태할 위

알을 쌓아 올린 것처럼 아슬아슬한 위험. 곧 매우 위태로운 형세를 말한다.

전국 시대 때 위(魏) 나라의 범수는 억울하게 모진 고문을 당하고 측간 (변소)에 버려졌는데 기지를 발휘하여 탈옥하였다. 그후 후원자인 정안평 의 집에 은거하며 이름을 장록(張祿)으로 바꾸었다. 진(秦) 나라에서 왕계 가 사신으로 오자 정안평은 장록을 데려가라고 권했다. 왕계는 장록을 데 리고 진 나라로 돌아가 소양왕(昭襄王)에게 천거했다.

"위 나라의 장록은 천하의 외교가입니다. 그는 진 나라의 상황이 '알을 쌓아 올린 것처럼 위태롭다(累卵之危)'며 자기를 등용하면 국태민안(國泰 民安)을 이룰 수 있다고 합니다."

소양왕은 자신의 나라를 혹평한 것이 언짢았지만 장록을 등용하였다. 장록은 후에 먼 나라와는 협력하고 가까운 나라는 공격을 하는 '원교근공 책(遠交近攻策)'을 펴는 등 진 나라를 위해 많은 공을 세웠다.

＊출전 : 〈사기(史記)〉 범수열전

다기망양 多岐亡羊

多 : 많을 다 岐 : 갈림길 기 亡 : 잃을 망 羊 : 양 양

여러 갈래의 길에 이르러 양을 잃었다는 말로, 학문의 길이 다방면이어서 진리를 찾기 어려움을 나타내거나, 방침이 많아서 선택하기 어려울 경우를 비유할 때 쓰인다.

전국 시대 때 양자(楊子)라는 사상가가 있었다. 어느 날 양자의 이웃집에서 기르던 양 한 마리가 달아났다. 그래서 이웃집의 하인들은 물론 양자네 하인들도 찾아 나섰지만 양이 갈림길이 많은 곳으로 달아났기 때문에 찾지 못했다. 양자는 양을 찾지 못했다는 말을 듣고는 우울한 표정을 짓고 하루 종일 아무 말도 하지 않았다. 양자의 이러한 태도를 의아해하던 맹손양(孟孫陽)이라는 제자가 선배인 심도자(心都子)에게 그 까닭을 물었다. 심도자는 다음과 같이 설명했다.

"선생님께서는, '큰길에는 갈림길이 많기 때문에 양을 잃어버리고, 학자는 다방면으로 배우기 때문에 본성을 잃는다. 학문이란 원래 근본은 하나인데, 그 끝에서는 여러 가지로 달라지고 만다. 그러므로 근본으로 돌아간다면 얻는 것도 잃는 것도 없다'고 생각하시고 근본으로 돌아가지 못하는 현실을 안타까워하신 것이네."

*출전 : 〈열자(列子)〉 설부편(說符篇)

다다익선 多多益善

多 : 많을 다 多 : 많을 다 益 : 더할 익 善 : 좋을 선

많으면 많을수록 더욱 좋다는 뜻.

한(漢) 고조(高祖) 유방(劉邦)은 천하를 통일하자 최고의 공신인 초왕 한신(韓信)을 두려워하여 그를 사로잡아 낙양으로 압송하고 지위를 낮춰 회음후로 봉했다.

어느 날 고조는 한신을 불러 휘하 장수들의 능력에 관한 이야기를 나누다가 이렇게 물었다.

"그대가 보기에 나는 얼마의 군사를 지휘할 수 있겠는가?"

"폐하께서는 10만 정도를 넘지 않습니다."

"그럼 그대는?"

"저는 다다익선입니다(臣多多而益善耳)."

고조는 어이없는 듯이 웃으며 말했다.

"많으면 많을수록 좋다는 그대가 어찌 내게 붙잡혔는가?"

"그것은 이야기가 다릅니다. 폐하께서는 병졸을 많이 거느리지는 못하지만 장수를 잘 거느릴 수는 있습니다. 제가 폐하께 잡힌 까닭도 거기에 있습니다."

＊출전 : 〈사기(史記)〉 회음후열전(淮陰侯列傳)

동병상련 同病相憐

同 : 한가지 동　病 : 질병 병　相 : 서로 상　憐 : 불쌍히여길 련

같은 병을 앓는 사람끼리 서로 가엾게 여긴다는 뜻으로, 어려운 처지의 사람 끼리 서로 동정하고 돕는다는 말이다.

　춘추 시대 말 초(楚) 나라에 오자서(伍子胥)가 살았는데, 아버지와 형이 모함으로 처형당하자 오(吳) 나라로 망명했다. 오자서는 공자(公子) 광 (光)을 임금(오왕 합려)의 자리에 오를 수 있게 도와주었고, 그 공으로 요 직을 차지하였다. 얼마 후 초 나라에서 백비라는 사람이 화를 피해 찾아오 자 오자서는 그를 오왕 합려에게 추천하여 벼슬을 하게 해주었다. 그때 대 부 피리가 비난하여 물었다.

　"백비의 눈매는 마치 매와 같고 걸음걸이는 호랑이와 같아서 살인할 상 (相)입니다. 그런데 어찌하여 그런 인물을 천거하였소?"

　오자서가 대답했다.

　"하상가(河上歌)에 '같은 병을 앓는 사람끼리 서로 가엾게 여기고, 같은 근심이 있는 사람끼리 서로 구원해준다(同病相憐 同憂相救)'는 말이 있습 니다. 나는 그저 같은 처지의 백비를 도운 것뿐입니다."

*출전 : 〈오월춘추(吳越春秋)〉 합려내전(闔閭內傳)

담대심소 膽大心小 ································ 膽 : 담력 담, 大 : 큰 대, 心 : 마음 심, 小 : 작을 소
담력은 커야 하지만 마음을 쓰는 데는 조심해야 한다는 말.

대경실색 大驚失色 ································ 大 : 큰 대, 驚 : 놀랄 경, 失 : 잃을 실, 色 : 빛 색
몹시 놀라 얼굴빛이 하얗게 변함.

대동소이 大同小異 ················ 大 : 큰 대, 同 : 한가지 동, 小 : 작을 소, 異 : 다를 이
큰 것은 같고 작은 것만 다름. 곧 비슷비슷하다는 뜻.
　유사어　오십보백보(五十步百步)

대의멸친 大義滅親 ················ 大 : 큰 대, 義 : 옳을 의, 滅 : 멸할 멸, 親 : 친할 친
대의를 위해서는 친족을 멸한다는 뜻으로, 국가나 사회의 대의를 위해
서는 부모형제의 정도 돌보지 않는다는 말.

도원결의 桃園結義 ················ 桃 : 복숭아 도, 園 : 동산 원, 結 : 맺을 결, 義 : 옳을 의
유비 · 관우 · 장비가 복숭아나무 아래에서 형제의 의를 맺었다는 고사
에서 나온 말로, 의형제를 맺음을 이르는 말.

독불장군 獨不將軍 ················ 獨 : 홀로 독, 不 : 아니 불, 將 : 장수 장, 軍 : 군사 군
남의 의견을 무시하고 저 혼자 모든 일을 처리하는 사람. 외톨이

독안룡 獨眼龍 ································ 獨 : 홀로 독, 眼 : 눈 안, 龍 : 용 룡
애꾸눈의 용이란 뜻으로, 애꾸눈의 영웅 또는 고덕(固德)한 사람을 말
함.

독서망양 讀書亡羊 ················ 讀 : 읽을 독, 書 : 글 서, 亡 : 망할 망, 羊 : 양 양
책을 읽다가 지키던 양을 잃어버림. 곧 다른 일에 정신을 빼앗겨 중요한
일을 소홀히 함.

독서백편 의자현 讀書百遍義自見 ············ 讀 : 읽을 독, 書 : 글 서, 百 : 일백 백,
遍 : 두루 편, 義 : 옳을 의, 自 : 스스로 자, 見 : 나타날 현
난해한 책이라도 여러 번 되풀이해서 읽으면 저절로 그 뜻을 알게 된다
는 말.

독서삼매 讀書三昧 ················ 讀 : 읽을 독, 書 : 글 서, 三 : 석 삼, 昧 : 어두울 매

오직 책읽기에만 골몰함.

독야청청 獨也靑靑 ·············· 獨 : 홀로 독, 也 : 어조사 야, 靑 : 푸를 청, 靑 : 푸를 청
홀로 푸름. 홀로 절개를 지켜 늘 변함이 없음.

동가식서가숙 東家食西家宿

·············· 東 : 동녘 동, 家 : 집 가, 食 : 먹을 식, 西 : 서녘 서, 家 : 집 가宿 : 잘 숙
동쪽 집에서 먹고, 서쪽 집에서 잔다는 뜻으로, 일정한 거처 없이 떠돌아
다님을 비유하는 말.

동가홍상 同價紅裳 ·············· 同 : 같을 동, 價 : 값 가, 紅 : 붉을 홍, 裳 : 치마 상
같은 조건이면 더 좋은 것을 선택함. '같은 값이면 다홍치마'

동문서답 東問西答 ·············· 東 : 동녘 동, 問 : 물을 문, 西 : 서녘 서, 答 : 대답할 답
동쪽을 물으니 서쪽을 대답한다는 뜻으로, 묻는 말에 대하여 엉뚱한 대
답을 하는 것을 말함.

동량지재 棟樑之材 ·············· 棟 : 용마루 동, 樑 : 대들보 량, 之 : 갈 지, 材 : 재목 재
기둥이나 대들보가 될 만한 훌륭한 인재. 곧 한 집안이나 한 나라의 큰
일을 맡을 사람을 가리키는 말.

동분서주 東奔西走 ·············· 東 : 동녘 동, 奔 : 분주할 분, 西 : 서녘 서, 走 : 달릴 주
사방으로 바삐 돌아다님.

동호지필 董狐之筆 ·············· 董 : 동독할 동, 狐 : 여우 호, 之 : 갈 지, 筆 : 붓 필
정직한 기록 또는 권세를 두려워하지 않고 사실을 그대로 적어 역사에
남기는 일을 뜻함.

두문불출 杜門不出 ·············· 杜 : 막을 두, 門 : 문 문, 不 : 아닐 불, 出 : 날 출
세상과 인연을 끊고 집밖으로 출입을 하지 않음.

두각 頭角 ·············· 頭 : 머리 두, 角 : 뿔 각
머리의 끝이란 뜻으로, 여럿 중에서 특히 뛰어난 학식이나 재능을 말함.

두찬 杜撰 ·············· 杜 : 밭배나무 두, 撰 : 지을 찬
전거(典據)가 확실하지 않은 저술. 틀린 곳이 많은 저술.

고운 사람 미운 데 없고, 미운 사람 고운 데 없다 한번 좋게 보면 그
사람이 하는 일은 모두 옳게만 보이고, 한번 나쁘게 보면 그 사람이 하
는 일은 무엇이나 다 궂게만 보인다는 뜻.
까마귀 열두 소리에 하나도 좋지 않다.

곤장을 메고 매 맞으러 간다 가만히 있었으면 아무 일도 없었을 것을
공연히 스스로 화를 자초한다는 뜻.
형틀 지고 와서 볼기 맞는다.

구더기 무서워 장 못 담글까 다소 방해되는 것이 있다 하더라도 마땅
히 할 일은 하여야 한다는 말. 큰 일을 경영하려면 사소한 비방 같은 것
은 두려워해서는 안 된다는 말.
범 무서워 산에 못 가랴.

구렁이 담 넘어가듯 한다 구렁이는 움직임이 느리나 소리도 내지 않고
다니니, 일을 함에 있어서 우물쭈물하는 듯하면서 어느 틈에 이루어 놓
음을 이르는 말.

구멍은 깎을수록 커진다 잘못된 일을 수습하려면 할수록 더욱 크게 잘
못되는 경우를 이름.

굴러온 돌이 박힌 돌 뺀다 다른 곳으로부터 들어온 사람이 본래부터 있
던 사람을 내쫓는다는 말.

굴러온 호박 뜻밖의 좋은 수가 생겼다는 말.
호박이 넝쿨째로 굴러 떨어졌다.

굶어 보아야 세상을 안다 정말 먹을 것이 없어 굶주려보지 못한 사람은
세상을 참으로 알았다고 할 수가 없다는 말.

굽은 나무가 선산을 지킨다 곧은 나무는 사람이 쓰려고 쳐가기도 하고,
자손이 빈한해지면 산소의 나무를 팔기도 하나, 굽어서 쓸모 없는 나무
는 오래도록 남아 있게 된다는 뜻으로, 못난 듯이 보이는 것이 도리어
나중까지 제 구실을 함을 이르는 말.

병신 자식이 효도한다. 나갔던 며느리 효도한다.

귀한 자식 매 한 대 더 때리고 미운 자식 떡 한 개 더 준다 아이들 버릇을 잘 가르치기 위해서 아이에게 당장 좋게만 해주는 것은 오히려 해롭다는 뜻.

귀한 자식 매로 키워라.

급히 먹는 밥이 목이 멘다 너무 급히 서둘러 일을 하면 잘 못하고 실패한다는 뜻.

긴 병에 효자 없다 부모가 병을 앓으면 온 정성을 다하지마는 시일이 오래면 그 정성이 혹 나타나지 않을 때도 있으므로 효자가 될 수 없다 함이니 무슨 일이거나 너무 오래 걸리게 되면 그 일에 대한 성의가 덜하게 된다는 말.

길이 아니면 가지 말고 말이 아니면 듣지 마라 사리에 어긋나는 말에는 상관도 하지 말라는 뜻.

꿩 잡는 것이 매다 꿩을 잡지 않으면 매라고 할 수 없듯이 실지로 제 구실을 해야 명실상부 하다는 말.

끈 떨어진 뒤웅박 홀로 나가 떨어져 아무 데도 붙지 못하고 굴러다닌다는 말로, 조금도 의지할 데가 없어진 처지를 이름.

끈 떨어진 둥우리. 끈 떨어진 망석중이. 어미 잃은 송아지.

1. 다음 글에 나타난 '허생'의 말하는 태도를 표현하기에 적절한 한자 성어는?

   ① 중언부언(重言復言)   ② 교언영색(巧言令色)

   ③ 당랑거철(螳螂拒轍)   ④ 배은망덕(背恩忘德)

   ⑤ 단도직입(單刀直入)

> 허생은 거리를 거닐다 한 사람을 잡고 다짜고짜로,
>
> "누가 서울 성중에서 제일 부자요?"
>
> 하고 묻자 변 씨를 말해주는 이가 있어 곧 변씨의 집을 찾아갔다.

2. 다음에 나타난 시적 화자와 대상 사이의 관계를 표현하기에 가장 적절한 한자 성어는?

   ① 동상이몽(同床異夢)   ② 사면초가(四面楚歌)

   ③ 동병상련(同病相憐)   ④ 오매불망(寤寐不忘)

   ⑤ 상부상조(相扶相助)

> 우러라 우러라 새여 자고 니러 우러라 새여.
>
> 널라와 시름 한 나도 자고 니러 우니로라.
>
> 얄리얄리 얄라셩 얄라리 얄라

3. 다음 글의 ☐ 에 들어갈 말로 가장 적절한 것은?

① 설왕설래(說往說來) ② 노심초사(勞心焦思)
③ 견강부회(牽强附會) ④ 동상이몽(同床異夢)
⑤ 오월동주(吳越同舟)

> 특히, 같은 단어인데 의미가 다른 경우, 남한 사람과 북한 사람이 대화를 나누더라도 각각 다른 뜻으로 이해하거나 심지어는 오해로까지 이어질 수 있다면, 이는 원만한 의사 소통을 위해서는 커다란 문제가 아닐 수 없을 것이다. 그야말로 ☐ 의 상황이 될 수도 있을 것이기 때문이다.

4. 다음 글의 밑줄친 부분과 가장 관계 깊은 한자 성어는?

① 두문불출(杜門不出) ② 선풍도골(仙風道骨)
③ 사고무친(四顧無親) ④ 암중모색(暗中摸索)
⑤ 자포자기(自暴自棄)

> 그래서 사회적으로도 화려했던 사르트르가 선망(羨望)의 대상이 되기도 했지만, <u>사회와 거의 단절(斷絶)하고 사는</u> 괴벽(怪癖)스러운 샐린저 같은 작가의 생활이 더 멋있어 보이기도 했다.

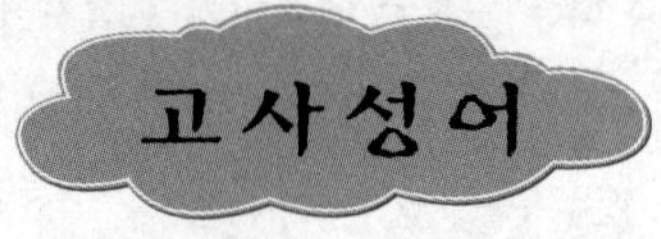

등용문 登龍門

登 : 오를 등   龍 : 용 룡   門 : 문 문

> 용문에 오른다는 뜻으로, 곧 입신 출세의 관문이나 시험을 비유하여 이르는 말이다.

용문은 황하(黃河) 상류에 있는 협곡의 이름이다. 이 협곡은 물줄기가 워낙 세차고 빨라 큰 물고기라 할지라도 웬만해서는 거슬러 올라가지 못한다고 한다. 그렇지만 일단 여기를 오른 물고기는 바로 용이 되어 승천한다는 이야기가 전해오고 있다. 이로 인해 '용문에 올랐다' 라는 말은 어려움을 극복하고 좋은 기회를 얻게 되었다는 뜻으로 쓰이게 되었다.

또한 〈후한서〉에 후한 말 환제(桓帝) 때의 이응(李膺)이라는 충직한 관리에 관한 이야기가 기록되어 있다. 그 당시에는 환관들이 권력을 장악하고 있었는데, 그 횡포가 극심했었다. 그러나 이응은 이들에게 굴하지 않고 꿋꿋이 맞서 싸웠다. 세상 사람들은 이를 보고 '천하의 모범은 이응'이라며 그를 추앙했으며, 그의 추천을 받아 벼슬에 오르는 것을 매우 자랑스럽게 생각했다. 그리하여 이응에게 인정을 받는 것은 용문에 오른 것과 마찬가지라 여기게 되었다.

*출전 : 〈후한서(後漢書)〉 이응전(李膺傳)

득롱망촉 得隴望蜀

得 : 얻을 득   隴 : 땅이름 롱   望 : 바랄 망   蜀 : 나라이름 촉

농서의 땅을 얻으니 촉의 땅을 바란다는 뜻으로, 인간의 욕심이란 끝이 없음을 비유한 말이다.

후한(後漢)을 세운 광무제 유수(劉秀)가 천하통일을 눈앞에 두었을 때의 일이다. 농서 땅의 외효와 촉 땅의 송손술을 제외한 각지의 군웅들은 모두 그에게 항복했다. 신하들이 토벌을 건의했으나, 유수는 항복할 때까지 기다렸다. 얼마 후 외효가 죽자 그의 아들이 농서 땅을 바치고 항복했다. 이제 촉 땅만이 남았는데, 유수는 이렇게 말했다.

"인간은 만족할 줄 모른다더니, 이제 농서의 땅을 얻고 나니 촉의 땅까지 바라게 되는구나(得隴望蜀)."

또한 〈삼국지〉 '위지(魏志)'에 다음과 같은 기록이 있다.

후한 헌제(獻帝) 때 촉의 유비는 강남의 손권과 연합하고 있었다. 조조는 이미 한중을 손에 넣고 농서까지 차지하였는데, 사마의(사마중달)가 촉까지 진격할 것을 건의하였다.

그러나 조조는 진격을 명하지 않고 다음과 같이 말했다.

"인간의 욕심이란 끝이 없다고 하지만, 이미 농을 얻었는데 촉까지 바라겠는가?"

＊출전 : 〈후한서(後漢書)〉 광무기(光武記), 〈삼국지(三國志)〉 위지(魏志)

마이동풍 馬耳東風

馬 : 말 마　耳 : 귀 이　東 : 동녘 동　風 : 바람 풍

말의 귀에 동풍이 불어봐야 아랑곳하지 않는다는 뜻으로, 남의 말을 귀담아 듣지 않고 흘려버림을 일컫는 말이다.

마이동풍이라는 말은 당(唐) 나라 때의 시선(詩仙) 이백(李白)이 친구의 시에 화답하여 지은 시(答王十二寒夜獨酌有懷)에 나오는 말이다. 이백은 추운 밤 홀로 술을 마시며 감회에 젖은 친구의 쓸쓸함을 위로하며 시를 지었다. 이 시에서 '북쪽 창에 기대앉아 시를 읊고 부를 짓는다. 그러나 아무리 훌륭한 걸작이라 해도 한 잔 물의 값도 되지 않는다'고 한탄하고,

> 세상 사람들은 이를 듣고도 모두 머리를 흔드니
> 동풍이 말의 귀를 스치는 것과 같도다(有如東風射馬耳)

하며, '우리에게 높은 벼슬 같은 것은 애당초 상대가 아니며, 산야(山野)에 초연함이 소원이 아니었던가' 하고 시를 끝맺고 있다. 이백은 친구를 위로하고, 한탄하는 말로 자신의 인생관을 읊은 것이다.

우이독경(牛耳讀經)이라는 말도 같은 뜻으로 쓰인다.

＊출전 : 〈이태백집(李太白集)〉 권(卷) 18

망양지탄 望洋之歎

望 : 바라볼 망 洋 : 바다 양 之 : 어조사 지 歎 : 감탄할 탄

넓은 바다를 바라보며 감탄한다는 말로서, 어떤 일에 자신의 힘이 미치지 못함을 느껴서 한탄하는 것을 일컫는다.

가을에 홍수가 나서 수많은 지류의 물이 황하(黃河)로 흘러 들어왔다. 황하의 신인 하백(河伯)은 드넓은 강가에서 넘실대는 강물을 바라보며 자신의 존재가 자랑스러웠다. 그런데 북해에 당도하여 살펴보니 물의 끝이 너무 멀어, 아득히 하늘과 맞닿아 보였다. 하백은 그제야 세상이 한없이 넓다는 것을 깨닫고 그것도 모르고 살아온 자신이 부끄러웠다. 그때 북해의 신인 약(若)이 말했다.

"우물 안의 개구리에게 바다에 대해 말해도 소용없는 것은 개구리 스스로 자기가 살고 있는 곳밖에 알지 못하기 때문이오. 당신은 좁은 강 사이에서 벗어나 넓은 바다를 보고서야 자신이 얼마나 초라한지 깨달았으니 이제 큰 도의 이치를 말할 수 있겠소이다."

드넓은 황하 유역을 다스리는 자신이야말로 대단한 존재라고 생각했던 하백은 망망대해가 펼쳐진 것을 바라보고는 자신의 좁은 소견을 깨우치게 되었다는 이 이야기에서 '망양지탄'이라는 말이 나왔다고 한다.

＊출전 : 〈장자(莊子)〉 추수편(秋水篇)

득의만면 得意滿面 ·········· 得 : 얻을 득, 意 : 뜻 의, 滿 : 찰 만, 面 : 낯 면
뜻을 이루어 기쁜 표정이 얼굴에 꽉 참.

등하불명 燈下不明 ·········· 燈 : 등잔 등, 下 : 아래 하, 不 : 아니 불, 明 : 밝을 명
가까이 있는 것이 알아내기가 어려움. 등잔 밑이 어둡다.

등화가친 燈火可親 ·········· 燈 : 등잔 등, 火 : 불 화, 可 : 옳을 가, 親 : 친할 친
가을이 되어 서늘해지면 밤에 불을 가까이 하여 글읽기에 좋다는 말.

마각노출 馬脚露出 ·········· 馬 : 말 마, 脚 : 다리 각, 露 : 드러날 로, 出 : 날 출
'마각을 드러내다', '마각이 드러나다' 란 뜻으로, 숨기고 있던 일을 부지중에 드러내거나 드러남을 이르는 말.

마부작침 摩斧作針 ·········· 摩 : 갈 마, 斧 : 도끼 부, 作 : 만들 작, 針 : 바늘 침
도끼를 갈아 바늘을 만든다는 뜻으로, 이루기 어려운 일이라도 참고 계속 노력하면 언젠가는 성취할 수 있음을 비유한 말.

만경창파 萬頃蒼波 ·········· 萬 : 일만 만, 頃 : 이랑 경, 蒼 : 푸를 창, 波 : 물결 파
만 갈래의 푸른 물결. 곧 한없이 넓고 푸른 바다.

만고풍상 萬古風霜 ·········· 萬 : 일만 만, 古 : 옛 고, 風 : 바람 풍, 霜 : 서리 상
오랜 세월을 사는 동안에 겪은 수많은 고생

만산홍엽 滿山紅葉 ·········· 滿 : 찰 만, 山 : 뫼 산, 紅 : 붉을 홍, 葉 : 잎 엽
온 산이 단풍으로 붉게 물듦. 곧 가을 경치를 이르는 말.

만승지국 萬乘之國 ·········· 萬 : 일만 만, 乘 : 탈 승, 之 : 갈 지, 國 : 나라 국
유사시에 전차 1만 채를 갖추어낼 만한 능력이 있는 나라. 곧 천자(天子)의 나라를 뜻함.

만시지탄 晚時之歎 ·········· 晚 : 늦을 만, 時 : 때 시, 之 : 갈 지, 歎 : 탄식할 탄
시기가 늦었음을 안타까워하는 탄식.

만학천봉 萬壑千峰 ·········· 萬 : 일만 만, 壑 : 골짜기 학, 千 : 일천 천, 峰 : 봉우리 봉
첩첩이 겹쳐진 수없이 많은 산 계곡과 봉우리.

망연자실 茫然自失 ·········· 茫 : 아득할 망, 然 : 그럴 연, 自 : 스스로 자, 失 : 잃을 실

넋이 나간 듯이 멍함.

맥수지탄 麥秀之嘆 ·············· 麥 : 보리 맥, 秀 : 팰 수, 之 : 갈 지, 嘆 : 탄식할 탄
폐허가 된 도읍지에 보리만은 잘 자람을 보고 한탄했다는 뜻으로, 고국
의 멸망을 한탄한 말.

맹아 萌芽 ······························· 萌 : 싹 맹, 芽 : 싹 아
식물의 싹이 트는 일. 곧 모든 일의 시초를 뜻하는 말.

멸사봉공 滅私奉公 ·········· 滅 : 멸할 멸, 私 : 사사로울 사, 奉 : 받들 봉, 公 : 공변될 공
사사로움을 버리고 국가나 공공의 이익을 위하여 힘써 일함.

명경지수 明鏡止水 ············ 明 : 밝을 명, 鏡 : 거울 경, 止 : 그칠 지, 水 : 물 수
맑은 거울과 고요한 물이라는 뜻으로, 마음이 고요하고 잡념이 없이 아
주 맑고 깨끗함.

명실상부 名實相符 ·········· 名 : 이름 명, 實 : 실제 실, 相 : 서로 상, 符 : 부신 부
이름과 실상이 서로 들어맞음.

명약관화 明若觀火 ············ 明 : 밝을 명, 若 : 같을 약, 觀 : 볼 관, 火 : 불 화
불을 보듯 분명함. 더 말할 나위 없이 명백함.

목불식정 目不識丁 ············ 目 : 눈 목, 不 : 아니 불, 識 : 알 식, 丁 : 고무래 정
'낫 놓고 기역자도 모른다'와 같은 말.
　　동의어 일자무식(一字無識)

목불인견 目不忍見 ············ 目 : 눈 목, 不 : 아니 불, 忍 : 참을 인, 見 : 볼 견
차마 눈뜨고 볼 수 없는 참혹함이나 꼴불견.

몽진 蒙塵 ······························· 蒙 : 덮을 몽, 塵 : 티끌 진
'먼지를 뒤집어쓴다'는 뜻으로, 임금이 난리를 피하여 다른 곳으로 옮
겨가는 것을 뜻함.

무위도식 無爲徒食 ············ 無 : 없을 무, 爲 : 할 위, 徒 : 헛될 도, 食 : 먹을 식
하는 일 없이 먹고 놀기만 함.

무지몽매 無知蒙昧 ············ 無 : 없을 무, 知 : 알 지, 蒙 : 어리석을 몽, 昧 : 어두울 매
전혀 아는 것이 없고 사리에 어두움.

다 의 어

깨어나다

① 본디의 의식을 찾게 되다. 예 꿈에서 깨어나다.

② 변했던 빛이 본래의 제 빛을 나타내다. 예 이제야 네 혈색이 깨어나는구나.

③ (미개한 상태에서) 문명한 상태가 되다. 예 무지와 미신에서 깨어나다.

깨어지다

① (단단한 물건이) 타격을 받아 여러 조각으로 나다. 예 유리병이 깨어지다.

② (일이) 틀어지다. 예 모임이 깨어지다.

③ 얻어맞거나 부딪혀 상처가 나다. 예 머리가 깨어지다.

④ (어떠한 난관이나 기록이) 돌파되다. 예 한국 기록이 깨어지다.

⑤ 경기 등에서 지는 것을 속되게 이르는 말. 예 축구에서는 우리가 일본에 깨어졌다.

꺼지다

① (불 따위가) 사라져 없어지다. 예 연탄불이 꺼지다.

② (거품 따위가) 스러지거나 가라앉다. 예 거품이 꺼지다.

③ (노여움이나 분 따위가) 가라앉다. 예 분이 꺼지다.

④ (목숨이) 끊어지다.

꾸리다

① (짐 따위를) 싸서 묶다. 예 등산 가려고 배낭을 꾸리다.

② 일을 알뜰하고 규모 있게 처리하다. 예 그럭저럭 살림을 꾸려 나가다.

③ (집이나 자리 따위를) 손질하여 모양이 나게 만들다.

끌다

① 바닥에 댄 채 잡아당기다. 예 밥상을 끌다.

② 어떤 수단을 써서 남으로 하여금 자기가 뜻한 대로 따라 움직이게 하다. 예 손님을 끌다.

③ (치마나 바지 끝을) 바닥에 늘어뜨리고 가다. 예 치맛자락을 끌다.

④ 길게 벋쳐 늘이다. 예 전화를 끌어오다.

⑤ (감정을) 쏠리게 하다. 예 많은 사람의 시선을 끌다.

⑥ (수레나 마소·차 따위를) 부리거나 움직이게 하다. 예 차를 끌다.

⑦ (시간이나 일을) 늦추거나 미루다. 예 시일을 끌다.

끓다

① (액체가) 몹시 뜨거워져서 소리를 내면서 거품이 솟아오르다. 예 물이 끓다.

② 지나치게 뜨거워지다. 예 방이 설설 끓다.

③ (화가 나서) 속이 뒤집히거나 타는 듯하다. 예 속이 끓다.

④ (소화가 안 되거나 병으로 해서) 뱃속에서 소리가 나다. 예 배가 끓다.

⑤ 가래가 목구멍에 붙어서 숨 쉴 때마다 소리가 나다. 예 가래가 끓다.

⑥ 많이 모여 우글거리다. 예 기자묘 솔밭에 송충이가 끓었다. 〈김동인-감자〉

⑦ (어떠한 감정이) 강하게 솟아나다. 예 피가 끓다.

끔찍하다

① 지독하게 크거나, 많아서 놀랍다. 예 고래가 끔찍하게 크다.

② 진저리가 날 정도로 몹시 참혹하다. 예 그 일은 생각만 해도 끔찍하다.

③ 정성이나 성의가 매우 극진하다. 예 그는 부모를 끔찍하게 위한다.

끼다

① (안개나 연기 따위가) 퍼져서 서리다. 예 안개가 자욱이 낀 밤.

② (때나 먼지 따위가) 엉겨 붙다. 예 눈곱이 끼다.

③ (이끼나 녹 따위가) 물체를 덮다. 예 이끼 낀 바위.

④ (어떠한 표정이 얼굴이나 목소리에) 어리어 돌다. 예 수심 낀 얼굴.

연 습 문 제

1. 다음 글의 밑줄친 부분과 가장 관계가 깊은 것은?
    ① 촌철살인(寸鐵殺人)   ② 마이동풍(馬耳東風)
    ③ 유아독존(唯我獨尊)   ④ 동문서답(東問西答)
    ⑤ 견강부회(牽强附會)

> <u>남의 대답이 채 끝나기도 전에 지나쳐 버리고 돌아보지 않는다든가</u>, 한 번 묻고 한 번 대답하고는 다시 더 생각하지 않는다면, 이는 이로움을 구하는 데 아무 뜻이 없는 사람이니 더불어 학문을 할 수가 없다.

2. 다음 글에서 말하는 이의 심적 상황을 가장 잘 나타낸 것은?
    ① 만사휴의(萬事休矣)   ② 망양지탄(望洋之歎)
    ③ 암중모색(暗中摸索)   ④ 사고무친(四顧無親)
    ⑤ 망연자실(茫然自失)

> "어떻게 하기는야. 넋이 나간 사람마냥 어둠 속에 한참이나 찻길만 바라보고 서 있을 수밖에야……. 그 허망한 마음을 어떻게 다 말할 수가 있을 거나……."

3. 다음 글에서 보인 선경(仙境) : 속계(俗界)의 의미 관계와 같지 않은 것은?
    ① 수축(收縮) : 팽창(膨脹)   ② 상승(上昇) : 하강(下降)
    ③ 만조(滿潮) : 간조(干潮)   ④ 모순(矛盾) : 당착(撞着)
    ⑤ 군자(君子) : 소인(小人)

4. 다음에 나타난 심리적 상태와 관계 깊은 것은?

① 물아일체(物我一體)　　② 주객전도(主客顚倒)

③ 우이독경(牛耳讀經)　　④ 청산유수(靑山流水)

⑤ 오비이락(烏飛梨落)

백구야 날지 마라, 내가 네 벗인줄 어찌 아느냐.

정답

1. ② 2. ⑤ 3. ④ 4. ①

고 사 성 어

모순 矛盾

矛 : 창 모　盾 : 방패 순

창과 방패라는 뜻으로, 말이나 행동이 앞뒤가 맞지 않는 것을 이르는 말이다.

초(楚) 나라의 한 시장에서 장사꾼이 창(矛)과 방패(盾)를 팔고 있었다. 그 장사꾼은 방패를 들어 보이며 큰 소리로 말했다.

"여기 이 방패를 보세요. 이 방패는 어찌나 단단한지 그 어느 창으로도 꿰뚫지 못합니다."

그리고는 창을 집어들고 더욱 크게 외쳐댔다.

"자, 이 창을 한번 보세요. 이 창은 날카롭기가 천하 제일입니다. 이 창으로 뚫지 못하는 방패는 없습니다."

그러자 구경하던 한 노인이 말했다.

"그러면 그 창으로 그 방패를 찌르면 어떻게 되는 것이요?"

장사꾼은 아무 말도 못하고 황급히 물건을 챙겨서 도망치듯 그 자리를 떠났다.

*출전 : 〈한비자(韓非子)〉 난세편(亂世篇)

무릉도원 武陵桃源

武 : 호반 무 陵 : 능 릉 桃 : 복숭아 도 源 : 근원 원

복사꽃이 만발한 무릉의 이상향. 흔히 세상과 따로 떨어진 상상의 별천지, 이상향을 나타낼 때 쓰이는 말이다.

진(晉) 나라 때 무릉(武陵)에 사는 한 어부가 고기를 잡기 위해 배를 타고 강을 따라 거슬러 올라갔다. 한참 가다 보니 전에는 전혀 와보지 못했던 곳이 나타났다.

양쪽 언덕은 온통 복사꽃으로 뒤덮여 있고, 산 아래에 사람 하나가 겨우 들어갈 수 있는 동굴이 보였다. 동굴 속으로 들어가 보니, 거기에는 그림과 같은 아름답고 풍요로운 광경이 펼쳐졌다. 기름진 넓은 들판에 고래등 같은 기와집들이 즐비했고, 사람들은 부유한 복장에 즐거운 낯빛이었다. 그들은 어부를 기쁘게 맞으며 큰 잔치를 베풀어 환영했다.

어부가 이상히 여겨 물어 보았더니, 그들은 옛날 진(秦) 나라 때 학정과 전란을 피해 이곳으로 피신한 사람들의 후손이라며 그 동안 외부와는 완전히 단절된 생활을 해왔다고 대답했다. 며칠 동안 융숭한 대접을 받고 돌아온 어부는 그 마을을 다시 가보았으나 끝내 찾지 못하고 말았다.

＊출전 : 〈도연명(陶淵明)〉의 도화원기(桃花源記)

발본색원 拔本塞源

拔 : 뺄 발　本 : 밑 본　塞 : 막힐 색　源 : 근원 원

근본부터 뿌리를 뽑아 잘못을 고치고 해결한다는 뜻으로, 폐단의 근원을 아예 없애버린다는 말이다.

〈춘추좌씨전〉 소공 9년조(昭公 九年條)에 다음과 같은 주왕의 말이 실려 있다.

"나에게 백부(伯父)가 계신 것은 마치 옷에 갓이 있고, 나무와 물에 근원이 있고, 백성들에게 지혜로운 군주가 있음과 같다. 만약 백부께서 갓을 찢어버리고, 나무의 뿌리를 뽑고 물의 근원을 막으며(拔本塞源) 군주를 버린다면 비록 오랑캐들이라도 나를 비웃을 것이다."

'발본색원'이라는 말은 여기에서 유래되었으며, 오늘날에는 폐단의 근원을 아예 없애버린다는 뜻으로 쓰이고 있다. 특히 범죄나 부패한 정치를 근절하고 개혁을 단행할 때 자주 쓰이는 말이다.

*출전 : 〈춘추좌씨전(春秋左氏傳)〉 소공(昭公)

백년하청 百年河淸

百 : 일백 백　年 : 해 년　河 : 물 하　淸 : 맑을 청

백년에 한 번 황하가 맑아질까 말까 함. 곧 아무리 오래 기다려도 어떤 일이
이루어지기 어려움을 뜻하는 말이다.

　춘추 시대 때 정(鄭) 나라가 초(楚) 나라의 속국인 채(蔡) 나라를 공격했
는데, 이를 빌미로 초 나라의 영윤(令尹) 자랑이 정 나라를 치러 왔다. 정
나라에서는 초 나라에 항복하자는 의견과 진(晉) 나라의 원군을 기다리자
는 의견이 팽팽하게 맞섰다. 이때 자사(子駟)가 나서서 말했다.

　"주 나라의 시에 이르기를 '황하가 맑아지기를 기다리는 것은 사람의
짧은 목숨으로는 불가능하지 않은가. 점을 쳐서 꾀하는 일이 많으면 새가
그물에 얽힌 듯 갈피를 잡지 못하게 된다' 라고 했습니다. 계책이 많을수록
목적을 이루는데 이롭지 않을 뿐입니다."

　진 나라의 원군을 기다리는 것은 황하의 물이 맑아지기를 기다리는 것
과 다를 바 없는데, 어느 세월에 원군을 기다리느냐, 이리저리 계책을 세우
느니 차라리 항복하여 나라를 보존하고 백성들의 고통을 덜어주자는 이야
기다.

＊출전 : 〈춘추좌씨전(春秋左氏傳)〉 양공(襄公)

문방사우 文房四友 ──────── 文 : 글월 문, 房 : 방 방, 四 : 넉 사, 友 : 벗 우
종이 · 붓 · 먹 · 벼루의 네 가지 문방구.

문전옥답 門前沃畓 ──────── 門 : 문 문, 前 : 앞 전, 沃 : 기름질 옥, 畓 : 논 답
집 앞에 있는 기름진 논. 곧 많은 재산을 일컫는 말.

박이부정 博而不精 ──────── 博 : 넓을 박, 而 : 말 이을 이, 不 : 아니 불, 精 : 자세할 정
많은 것을 알고 있으나 자세하지 못함.

박장대소 拍掌大笑 ──────── 拍 : 칠 박, 掌 : 손바닥 장, 大 : 큰 대, 笑 : 웃을 소
손바닥을 치며 크게 웃음.

박학다식 博學多識 ──────── 博 : 넓을 박, 學 : 배울 학, 多 : 많을 다, 識 : 알 식
학문과 견문이 매우 넓어서 여러 분야에 아는 것이 많음.

반근착절 盤根錯節 ──────── 盤 : 서릴 반, 根 : 뿌리 근, 錯 : 섞일 착, 節 : 마디 절
서린 뿌리와 섞인 마디라는 말로, 일이 얽크러져 처리하기가 몹시 힘드
는 것 또는 세력이 단단하여 흔들리지 않는 것을 뜻함.
> **유사어** 방기곡경(旁岐曲經)

반목질시 反目嫉視 ──────── 反 : 돌이킬 반, 目 : 눈 목, 嫉 : 시기할 질, 視 : 볼 시
서로 미워하고 시기하는 눈으로 봄.

반포지효 反哺之孝 ──────── 反 : 돌이킬 반, 哺 : 먹일 포, 之 : 갈 지, 孝 : 효도 효
까마귀의 새끼가 자라서 먹이를 물어다 늙은 어미를 먹인다는 뜻으로,
자식이 자라서 부모를 봉양하거나 은혜를 갚음을 이르는 말.
> **동의어** 반포보은(反哺報恩)

발호 跋扈 ──────────── 跋 : 사나울 발, 扈 : 떨칠 호
통발을 뛰어넘는 물고기처럼 세차고 사납게 날뛴다는 뜻으로, 제어할
수 없을 정도로 사납게 날뛰거나 세력이 강성하여 다스리기가 매우 어
려움을 이름.

배반낭자 杯盤狼藉 ──────── 杯 : 잔 배, 盤 : 쟁반 반, 狼 : 어지러울 랑, 藉 : 어지러울 자
잔과 쟁반이 어지럽게 흩어졌다는 말로, 술을 마시며 흥겹게 노는 모습

이나, 연회가 끝난 후 접시 등이 어지럽게 흩어져 있는 모습을 말함.

백가쟁명 百家爭鳴 ·········· 百 : 일백 백, 家 : 집 가, 爭 : 다툴 쟁, 鳴 : 울 명
여러 사람이 서로 자기 주장을 내세우는 일.

백골난망 白骨難忘 ·········· 白 : 흰 백, 骨 : 뼈 골, 難 : 어려울 난, 忘 : 잊을 망
죽어서 백골이 되어도 그 은덕을 잊을 수 없음.

백년지객 百年之客 ·········· 百 : 일백 백, 年 : 해 년, 之 : 갈 지, 客 : 손 객
아무리 스스럼이 없어져도 한평생 손님으로 맞아 예의를 잊지 말아야
한다는 뜻으로, 사위를 가리키는 말.

백절불굴 百折不屈 ·········· 百 : 일백 백, 折 : 꺾을 절, 不 : 아니 불, 屈 : 굽을 굴
백 번 꺾어도 굽히지 않음. 곧 어떤 난관에도 굴하지 않음.
> 동의어 백절불요(百折不撓)

백척간두 百尺竿頭 ·········· 百 : 일백 백, 尺 : 자 척, 竿 : 장대 간, 頭 : 머리 두
아주 높은 장대 끝에 오른 것처럼 극도로 위태한 지경에 이름.

병가상사 兵家常事 ·········· 兵 : 군사 병, 家 : 집 가, 常 : 항상 상, 事 : 일 사
전쟁에서 이기고 지는 것은 흔히 있는 일이니 지더라도 낙담하지 말라
는 뜻.

복수불반 覆水不返 ·········· 覆 : 엎을 복, 水 : 물 수, 不 : 아니 불, 返 : 돌이킬 반
엎지른 물은 돌이켜 담을 수 없다는 뜻으로, 일단 저지른 일을 되돌릴 수
없음을 이르는 말.
> 유사어 파경부조(破鏡不照)

봉기 蜂起 ·········· 蜂 : 벌 봉, 起 : 일어날 기
벌이 떼지어 일어나듯 각처에 병란이나 민란이 일어남.

봉두난발 蓬頭亂髮 ·········· 蓬 : 쑥 봉, 頭 : 머리 두, 亂 : 어지러울 란, 髮 : 터럭 발
쑥대머리처럼 더부룩하게 흐트러진 머리털이란 뜻으로, 차림새가 나쁘
거나 겉모양에 전혀 무관심함을 이름.
> 동의어 봉두구면(蓬頭垢面)

부관참시 剖棺斬屍 ·········· 剖 : 쪼갤 부, 棺 : 관 관, 斬 : 벨 참, 屍 : 부검 시
죽은 뒤에 큰 죄가 드러난 사람에게 내리던 극형으로, 묻혀 있던 죄인의
관을 쪼개어 시신의 목을 벰.

1. 다음 글의 밑줄친 부분과 바꾸어 쓸 수 있는 말은?
   ① 청풍명월(淸風明月)　　② 우공이산(愚公移山)
   ③ 상전벽해(桑田碧海)　　④ 명경지수(明鏡止水)
   ⑤ 무릉도원(武陵桃源)

> 천방져 지방져 소쿠라지고 평퍼져, 넌출지고 방울져, 저 건너 병풍석(屛風石)으로 으르렁 콸콸 흐르는 물결이 은옥(銀玉)같이 흩어지니, 소부 허유(巢父許由) 문답하던 기산 영수(箕山潁水)가 예 아니냐.

2. ☐ 에 들어갈 말로 가장 적절한 것은?
   ① 자승자박(自繩自縛)　　② 동고동락(同苦同樂)
   ③ 좌고우면(左雇右眄)　　④ 부화뇌동(附和雷同)
   ⑤ 발본색원(拔本塞源)

> 부정부패를 저지른 사람에게 스스로 '부정부패의 원인과 대책'에 관한 보고서를 작성하게 해서 이를 부정부패의 ☐ 에 활용한다는 계획도 있다. 부패 원인을 잘 아는 당사자의 분석을 조직 혁신에 이용하고 우수 사례를 제시한 사람은 징계 경감 조치를 받을 수도 있는 획기적인 방안인 셈이다.

3. 밑줄친 부분과 관계 깊은 한자 성어는?

① 사고무친(四顧無親)　　　② 동고동락(同苦同樂)
③ 동병상련(同病相憐)　　　④ 동문수학(同門修學)
⑤ 유유상종(類類相從)

> 　　친구 없는 가난한 아이의 외로움을 글로 쓰고 싶었습니다. 노래를 처음 들었을 때 제 어린 시절이랑 너무 비슷해 가슴이 아팠거든요.

4. 다음과 같은 상황을 나타내기에 가장 적절한 것은?

① 망국지탄(亡國之歎)　　　② 망연자실(茫然自失)
③ 심기일전(心機一轉)　　　④ 망망대해(茫茫大海)
⑤ 호사다마(好事多魔)

> 　　그는 두려움에 질린 모습이 되어 움츠리고 앉는다.

5. 다음의 글과 같은 상황에 적용할 수 있는 한자 성어는?

① 좌충우돌(左衝右突)　　　② 백척간두(百尺竿頭)
③ 설상가상(雪上加霜)　　　④ 천방지축(天方地軸)
⑤ 동병상련(同病相憐)

> 　　어둑어둑할 무렵부터 비는 본격적으로 내리기 시작하고 대포알은 쉴 새없이 머리 위를 날고 있었다. 휘잉 하고 하늘은 찢는 듯 공중을 나는 소리, 이어서 탕 하고 포탄 터지는 소리. 저것이 백에 한 번 추호라도 겨냥을 잘못하면 우리는 죽을 운명에 놓여 있다 생각하니 듣기에 그리 유쾌한 음성이 아니었다.

6. 아래의 글에서 번오기(樊於期)와 무령왕(武寧王)을 끌어들인 의도를 나타내는 말로 적합한 것은?

① 본말전도(本末顚倒) ② 근묵자흑(近墨者黑)
③ 명재경각(命在頃刻) ④ 교각살우(矯角殺牛)
⑤ 우왕좌왕(右往左往)

> "소위 사대부란 것들이 무엇이란 말이냐? 오랑캐 땅에서 태어나 자칭 사대부라 뽐내다니, 이런 어리석을 데가 있느냐? 의복은 흰 옷을 입으니 그것이야말로 상인(喪人)이나 입는 것이고, 머리털을 한데 묶어 송곳같이 만드는 것은 남쪽 오랑캐의 습속에 지나지 못한데, 대체 무엇을 가지고 예법이라 한단 말인가? 번오기(樊於期)는 원수를 갚기 위해서 자신의 머리를 아끼지 않았고, 무령왕(武寧王)은 나라를 강성하게 만들기 위해서 되놈의 옷을 부끄럽게 여기지 않았다."

7. 다음의 밑줄친 부분과 관련 깊은 한자 성어는?

① 각골난망(刻骨難忘) ② 배수지진(背水之陣)
③ 반포지효(反哺之孝) ④ 살생유택(殺生有擇)
⑤ 양두구육(羊頭狗肉)

> 순이가 사는 마을에도 이 소문이 퍼졌다. 순이는 앞못보는 아버지를 호강시켜 드리기 위해 몸을 팔기로 결심하고 처녀를 사러 온 사람들을 찾아갔다. 사람들은 데리러 올 날짜를 말해 주고 순이에게 흔쾌히 돈궤를 내주었다.

8. 다음의 밑줄친 부분과 의미가 상통하는 한자 성어는?

① 목불인견(目不忍見) 　② 부자유친(父子有親)

③ 부창부수(夫唱婦隨) 　④ 경국지색(傾國之色)

⑤ 부전자전(父傳子傳)

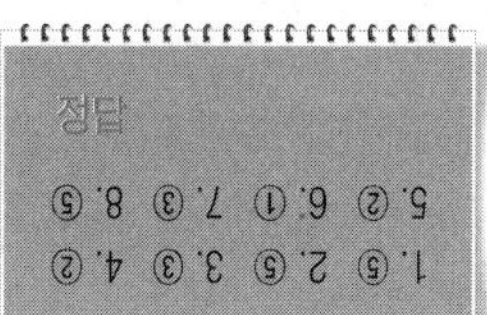

비육지탄 髀肉之嘆

髀 : 넓적다리 비　肉 : 고기 육　之 : 어조사 지　嘆 : 탄식할 탄

넓적다리에 살이 찐 것을 한탄함. 곧 재능을 발휘할 기회를 얻지 못하고 헛되이 세월을 보냄을 탄식한다는 뜻이다.

한 나라 왕실을 부흥시키고자 일어난 유비(劉備)가 형주(荊州)의 유표(劉表)에게 의탁하고 있을 때의 일이다. 어느 날 유표의 초대를 받고 연회에 참석한 유비는 뒤가 마려워 측간에 갔다. 볼일을 보다가 문득 자신의 넓적다리에 살이 찐 것을 보고는 눈물이 났다. 큰 뜻을 품고 전쟁터에서 보낸 세월이 10여 년, 이미 나이 50이 가까웠는데 아직도 남의 식객 노릇이나 하며 군살을 찌우고 있다니 탄식이 절로 났다. 자리에 돌아온 유비의 눈물을 보고 유표가 놀라서 이유를 묻자 유비는 이렇게 대답했다.

"전쟁터에서 항상 말을 타고 다녀 넓적다리에 군살이 붙을 겨를이 없었는데, 지금은 말을 타지 않아 군살이 찌고 말았습니다. 세월은 흘러 벌써 늘그막에 접어들었는데 공업(功業)을 이룬 것이 없으니 그저 슬플 따름입니다."

*출전 : 〈삼국지(三國志)〉 촉지(蜀志)

분서갱유 焚書坑儒

焚 : 불사를 분　書 : 글 서　坑 : 물을 갱　儒 : 선비 유

책을 불사르고 선비를 생매장하여 죽임. 진시황이 정치적인 비판을 막기 위해 책을 불에 태우고 유생들을 산 채로 생매장한 사건에서 비롯된 말이다.

　천하를 통일한 진(秦)의 시황제(始皇帝)가 주연을 베푼 자리에서의 일이었다. 승상 이사(李斯)가 나서서 정치에 대한 논의를 중단시키고, 의약, 복서(점술), 종수(농업)에 관한 책과 진 나라 역사서를 제외한 모든 서적을 불태워버려야 한다는 건의를 하였다. 이에 따라 시황제는 관청에 보관되어 있는 희귀본은 물론 개인이 소장하고 있는 서적을 모두 거두어 불태웠다. 이것이 바로 '분서(焚書)' 사건이다.

　이듬해 노생과 후생이라는 방사(方士 : 도교의 신선술을 닦는 사람)가 황제를 비난하고 달아나 버렸다. 평소 불로장생을 꿈꾸며 숱한 방사들을 후대했던 시황제는 격노하였는데, 이때 또 다른 방사와 유생들이 '분서'를 공박하자 시황제의 분노는 마침내 폭발하여 이들을 산 채로 구덩이를 파서 매장했으니, 그 숫자가 무려 460명이나 되었다. 이를 가리켜 '갱유(坑儒)'라 한다. '분서갱유'는 이 '분서'와 '갱유' 사건을 합쳐 부르는 말이다.

＊출전 : 〈사기(史記)〉 진시황본기(秦始皇本紀)

부답복철 不踏覆轍 ········ 不 : 아니 불, 踏 : 밟을 답, 覆 : 엎을 복, 轍 : 수레바퀴 자국 철
선인(先人)의 실패를 되풀이하지 않음.

부창부수 夫唱婦隨 ············ 夫 : 지아비 부, 唱 : 주장할 창, 婦 : 지어미 부, 隨 : 따를 수
남편이 주장을 하면 아내가 이에 따른다는 뜻으로, 부부 화합의 도리를
말함.

부화뇌동 附和雷同 ·················· 附 : 붙을 부, 和 : 화할 화, 雷 : 우뢰 뢰, 同 : 같을 동
자신의 주장이나 의견이 없이 남의 말이나 행동에 덩달아 따라 함.

분골쇄신 粉骨碎身 ·················· 粉 : 가루 분, 骨 : 뼈 골, 碎 : 부술 쇄, 身 : 몸 신
뼈가 가루가 되고 몸이 부서지도록 노력함. 또 그렇게 힘써 일함.

불가사의 不可思議 ········· 不 : 아니 불, 可 : 옳을 가, 思 : 생각할 사, 議 : 의논할 의
사람의 생각으로는 헤아릴 수 없이 이상야릇함.

불구대천지수 不俱戴天之讐
················· 不 : 아니 불 俱 : 함께 구 戴 : 일 대 天 : 하늘 천 之 : 갈 지 讐 : 원수 수
하늘 아래에 같이 살 수 없는 원수.
[동의어] 불공대천지수(不共戴天之讐)

불립문자 不立文字 ················· 不 : 아니 불, 立 : 설 립, 文 : 글월 문, 字 : 글자 자
마음에서 마음으로 전함.
[유사어] 이심전심(以心傳心), 교외별전(敎外別傳)

불문곡직 不問曲直 ················· 不 : 아니 불, 問 : 물을 문, 曲 : 굽을 곡, 直 : 곧을 직
옳고 그름을 가리지 않고 다짜고짜로 일을 처리함.

불요불굴 不撓不屈 ················· 不 : 아니 불, 撓 : 휠 요, 不 : 아니 불, 屈 : 굽을 굴
뜻이나 결심이 휘어지지 않고 굽히지도 않음.

붕정만리 鵬程萬里 ················· 鵬 : 붕새 붕, 程 : 단위 정, 萬 : 일만 만, 里 : 거리 리
붕새를 타고 만리를 난다는 뜻으로, 머나먼 앞길이나 앞날이 양양함을
비유하는 말. 오늘날에는 비행기를 타고 바다 건너 멀리 여행함을 비유
함.

비례물시 非禮勿視 —————— 非 : 아닐 비, 禮 : 예도 례, 勿 : 말 물, 視 : 볼 시
예의에 어긋나는 일은 보지 말라는 뜻.

비분강개 悲憤慷慨 —————— 悲 : 슬플 비, 憤 : 성낼 분, 慷 : 강개할 강, 慨 : 분개할 개
슬프고 분해서 마음이 복받침.

비일비재 非一非再 —————— 非 : 아닐 비, 一 : 한 일, 非 : 아닐 비, 再 : 두 재
하나 둘이 아님. 한두 번이 아님.

빈자일등 貧者一燈 —————— 貧 : 가난할 빈, 者 : 놈 자, 一 : 한 일, 燈 : 등잔 등
부자의 만 등보다 가난한 사람의 정성어린 한 등이 낫다는 뜻으로, 물질
의 많고 적음보다 정성이 소중함을 비유한 말.

빈천지교 불가망 貧賤之交不可忘 ———— 貧 : 가난할 빈, 賤 : 천할 천, 之 : 갈 지,
交 : 사귈 교, 不 : 아니 불, 可 : 옳을 가, 忘 : 잊을 망
가난하고 천할 때 사귄 벗은 언제까지나 잊어서는 안 된다는 뜻.

사고무친 四顧無親 —————— 四 : 넉 사, 顧 : 돌아볼 고, 無 : 없을 무, 親 : 친척 친
사방을 둘러보아도 아는 친척이 없음. 곧 아무 의지할 곳이 없이 외로움.

사군자 四君子 —————— 四 : 넉 사, 君 : 군자 군, 子 : 아들 자
성품이 군자와 같이 고결하다고 하여 매화 · 난초 · 국화 · 대나무를 일
컫는 말.

사문난적 斯文亂賊 —————— 斯 : 이 사, 文 : 글월 문, 亂 : 어지러울 난, 賊 : 도둑 적
교리에 어긋나는 언동으로 유교를 어지럽히는 사람.

사숙 私淑 —————— 私 : 사사로울 사, 淑 : 맑을 숙
직접 가르침은 안 받으나 마음속으로 그 사람을 경모하고 본받아서 도
나 학문을 닦음.

사자후 獅子吼 —————— 獅 : 사자 사, 子 : 아들 자, 吼 : 울 후
사자의 울부짖음이라는 말로, 열변이나 웅변을 토한다는 뜻.

1. 다음의 글에 드러난 글쓴이의 생각과 가장 관계 깊은 말은?
   ① 타산지석(他山之石)　　　② 후생가외(後生可畏)
   ③ 부답복철(不踏覆轍)　　　④ 교왕과직(矯枉過直)
   ⑤ 곡학아세(曲學阿世)

> 우리의 역사를 정확히 알아 두어야만 그것을 교훈으로 삼아 과오를 되풀이하지 않을 수 있듯이, 우리말의 역사를 잘 알아 두면 우리말의 발전을 위하여 바람직한 방향을 설정하는 데 커다란 도움이 될 것이다.

2. 다음 글의 내용과 관계 깊은 것은?
   ① 붕우유신(朋友有信)　　　② 부부유별(夫婦有別)
   ③ 부위자강(父爲子綱)　　　④ 부위부강(夫爲婦綱)
   ⑤ 군위신강(君爲臣綱)

> 양민 여자 최금(崔金)은 옥과현 사람이니 사노(私奴) 구억진(具億進)의 아내였다. 정유왜란에 그 지아비를 따라 두 아들을 거느리고 산중으로 왜적을 피하였는데, 왜적이 갑자기 이르러 그 지아비를 먼저 죽이고 또 두 아들을 죽이거늘 최금이 돌을 가지고 돌진하여 왜적 하나를 죽였다.

3. 다음 글에 나타난 '승상'과 '제 낭자'의 관계를 가장 잘 표현한 말은?
① 남부여대(男負女戴) ② 부창부수(夫唱婦隨)
③ 부부유별(夫婦有別) ④ 마이동풍(馬耳東風)
⑤ 견물생심(見物生心)

4. 아래에서 밑줄친 부분의 '화자'의 태도를 비판하는 말로 가장 적절한
것은?
① 부화뇌동(附和雷同) ② 견강부회(牽强附會)
③ 안하무인(眼下無人) ④ 당구풍월(堂狗風月)
⑤ 아전인수(我田引水)

5. 다음의 글에서 밑줄친 부분과 가장 관련 깊은 한자 성어는?
① 계명구도(鷄鳴狗盜) ② 개과천선(改過遷善)
③ 다기망양(多岐亡羊) ④ 청출어람(靑出於藍)
⑤ 불립문자(不立文字)

6. 다음 글의 문맥상 멍에, 열쇠의 의미로 가장 알맞은 것은?

멍에	열쇠
① 구속(拘束)	요점(要點)
② 책임(責任)	시사(示唆)
③ 비난(非難)	단서(端緒)
④ 임무(任務)	수단(手段)
⑤ 사명(使命)	핵심(核心)

7. 밑줄친 부분을 가장 잘 나타낸 것은?

① 혼비백산(魂飛魄散) 　② 측은지심(惻隱之心)

③ 좌불안석(坐不安席) 　④ 만시지탄(晩時之歎)

⑤ 비분강개(悲憤慷慨)

8. 다음 글에서 ㉠과 ㉡의 의미와 가장 관계 있는 한자 성어를 바르게 짝지은 것은?

① 황당무계(荒唐無稽) - 견강부회(牽强附會)
② 사실무근(事實無根) - 인면수심(人面獸心)
③ 사상누각(砂上樓閣) - 마이동풍(馬耳東風)
④ 피해망상(被害妄想) - 어불성설(語不成說)
⑤ 감언이설(甘言利說) - 개과천선(改過遷善)

> 내가 곱단이를 아직도 잊지 못한다는 건 순전히 ㉠'우리 집사람이 지어 낸 생각이에요. 난 지금 곱단이 얼굴도 생각이 안 나요.……
> 아마 얼마 전 우연히 일본 잡지에서 정신대 문제를 애써 대수롭게 여기지 않으려는 일본 사람들의 생각을 읽고 분통이 터진 것과 관계가 있겠죠. 강제였다는 증거가 있느냐, 수적으로 한국에서 너무 부풀려 말한다, 뭐 이런 투였어요. ㉡범죄 의식이 전혀 없더군요.

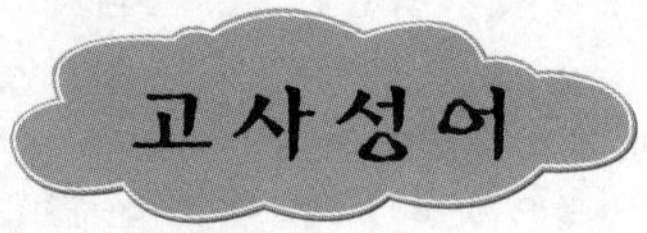

사면초가 四面楚歌

四 : 넉 사　面 : 대할 면　楚 : 초나라 초　歌 : 노래 가

사면에서 들려오는 초 나라 노래란 뜻으로, 사방이 모두 적에게 포위되어 고립된 상태를 이르는 말이다.

초패왕(楚霸王) 항우(項羽)는 한신이 이끄는 한 나라의 대군에 쫓겨 해하(垓下)에서 겹겹이 포위당했다. 초 나라의 군대는 남은 군사가 얼마 되지 않은데다가 군량마저 떨어져 사기가 땅에 떨어져 있었다. 밤이 되어 초 나라의 병사들은 지친 몸을 이끌고 자리에 누웠으나 잠을 이루지 못했다. 그때 어디선가 노랫소리가 들려오더니 사방이 모두 초 나라의 노랫소리로 가득 찼다. 향수에 젖은 병사들은 눈물을 흘리며 도망치는 자가 속출했다. 항우 또한 이 노랫소리를 듣고 속으로 한탄했다.

　'한(漢)은 이미 초(楚)를 얻은 것인가'

　이는 한의 장량(張良)이 꾸민 계책으로, 항복한 초군으로 하여금 고향 노래를 부르게 하여 사기를 꺾기 위함이었다.

＊출전 : 〈사기(史記)〉 항우본기(項羽本紀)

삼고초려 三顧草廬

三 : 석 삼 顧 : 돌아볼 고 草 : 풀 초 廬 : 풀집 려

초가집을 세 번 돌아본다는 말로, 사람을 맞이함에 있어 진심으로 예를 다한다는 뜻이다. 또 윗사람으로부터 후한 대접을 받는다는 뜻으로도 쓰인다.

후한 말 관우(關羽), 장비(張飛)와 의형제를 맺고 한 나라의 부흥을 위해 떨치고 일어선 유비는 뛰어난 군사(軍師)가 필요했다. 어느 날 서서(徐庶)가 제갈량(諸葛亮 : 자는 公明)을 천거하자 곧바로 수레에 예물을 싣고 양양으로 달려갔다. 제갈공명이 집에 없어 만나지 못하자, 며칠 후 다시 찾아갔다. 그러나 공명은 또 없었다. 관우와 장비가 공명의 무례함을 들어 만류하였지만 유비는 또 다시 찾아갔다. 이에 공명은 감복하여 유비의 군사가 되었다. 그후 공명은 유비를 도와 수많은 전공을 세웠으며, 천하를 삼분하고 촉한(蜀漢)을 세우도록 하였다. 유비는 공명을 신하로 여기지 않고 스승처럼 대했으며, 공명 또한 유비를 위해 충성을 다했으니, 그 두 사람의 관계를 일컬어 '수어지교(水魚之交)'라 하였다.

＊출전 : 〈삼국지(三國志)〉 촉지(蜀志) 제갈량전(諸葛亮傳)

사 자 성 어

사직 社稷 ──────────── 社 : 토지의 신 사, 稷 : 곡식의 신 직
사(社)는 토지의 신을, 직(稷)은 곡식의 신을 말한다. 고대 중국에서 궁궐 오른쪽에 이 두 신을, 왼쪽에는 종묘(宗廟 : 역대 제왕의 위패를 모시는 사당)를 모셨다. 여기에서 유래하여 나라를 뜻하는 말이 되었다.

사필귀정 事必歸正 ────── 事 : 일 사, 必 : 반드시 필, 歸 : 돌아갈 귀, 正 : 바를 정
무슨 일이든지 결국은 옳은 방향으로 돌아감.

사해형제 四海兄弟 ────── 四 : 넉 사, 海 : 바다 해, 兄 : 맏 형, 弟 : 아우 제
온 천하 사람들은 모두 형제와 같이 친하게 지내야 한다는 말.
[동의어] 사해동포(四海同胞)

사후약방문 死後藥方文 ─ 死 : 죽을 사, 後 : 뒤 후, 藥 : 약 약, 方 : 처방 방, 文 : 글월 문
죽은 뒤에 내리는 약 처방문이라는 뜻으로, 평소에 방비를 소홀히 하다가 실패한 뒤에 대책을 세우거나 후회해도 소용없다는 말.

산자수명 山紫水明 ────── 山 : 뫼 산, 紫 : 자줏빛 자, 水 : 물 수, 明 : 밝을 명
산과 물이 맑고 아름다움.

삼강오륜 三綱五倫 ────── 三 : 석 삼, 綱 : 벼리 강, 五 : 다섯 오, 倫 : 인륜 륜
유교 도덕에서 바탕이 되는 세 가지 강(綱)과, 지켜야 할 다섯 가지 도리. 곧 임금과 신하간의 군위신강(君爲臣綱), 아버지와 아들간의 부위자강(父爲子綱), 남편과 아내간의 부위부강(夫爲婦綱)과 군신유의(君臣有義), 부자유친(父子有親), 부부유별(夫婦有別), 장유유서(長幼有序), 붕우유신(朋友有信).

삼라만상 森羅萬象 ──── 森 : 나무 빽빽할 삼, 羅 : 벌일 라, 萬 : 일만 만, 象 : 형상 상
드넓은 우주 속에 존재하는 모든 사물과 온갖 현상.

삼십육계주위상계 三十六計走爲上計
────── 三 : 석 삼, 十 : 열 십, 六 : 여섯 육, 計 : 꾀할 계, 走 : 달릴 주, 爲 : 할 위, 上 : 위 상
서른여섯 가지 계책 중에서 달아나는 것이 가장 좋은 계책이라는 말로, 일의 형편이 불리할 때에는 도망가는 것이 상책이라는 뜻.

삼인행 필유아사 三人行必有我師

········ 三 : 석 삼, 人 : 사람 인, 行 : 다닐 행, 必 : 반드시 필, 有 : 있을 유, 我 : 나 아, 師 : 스승 사

세 사람이 함께 다니면 반드시 스승으로 삼아 배울 만한 사람이 있다는 뜻.

삼종지도 三從之道

三 : 석 삼, 從 : 좇을 종, 之 : 갈 지, 道 : 길 도

봉건 시대의 여자가 지켜야 할 세 가지 도리로서, 어려서는 아버지를, 시집가서는 남편을, 남편이 죽은 뒤에는 아들을 따라야 했던 일.

동의어 삼종지의(三從之義), 삼종지덕(三從之德)

상궁지조 傷弓之鳥

傷 : 다칠 상, 弓 : 활 궁, 之 : 갈 지, 鳥 : 새 조

한 번 화살을 맞은 새는 구부러진 나무만 보아도 놀란다는 뜻으로, 한 번 혼이 난 일로 말미암아 늘 의심하고 두려워함을 비유한 말.

색즉시공 공즉시색 色卽是空空卽是色

········ 色 : 빛 색, 卽 : 곧 즉, 是 : 이 시, 空 : 빌 공, 空 : 빌 공, 卽 : 곧 즉, 是 : 보일 시, 色 : 빛 색

색에 의해서 표현된 모든 유형의 사물은 공허한 것이며, 공허한 것은 유형의 사물과 다르지 않다는 뜻.

생면부지 生面不知

生 : 살 생, 面 : 얼굴 면, 不 : 아니 불, 知 : 알 지

이전에 만나 본 일이 없는 처음 보는 사람.

생구불망 生口不網

生 : 살 생, 口 : 입 구, 不 : 아니 불, 網 : 그물 망

'산 입에 거미줄 치랴'란 뜻. 곧 사람이 아무리 옹색해도 그럭저럭 먹고 살아갈 수 있다는 말. 모두 형제와 같이 친하게 지내야 한다는 말.

열흘 붉은 꽃 없다(花無十日紅). 그릇도 차면 넘친다. 봄꽃도 한 때. 일월은 크고 이월은 작다.

당장 먹기엔 곶감이 달다 당장 먹기 좋고 하기 좋은 것은 그때뿐이지 참으로 좋고 이로운 것이 못된다는 뜻.

대들보 썩는 줄 모르고 기왓장 아끼는 격 장차 크게 손해볼 것은 모르고 당장 돈이 좀 든다고 사소한 것을 아끼는 어리석은 행동을 이름.

대문 밖이 저승이라 사람은 언제 죽을지 모른다는 뜻.

대추나무에 연 걸리듯 여러 곳에 빚을 많이 짊어졌음을 비유하는 말.
　고슴도치 외 걸머지듯.

더도 말고 덜도 말고 늘 가윗날만 같아라 가윗날, 즉 추석은 모든 것이 풍성하고 또 즐거운 놀이로 밤낮을 지내므로, 잘 먹고 잘 입고 놀고만 살았으면 하는 것을 원하는 말.

도끼로 제 발등 찍는다 남을 칠 요량으로 한 짓이 결국은 자기를 친 결과가 되었다는 뜻.

도둑을 맞으려면 개도 안 짖는다 운수가 나빠 일이 잘 안 되려면 모든 것이 제대로 되지 않는다는 말. 또 뜻밖의 낭패를 볼 때나 잘못을 저지를 때는 제 정신도 흐릿해지고 남의 깨우침도 없다는 말.
　운수가 사나우면 짖던 개도 안 짖는다.

도랑 치고 가재 잡는다 일의 순서가 뒤바뀌었음을 이름.

도로 아미타불이라 애써 한 일이 허사가 되고 말았다는 뜻.
　십년 공부 도로 아미타불.

돈만 있으면 개도 멍 첨지라 천한 사람도 돈만 있으면 남들이 귀하게 대접해줌을 이르는 말.

돈 없는 놈이 큰 떡 먼저 든다 자격을 갖추지 못한 자가 도리어 먼저 나댈 때 이르는 말.

돌다리도 두들겨 보고 건너라 비록 잘 알아서 틀림이 없는 일이라도 조심하라는 말.

얕은 내도 깊게 건너라. 식은 죽도 불어가며 먹어라. 무른 감도 쉬어 가면서 먹어라. 아는 길도 물어 가라.

돌도 십 년을 보고 있으면 구멍이 뚫린다 무슨 일에나 정성을 들여 애써 하면 안 되는 것이 없다는 뜻.

동냥은 아니 주고 쪽박만 깬다 요구하는 것은 아니 주고 도리어 방해만 한다는 말.

동냥도 아니 주고 자루 찢는다. 부조 안 한 나그네 젯상 친다.

동여맨 놈이 푸느니라 일을 시작한 사람이 끝을 맺게 마련이라는 뜻.

결자해지(結者解之).

돝 잠에 개꿈 지저분한 잠에 지저분한 꿈이라는 뜻으로, 아니꼽고 같잖은 꿈 이야기를 하는 경우에 쓰는 말. 또 제 격에 맞지 않는 말을 할 경우에 이르는 말.

노루 잠에 개꿈이다.

다 의 어

내놓다

① (물건을) 밖으로 꺼내놓다. 예 이삿짐을 마당에 내놓다.

② (신체 부위를) 바깥으로 노출하다. 예 허연 다리를 내놓고 다니다.

③ (사물을) 제공하거나 기부하거나 대접하다. 예 차와 과일을 내놓다.

④ 팔려고 하는 물건임을 알도록 드러내다. 예 방(집)을 복덕방에 내놓다.

⑤ (가둔 짐승을) 자유롭게 놀도록 풀다. 예 소와 양을 내놓고 키우다.

내려앉다

① (지반·건물·다리·틀 따위가) 꺼지거나 기울어져서 아래로 내려와 자리를 잡다. 예 천장이 내려앉다.

② 아래로 옮겨 앉다. 예 바닥에 내려앉다.

③ (어둠이나 안개 따위가) 깔리거나 끼다. 예 짙은 안개가 자욱이 내려앉다.

내리다

① 높은 곳에서 낮은 곳을 향하여 옮다. 예 비행기가 지상에 내리다.

② 탈것에서 몸을 땅 위에 옮겨 놓다. 예 말에서 내리다.

③ 부었거나 쪘던 살이 빠지다. 예 살이 내리다.

④ 신(神)이 몸에 접하다. 예 신이 내리다.

⑤ 먹은 것이 삭아 아래로 가다. 예 운동하면 체한 것이 내리겠지.

⑥ 뿌리가 나서 땅 속으로 들어가다. 예 뿌리가 깊이 내렸다.

⑦ (성적·체온·물가 따위가) 이전보다 낮아지다. 예 체온이 내리다.

⑧ (눈·비·이슬 따위가) 오다. 예 눈이 내리다.

내주다

① 속에서 꺼내어 주다. 예 서랍에서 도장을 내주다.

② 차지하거나 가졌던 것을 남에게 넘겨 주다. 예 나라의 주권을 외국에 내주다.

③ 차지한 자리를 비워서 남에게 넘기다. 예 안방을 아들 내외에게 내주다. 그러나 세상 인심은 나보다는 훨씬 넉넉하고 푸근해서, 한데 나앉게 된 아줌마에게 지하실을 집세 없이 내주겠다고 자청한 집이 있었던 것이다. 〈박완서-흑과부〉

넉넉하다

① (크기·수효·부피 따위가) 기준에 차고도 남음이 있다. 예 시간을 넉넉하게 잡다.

② (살림이) 풍족하다. 예 그 집은 살기에 넉넉해졌어.

③ (도량이) 넓다. 예 넉넉한 마음.

넘다

① 낮은 데서 높은 데를 지나 다른 낮은 데로 향하여 가다. 예 홍수로 강물이 둑을 넘어 주택지가 침수되었다.

② (어떤 경계선을) 건너 지나다. 예 국경선을 넘다.

③ (고비를) 벗어나다. 예 위험한 고비를 넘다.

④ =건너뛰다. 예 도랑을 넘다.

넘어가다

① (바로 선 것이) 한쪽으로 기울어지거나 쓰러지다. 예 태풍으로 전봇대가 넘어가다.

② (제한된 때가) 지나가다. 예 기한이 넘어가다.

③ (해나 달이) 지다. 예 해가 서산으로 넘어가다.

④ (권리·책임 따위가) 이쪽에서 저쪽으로 옮겨 가다. 예 집이 빚쟁이에게 넘어가다.

⑤ (속임수에) 빠지다. 예 친구의 꾐에 넘어가다.

⑥ (다음 차례나 다른 경우로) 옮아가다. 예 서론은 그쯤 하고 본론으로 넘어갑시다.

연습문제

1. 밑줄친 부분과 바꾸어 쓸 수 있는 말로 가장 알맞은 것은?
    ① 철자(綴字)   ② 운자(韻字)
    ③ 벽자(僻字)   ④ 속자(俗字)
    ⑤ 약자(略字)

> 서방 : (한참 생각하다가) 네에, 거 운고옥편(韻考玉篇)에도 없는 자인데,
> 그것 참 어렵습니다. 그 피마자라고 하는 차가 아닙니까?

2. 밑줄친 부분과 바꾸어 쓰기에 가장 적절한 말은?
    ① 소실(消失)되고   ② 사장(死藏)되고
    ③ 매장(埋葬)되고   ④ 소진(消盡)되고
    ⑤ 인멸(湮滅)되고

> 만일 세종이 고루(固陋)한 보수주의적 유학자들에게 한글 창제의 뜻을
> 굽혔던들, 우리 민족 문화의 최대 걸작품이 햇빛을 못 보고 말았을 것이
> 아니겠는가?

3. 밑줄친 부분과 가장 잘 어울리는 한자 성어는?
    ① 사필귀정(事必歸正)   ② 창해일속(滄海一粟)
    ③ 새옹지마(塞翁之馬)   ④ 공명정대(公明正大)
    ⑤ 전화위복(轉禍爲福)

구사상(舊思想), 구세력(舊勢力)에 기미(羈縻)된 일본(日本) 위정가(爲政家)의 공명적(功名的) 희생(犧牲)이 된 부자연(不自然) 우(又) 불합리(不合理)한 착오 상태(錯誤狀態)를 개선 광정(改善匡正)하야, 자연(自然) 우(又) 합리(合理)한 정경 대원(正經大原)으로 귀환(歸還)케 함이로다.

4. 다음의 대화 내용을 미루어 보아 [　　] 속에 들어갈 한자 성어로 적당한 것은?

① 칠종칠금(七縱七擒)　　② 삼고초려(三顧草廬)
③ 금의야행(錦衣夜行)　　④ 동정서벌(東征西伐)
⑤ 권토중래(捲土重來)

"밤은 짧은데 말이 길어서 듣기에 지루하다. 너는 지금 무슨 벼슬에 있느냐?"

"대장이오." "그렇다면 너는 나라의 신임받는 신하로군, 내가 와룡 선생(臥龍先生) 같은 이를 천거하겠으니, 네가 임금께 아뢰어서 [　　]를 하게 할 수 있겠느냐?"

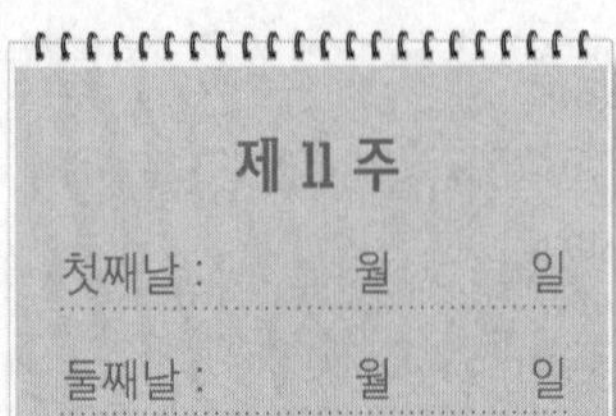

고사성어

상전벽해 桑田碧海

桑 : 뽕나무 상 田 : 밭 전 碧 : 푸를 벽 海 : 바다 해

뽕나무밭이 변해 푸른 바다가 된다는 뜻으로, 세상사가 빠르게 변함을 이르거나, 그런 세상의 덧없음을 비유하는 말이다.

낙양성 동쪽의 복숭아꽃 오얏꽃(洛陽城東挑李花)
이리저리 휘날려 뉘 집에 지려나(飛來飛去落誰家)
낙양의 어린 소녀 고운 얼굴이 아까워(洛陽女兒惜顔色)
지는 꽃 바라보며 한숨짓는다(行逢女兒長嘆息)
올해 꽃이 지면 그 얼굴엔 나이 또 들어(今年花落顔色改)
내년에 피는 꽃은 누가 보려나(明年花開復誰在)
뽕나무밭이 바다가 된다는 건 옳은 말이네(景聞桑田變成海)

＊출전 : 〈유정지(劉廷芝)〉의 대비백발옹(代悲白髮翁)

새옹지마 塞翁之馬

塞 : 변방 새 翁 : 늙은이 옹 之 : 어조사 지 馬 : 말 마

변방 늙은이의 말이라는 뜻으로, 인생의 길흉화복은 무상하여 예측하기 어렵다는 것을 비유하는 말이다.

중국 북방의 오랑캐 땅과 가까운 곳에 점을 잘 치는 늙은이가 살고 있었다. 어느 날 그의 말이 오랑캐 땅으로 달아나서 마을 사람들이 위로하자 '이 일이 복이 될 수도 있다'면서 태연해 했다. 몇 달 후 달아났던 말이 오랑캐 땅에서 준마(駿馬)를 데리고 돌아왔다. 마을 사람들이 축하했지만 노옹은 '이 일이 화가 될지도 모른다'며 기뻐하지 않았다. 얼마 후 노옹의 아들이 그 말을 타다 떨어져 다리가 부러졌다. 마을 사람들이 또 달려가 위로했으나 노옹은 '이 일이 복이 될 수도 있다'며 슬퍼하지 않았다. 그로부터 1년 후 오랑캐가 쳐들어와 많은 젊은이들이 전쟁터로 나가 죽었다. 그러나 노옹의 아들은 절름발이가 되어 싸움터로 끌려가지 않고 목숨을 보전할 수 있었다.

원말은 '인간만사 새옹지마(人間萬事 塞翁之馬)'로서, 길흉화복의 변화는 예측할 수 없기 때문에 재앙이나 복도 슬퍼하고 기뻐할 것이 아니라는 것을 나타내는 말이다.

＊출전 : 〈회남자(淮南子)〉 인생훈(人生訓)

사 자 성 어

생이지지 生而知之 —————— 生 : 날 생, 而 : 말 이을 이, 知 : 알 지, 之 : 갈 지
배우지 않아도 스스로 깨달아 앎. 태어나면서부터 도를 아는 성인의 경지를 이르는 말.

생자필멸 生者必滅 —————— 生 : 살 생, 者 : 놈 자, 必 : 반드시 필, 滅 : 죽을 멸
생명이 있는 것은 반드시 죽을 때가 있음.
　유사어　성자필쇠(盛者必衰)

선견지명 先見之明 —————— 先 : 먼저 선, 見 : 볼 견, 之 : 갈 지, 明 : 밝을 명
앞일을 미리 내다보는 지혜

설상가상 雪上加霜 —————— 雪 : 눈 설, 上 : 위 상, 加 : 더할 가, 霜 : 서리 상
눈 위에 서리가 내린다는 뜻으로, 불행이 엎친데 덮친다는 말.

설왕설래 說往說來 —————— 說 : 말씀 설, 往 : 갈 왕, 說 : 말씀 설, 來 : 올 래
서로 변론하느라 옥신각신함.

섬섬옥수 纖纖玉手 —————— 纖 : 가늘 섬, 纖 : 가늘 섬, 玉 : 구슬 옥, 手 : 손 수
가냘프고 고운 여자의 손.

세속오계 世俗五戒 —————— 世 : 세상 세, 俗 : 풍속 속, 五 : 다섯 오, 戒 : 경계할 계
신라 진평왕 때 원광법사가 지은 화랑(花郞)의 다섯 가지 계율. 곧 사군이충(事君以忠) · 사친이효(事親以孝) · 교우이신(交友以信) · 임전무퇴(臨戰無退) · 살생유택(殺生有擇)

세한삼우 歲寒三友 —————— 歲 : 해 세, 寒 : 찰 한, 三 : 석 삼, 友 : 벗 우
추운 겨울철에도 잘 견디는 소나무 · 대나무 · 매화나무를 일컫는 말

소년이로 학난성 少年易老學難成 —————— 少 : 젊을 소, 年 : 해 년, 易 : 쉬울 이,
老 : 늙을 로, 學 : 배울 학, 難 : 어려울 난, 成 : 이룰 성
소년은 늙기 쉽고 학문은 이루기 어려우니, 젊을 때 학문에 힘쓰라는 말.
　참 조　일촌광음 불가경(一寸光陰不可輕)

소탐대실 小貪大失 —————— 小 : 작을 소, 貪 : 탐할 탐, 大 : 큰 대, 失 : 잃을 실
작은 것을 탐하다가 오히려 큰 것을 잃음.

속수무책 束手無策 ──────────── 束 : 묶을 속, 手 : 손 수, 無 : 없을 무, 策 : 꾀 책
손을 묶인 듯이 어쩔 도리가 없어 꼼짝 못함.

송도삼절 松都三絶 ──────────── 松 : 소나무 송, 都 : 도읍 도, 三 : 석 삼, 絶 : 뛰어날 절
조선 시대 때 송도(개성)에서 가장 뛰어난 세 가지(화담 서경덕, 황진이, 박연 폭포)를 일컫는 말.

송양지인 宋襄之仁 ──────────── 宋 : 송나라 송, 襄 : 도울 양, 之 : 갈 지, 仁 : 어질 인
송나라 양공의 어짊, 곧 너무 착하기만 하여 실속 없음을 이르는 말.

수구여병 守口如瓶 ──────────── 守 : 지킬 수, 口 : 입 구, 如 : 같을 여, 瓶 : 병 병
입을 병마개 막듯이 꼭 봉한다는 뜻으로, 비밀을 잘 지켜 결코 남에게 알리지 아니함을 비유하는 말.

수구초심 首邱初心 ──────────── 首 : 머리 수, 邱 : 언덕 구, 初 : 처음 초, 心 : 마음 심
여우는 죽을 때 자기가 살던 굴이 있는 언덕 쪽으로 머리를 둔다는 뜻으로, 고향을 그리워하는 마음 또는 죽어서라도 고향 땅에 묻히고 싶어하는 마음을 말함.

수불석권 手不釋卷 ──────────── 手 : 손 수, 不 : 아니 불, 釋 : 놓을 석, 卷 : 책권 권
손에서 책을 놓지 않고 늘 글을 읽음.

수수방관 袖手傍觀 ──────────── 袖 : 소매 수, 手 : 손 수, 傍 : 곁 방, 觀 : 볼 관
팔짱을 끼고 옆에서 보고만 있음. 마땅히 해야 할 일에 아무런 간여도 하지 않고 옆에서 보고만 있음.

수어지교 水魚之交 ──────────── 水 : 물 수, 魚 : 고기 어, 之 : 갈 지, 交 : 사귈 교
물과 물고기 사이처럼 뗄 수 없는 아주 친밀한 사이를 말함. 주로 임금과 신하 사이의 친밀함을 뜻함. 유비와 제갈량의 사이를 비유함.

수원수구 誰怨誰咎 ──────────── 誰 : 누구 수, 怨 : 원망할 원, 誰 : 누구 수, 咎 : 꾸짖을 구
누구를 원망하고 누구를 탓하랴. 곧 남을 원망하거나 책할 것이 없음.

수주대토 守株待兔 ──────────── 守 : 지킬 수, 株 : 그루 주, 待 : 기다릴 대, 兔 : 토끼 토
그루터기에 부딪쳐 죽은 토끼를 줍자, 그루터기를 지키며 토끼를 기다린다는 뜻으로, 완고하고 미련함을 비유한 말.

유사어 각주구검(刻舟求劍)

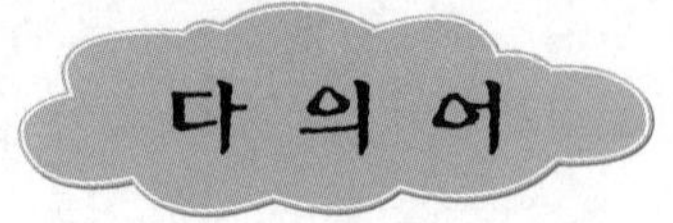

넘어오다

① (선 것이) 이쪽으로 쓰러지다. 예 쌓아 놓은 벽돌이 넘어오는 바람에 발목을 다쳤다.

② (책임 · 권리 따위가) 이쪽으로 옮겨 오다. 예 지휘권이 넘어오다.

③ (먹은 것이) 목구멍을 거슬러 도로 나오다. 예 신물이 넘어오다.

넘어지다

① 한쪽으로 쓰러지다. 예 돌부리에 걸려 넘어지다.

② 망하거나 도산하다. 예 좀 전 술자리에서 영업부장의 보고로는 요 며칠새에 몇 제분 회사마저 완전히 넘어진 상태고 삼화 제분 회사만이 여전히 버티고 있다는 것이었다. 〈황순원-일월〉

③ (병 따위로) 견뎌 내거나 지탱하지 못하고 쓰러지다. 예 뇌일혈로 넘어지다.

놀다

① 재미있게 즐기다. 예 공부는 언제 하려고 종일 놀기만 하느냐?

② (직업이 없이) 세월을 헛되이 보내다. 예 회사가 문을 닫는 바람에 몇 달째 놀고 있습니다.

③ (어떠한 일을 하다가 일정한 동안) 쉬다. 예 주문이 밀려 일요일에도 놀지 못하고 일한다.

④ 사용되지 않다. 예 놀고 있는 땅[기계].

⑤ (고정되지 않아) 이리저리 움직인다. 예 나사못이 놀다.

⑥ (태아가 모체 속에서) 꿈틀거리다. 예 아기가 뱃속에서 가끔 논다.

⑦ 이리저리 돌아다니다. 예 연못에서 잉어가 놀고 있다.

⑧ 주책없이 들떠서 마구 행동하다. 예 남의 장단에 놀고 있다.

놀라다

① (뜻밖의 일을 당하여) 가슴이 두근거리거나 무서움을 느끼다. 예 쾅 하는 소리에 소스라치게 놀라다.

② 어처구니가 없거나 기이함을 느끼다. 예 대학까지 나온 사람이 신문 한 장 못 읽는다니 놀랄 일이다.

③ 훌륭함에 감탄하다. 예 세 살배기가 천자문을 줄줄 외자 모두들 놀라 눈이 휘둥그레졌다.

높다

① 위로 길게 솟아 있다. 또는, 위로 멀다. 예 천장이 높다.

② (신분이나 지위가) 남보다 위에 있다. 예 높은 자리.

③ 수준이 뛰어나다. 예 식견이 높다.

④ 널리 알려져 있다. 예 이름이 높다.

⑤ (도수 · 정도 따위를 나타내는 수치가) 보통보다 크다. 예 사망률이 높다.

눈

① 빛의 자극을 받아 물체를 볼 수 있는 감각기관. 예 눈이 초롱초롱하다.

② 물체의 형상을 분간하는 눈의 능력. 예 눈이 나쁘다.

③ 사물을 보고 판단하는 힘. 예 그가 사람을 보는 눈은 정확하다.

④ 무엇을 보는 '표정이나 태도'를 뜻하는 말. 예 슬픈 눈으로 바라보다.

⑤ 남의 눈길. 예 너무 다른 사람의 눈을 의식하지 말아라.

눈감다

① 위아래의 눈시울을 마주 붙이다. 예 눈감고 기도하다.

② 목숨이 끊어지다.

③ 남의 허물 따위를 알고도 모르는 체하다. 예 이번 한 번만 눈감아 주오.

1. 다음 글의 문맥상 밑줄친 부분에 해당하는 말로 적절한 것은?

① 조삼모사(朝三暮四)　　② 동병상련(同病相憐)

③ 환난상휼(患難相恤)　　④ 공도동망(共倒同亡)

⑤ 상부상조(相扶相助)

> 현실의 진리는 민족마다 최선(最善)의 국가(國家)를 이루고 최선의 문화(文化)를 낳아 길러서, 다른 민족과 서로 바꾸고 서로 돕는 일이다. 이것이 내가 믿고 있는 민주주의(民主主義)요, 이것이 인류의 현 단계에서는 가장 확실한 진리다.

2. 다음의 밑줄친 부분과 같은 상황에 가장 어울리는 말은?

① 상전벽해(桑田碧海)　　② 절차탁마(切磋琢磨)

③ 점입가경(漸入佳境)　　④ 감개무량(感慨無量)

⑤ 흥망성쇠(興亡盛衰)

> 우리 백 년 후 높은 대 무너지고, 굽은 못이 이미 메워지고, 가무(歌舞)하던 땅이 이미 변하여 거친 뫼와 쇠(衰)한 풀이 되었는데, 초부(樵夫)와 목동(牧童)이 오르내리며 탄식하여 가로되, '이것이 양 승상의 제 낭자로 더불어 놀던 곳이라. 승상의 부귀 풍류와 제 낭자의 옥용 화태(玉容花態) 이제 어디 갔나뇨.'

3. 다음의 [   ]에 들어갈 수 없는 것은?
  ① 망상(妄想)
  ② 공상(空想)
  ③ 환상(幻想)
  ④ 몽상(夢想)
  ⑤ 상상(想像)

> 어느 민족도 일찍이 그러한 일을 한 이가 없으니 그것은 [   ]이라고 하지 마라. 일찍이 아무도 한 자가 없기에 우리가 하자는 것이다.

4. 밑줄친 부분과 바꾸어 쓰기에 가장 적절한 말은?
  ① 고무(鼓舞)한다.
  ② 선동(煽動)한다.
  ③ 초래(招來)한다.
  ④ 유발(誘發)한다.
  ⑤ 촉진(促進)한다.

> 텔레비전에서 접하는 폭력이 실생활에서 폭력 사건을 부채질한다는 걱정은 여러 연구에서 꽤 근거 있는 것으로 나타나 있다.

5. 밑줄친 부분의 의미와 가장 가까운 것은?
  ① 소멸(消滅)
  ② 지양(止揚)
  ③ 쇠퇴(衰退)
  ④ 해지(解止)
  ⑤ 해소(解消)

> 생산 수단이 민중 자신의 손에 있을 때 비로소 착취 구조가 종식된다고 할 때, 복잡하고 거대한 기계는 그 자체로 비인간화와 억압의 구조를 강화하기 쉬운 것이다.

6. 다음의 표현에서 떠올릴 수 있는 문구(文句)로 가장 타당한 것은?

① 인생칠십 고래희(人生七十古來稀)

② 조문도 석사가의(朝聞道夕死可矣)

③ 일촌광음 불가경(一寸光陰不可輕)

④ 색즉시공 공즉시색(色卽是空空卽是色)

⑤ 회자정리 거자필반(會者定離去者必反)

> 천추(千秋)에 죽지 않는 논개여,
>
> 하루도 살 수 없는 논개여,
>
> 그대를 사랑하는 나의 마음이 얼마나 즐거우며 얼마나 슬프겠는가.
>
> 나는 웃음이 겨워서 눈물이 되고 눈물이 겨워서 웃음이 됩니다.
>
> 용서하여요 사랑하는 오오 논개여.

7. 다음의 ㉠, ㉡과 관계 있는 한자 성어와 속담을 연결한 것으로 가장 적절한 것은?

① ㉠ 인과응보(因果應報) ㉡ 되로 주고 말로 받는다.

② ㉠ 이율배반(二律背反) ㉡ 빈대 미워 초가집에 불 놓는다.

③ ㉠ 타산지석(他山之石) ㉡ 콩 심은데 콩 난다.

④ ㉠ 사필귀정(事必歸正) ㉡ 오는 말이 고와야 가는 말이 곱다.

⑤ ㉠ 소탐대실(小貪大失) ㉡ 남의 눈에 눈물 내면 제 눈에는 피가 난다.

> 계급 투쟁은 끝없는 계급 투쟁을 낳아서 국토에 피가 마를 날이 없고, 내가 이기심으로 남을 해하면 천하가 이기심으로 나를 해할 것이니, 이것은 ㉠조금 얻고 많이 빼앗기는 법이다. ㉡일본의 이번에 당한 보복은 국제적, 민족적으로도 그러함을 증명하는 가장 좋은 실례다.

8. 다음 글의 내용과 같은 상황을 나타내는 한자 성어는?
① 설상가상(雪上加霜)
② 애이불비(哀而不悲)
③ 금의야행(錦衣夜行)
④ 권선징악(勸善懲惡)
⑤ 만시지탄(晩時之歎)

> 1946년은 이중섭의 인생에서 가장 슬픈 해였다. 그 무렵, 원산에는 공산주의 체제가 자리잡기 시작했다. 그의 형이 대지주로 규탄받아 원산 내무서에 갇혀 있다가 죽었다. 그리고 그 충격이 채 가시기도 전에 첫아이가 디프테리아에 걸려 죽고 말았다. 이중섭은 깊은 슬픔에 잠겼다.

9. 다음 글과 관계 깊은 한자 성어로 알맞은 것은?
① 문전성시(門前成市)
② 일확천금(一攫千金)
③ 아전인수(我田引水)
④ 호구지책(糊口之策)
⑤ 비일비재(非一非再)

> 무슨 거래든지 항상 자기에게만 유리하게 하여 가난한 이웃들을 힘들게 하였습니다.

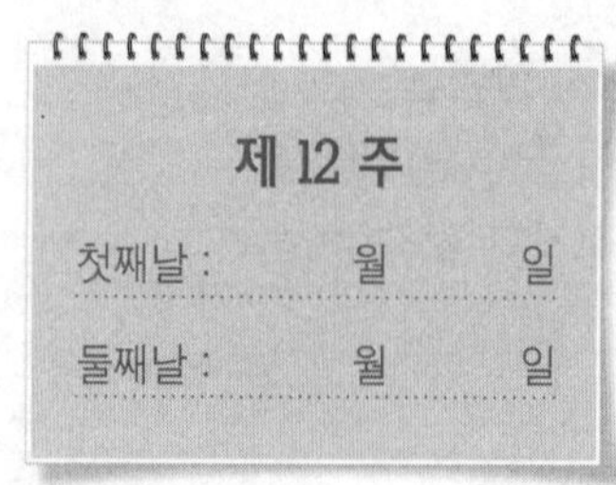

순망치한 脣亡齒寒

脣 : 입술 순 亡 : 망할 망 齒 : 이 치 寒 : 찰 한

입술이 없으면 이가 시리다는 뜻으로, 가까운 사이 중 한쪽이 망하면 다른 하나도 그 영향을 받음을 말한다.

춘추 시대 진(晉) 나라 헌공 때의 일이다. 주변의 작은 나라들을 계속 합병하던 헌공은 괵(虢) 나라를 치기 위해 우(虞) 나라 임금에게 길을 빌려달라고 요청했다. 이에 우공이 허락하려 하자 궁지기라는 신하가 나서서 말렸다.

"괵 나라가 망하면 우리 우 나라도 같은 운명이 될 것입니다. 속담에 '수레의 짐받이와 덧방나무는 서로 의존하고(輔車相依), 입술이 없으면 이가 시리다(脣亡齒寒)'고 했는데, 괵과 우는 이와 꼭 같은 관계에 있습니다. 진은 괵을 정복하고 나면 반드시 우리 우 나라를 삼키려들 것입니다. 그러니 길을 내주어서는 안 됩니다."

그러나 우공은 진 나라에 길을 내주었고, 진은 괵을 멸하고 돌아가는 길에 서슴없이 우를 공격하여 간단히 쳐부수고 말았다.

*출전 : 〈춘추좌씨전(春秋左氏傳)〉 희공(僖公)

양두구육 羊頭狗肉

羊 : 양 양　頭 : 머리 두　狗 : 개 구　肉 : 고기 육

양 머리에 개고기, 즉 양의 머리를 걸어놓고 실제로는 개고기를 판다는 뜻으로, 겉으로는 그럴 듯하지만 속은 변변하지 않음을 이르는 말이다.

춘추 시대 때 제(齊) 나라 영공(靈公)은 궁중의 여인들을 남장(男裝)시켜 즐기는 별난 취미를 갖고 있었다. 그런데 이 괴상한 취미는 백성들 사이에도 유행되어 남장을 하고 다니는 여인이 나날이 늘어갔다. 그러자 영공은 여인의 남장을 금하는 영을 내렸으나 전혀 효과가 없었다. 그래서 재상인 안영에게 그 이유를 물었더니 이렇게 대답했다.

"전하께서는 궁중의 여인들은 남장을 하게 하시면서 궁 밖의 여인들에게는 금지령을 내리셨습니다. 이것은 '밖에는 양의 머리를 걸어놓고 안에서는 개고기를 파는 것'과 같습니다. 이제라도 궁중에서의 남장을 금하소서."

이 말을 듣고 영공은 궁중 여인의 남장을 금하였고, 백성들 사이에서도 남장여인은 자취를 감추었다고 한다.

＊출전 : 〈안자춘추(晏子春秋)〉

사자성어

수청무대어 水淸無大魚 ··· 水 : 물 수, 淸 : 맑을 청, 無 : 없을 무, 大 : 큰 대, 魚 : 고기 어
물이 맑으면 큰 물고기가 없다는 뜻으로, 사람이 지나치게 결백하면 다른 사람들이 가까이 하지 않음을 비유하는 말.

시시비비 是是非非 —————— 是 : 옳을 시, 是 : 옳을 시, 非 : 그를 비, 非 : 그를 비
옳고 그름을 가리어 밝힘.

시위소찬 尸位素餐 —————— 尸 : 주검 시, 位 : 자리 위, 素 : 흴 소, 餐 : 먹을 찬
무능하여 직책을 다하지 못하면서 한갓 자리만 차지하고 녹(祿)을 타먹는 일 또는 그런 사람.

식자우환 識字憂患 —————— 識 : 알 식, 字 : 글자 자, 憂 : 근심 우, 患 : 근심 환
글자를 아는 것이 도리어 근심의 씨앗이 됨.

신상필벌 信賞必罰 —————— 信 : 믿을 신, 賞 : 상 줄 상, 必 : 반드시 필, 罰 : 벌줄 벌
공이 있는 사람은 반드시 상을 주고, 죄를 지은 사람에게는 반드시 벌을 내림으로써 상벌의 규정을 엄격히 함.

신체발부 身體髮膚 —————— 身 : 몸 신, 體 : 몸 체, 髮 : 터럭 발, 膚 : 살갗 부
몸 · 머리 · 피부. 곧 몸뚱이 전체.

신출귀몰 神出鬼沒 —————— 神 : 귀신 신, 出 : 날 출, 鬼 : 귀신 귀, 沒 : 숨을 몰
귀신처럼 자유자재로 출몰하여 그 변화를 헤아릴 수 없음.

신토불이 身土不二 —————— 身 : 몸 신, 土 : 흙 토, 不 : 아니 불, 二 : 두 이
몸과 태어난 땅은 하나라는 뜻으로, 같은 땅에서 난 것이 체질에 잘 맞는다는 말.

실사구시 實事求是 —————— 實 : 사실 실, 事 : 일 사, 求 : 구할 구, 是 : 옳을 시
사실에 근거하여 사물의 진상 · 진리 등을 연구하는 일.

심금 心琴 —————— 心 : 마음 심, 琴 : 거문고 금
자극에 따라 미묘하게 움직이는 마음을 거문고에 비유한 말. 흔히 '심금을 울리다' 라는 표현은 곧 '감동하게 하다' 는 뜻으로 쓰임.

십시일반 十匙一飯 —————— 十 : 열 십, 匙 : 숟가락 시, 一 : 한 일, 飯 : 밥 반

열 사람이 밥 한 술씩 보태면 한 사람의 한 끼 식량은 된다는 뜻으로, 여러 사람이 한 사람 돕기는 쉽다는 말.

아비규환 阿鼻叫喚 ·········· 阿 : 언덕 아, 鼻 : 코 비, 叫 : 부르짖을 규, 喚 : 부를 환
아비 지옥과 규환 지옥. 지옥의 심한 고통을 못 참아 울부짖는 소리 또는 그 참상을 형용하는 말.

아전인수 我田引水 ·········· 我 : 나 아, 田 : 밭 전, 引 : 끌 인, 水 : 물 수
자기 논에 물대기. 자기한테만 유리하도록 행동하거나 생각하는 것.

안빈낙도 安貧樂道 ·········· 安 : 편안할 안, 貧 : 가난할 빈, 樂 : 즐길 락, 道 : 길 도
가난하지만 마음을 편히 하고 걱정하지 않으며 도(道)를 즐김.
　　유사어 안분지족(安分知足)

안서 雁書 ·········· 雁 : 기러기 안, 書 : 글 서
기러기발에 편지를 묶어 먼 곳에 소식을 전하는 것을 뜻하는 말로, 편지나 소식을 나타냄.

안중지정 眼中之釘 ·········· 眼 : 눈 안, 中 : 가운데 중, 之 : 갈 지, 釘 : 못 정
눈 속의 못이라는 뜻으로, 싫거나 미워서 항상 눈에 거슬리는 사람을 비유하는 말.

앙급지어 殃及池魚 ·········· 殃 : 재앙 앙, 及 : 미칠 급, 池 : 못 지, 魚 : 고기 어
성문에 난 불을 연못의 물로 끄느라 물고기가 다 말라죽었다는 말로, 엉뚱하게 당하는 재난을 뜻함.
　　동의어 지어지앙(池魚之殃)

애이불비 哀而不悲 ·········· 哀 : 슬플 애, 而 : 말 이을 이, 不 : 아니 불, 悲 : 슬플 비
속으로는 슬퍼하지만 겉으로는 슬픔을 나타내지 아니함.

야부답백 夜不踏白 ·········· 夜 : 밤 야, 不 : 아니 불, 踏 : 밟을 답, 白 : 흰 백
밤길을 걸을 때 하얗게 보이는 것은 물이니 밟지 말라는 뜻.

1. 다음의 밑줄친 부분을 나타내기에 가장 적절한 것은?

① 견물생심(見物生心)　　② 일편단심(一片丹心)

③ 측은지심(惻隱之心)　　④ 자격지심(自激之心)

⑤ 수구초심(首邱初心)

> 고향의 흙 냄새 대신 고향 사람 체취라도 맡고 싶은 마음에 느닷없이 군민회 나들이를 하고 싶어한 것 같다. 죽을 날이 가까우면 안 하던 짓을 하게 되는 걸 자손들은 가벼운 망령 정도로 취급했다.

2. 다음의 밑줄친 부분과 상통하는 한자 성어는?

① 파죽지세(破竹之勢)　　② 기호지세(騎虎之勢)

③ 승승장구(乘勝長驅)　　④ 일패도지(一敗塗地)

⑤ 일사천리(一瀉千里)

> 왜를 쳐서 여러 번 이기다. 무술년 겨울에 주사(舟師)를 거느리고 도적(왜적)으로 더불어 남해 섬 바다 가운데 나가 크게 싸워 승기를 타서, 물러나 쫓겨가는 자들을 쫓아가다가, 순신이 날아오는 철환에 맞은 바 되어,……

3. 다음 글에서 밑줄친 부분의 내용과 가장 관련 있는 것은?
① 심기일전(心機一轉)　　② 심사숙고(深思熟考)
③ 와신상담(臥薪嘗膽)　　④ 권토중래(捲土重來)
⑤ 대오각성(大悟覺醒)

4. 밑줄친 부분과 같은 논리를 비판하는 한자 성어로 가장 적절한 것은?
① 아전인수(我田引水)　　② 감언이설(甘言利說)
③ 부화뇌동(附和雷同)　　④ 모순(矛盾)
⑤ 적반하장(賊反荷杖)

5. 밑줄친 부분과 상태를 나타내기에 적절한 속담은?
① 끈 떨어진 뒤웅박　　② 엎친 데 덮친 격
③ 물에 빠진 생쥐　　④ 앙꼬 없는 찐빵
⑤ 물에 젖은 솜

6. 다음에 드러난 경호네(글 속에서 말하는 이)에 대한 김 반장의 심정을 표
   현하기에 적당한 속담은?
   ① 방귀 뀐 놈이 성낸다.
   ② 소 닭 쳐다보듯 한다.
   ③ 믿는 도끼에 발등 찍힌다.
   ④ 원수는 외나무 다리에서 만난다.
   ⑤ 물에 빠진 놈 건져 주었더니 봇짐 내놓으라 한다.

> 비어 있는 점포에 구멍가게가 들어설까 봐 가게 계약 건수만 있으면
> 강남 부동산을 번질나게 드나들곤 하던 김 반장이었다. 김포 쌀 상회가
> 김포 슈퍼로 도약하여 자신의 목을 조를 줄은 생각지도 못했을 것이다.

7. 다음 글에 담긴 의미를 나타낸 속담은 무엇인가?
   ① 백짓장도 맞들면 낫다.
   ② 든 자리는 몰라도 난 자리는 안다.
   ③ 우물에 가서 숭늉 찾는다.
   ④ 하나만 알고 둘은 모른다.
   ⑤ 물에 빠진 사람 건져 놓으니 봇짐 내놓으라 한다.

> 창수와 다희를 돌려보낸 뒤 우리 모두는 그들이 슬그머니 보고 싶었다.

8. 밑줄친 부분과 뜻이 통하는 속담은?
   ① 뚝배기보다 장맛이다.
   ② 믿는 도끼에 발등 찍힌다.
   ③ 말 한 마디에 천 냥 빚 갚는다.
   ④ 나중에 난 뿔이 우뚝하다.
   ⑤ 힘 센 아이 낳지 말고 말 잘하는 아이 낳아라.

> "교수는 알아. 공부도 안 한 학생이 말만 그럴듯하게 하는지, 실력은 있는데도 말주변이 없어 더듬대는 것인지를……. 교수님이 어느 학생을 더 신임하고 좋아할 것 같은가?"
> 그의 눈엔 뭔가 확신이 서는 듯했다.

9. 밑줄친 부분과 관련된 속담으로 가장 적절한 것은?

① 말이 씨가 된다.
② 말이 많으면 쓸 말이 적다.
③ 발 없는 말이 천 리 간다.
④ 말 한 마디에 천 냥 빚도 갚는다.
⑤ 낮 말은 새가 듣고 밤 말은 쥐가 듣는다.

> 그리하여 서동은 공주를 수행하게 되었고, 둘은 몰래 정을 통하게 되었다. 그런 뒤에 공주는 서동이라는 이름을 듣고서 그 동요가 실현되었음을 알았다.

10. 아래에서 밑줄친 부분의 소재와 그 기능이 같은 것은?

① <u>눈</u>은 살아 있다. / 죽음을 잊어버린 영혼(靈魂)과 육체를 위하여 눈은 새벽이 지나도록 살아 있다. ―김수영, 〈눈〉
② 희미한 <u>눈발</u> / 이는 어느 잃어진 추억의 조각이기에, / 싸늘한 추회(追悔) 이리 가쁘게 설레이느뇨. ―김광균, 〈설야(雪夜)〉
③ 지금 <u>눈</u> 내리고 / 매화 향기 홀로 아득하니 / 내 여기 가난한 노래의 씨를 뿌려라. ―이육사, 〈광야(曠野)〉
④ 아름다운 나무의 꽃이 시듦을 보시고 / 열매를 맺게 하신 당신은, / 나의 웃음을 만드신 후에 / 새로이 나의 <u>눈물</u>을 지어 주시다. ―김현승, 〈눈물〉
⑤ 나 보기가 역겨워 / 가실 때에는 / 말없이 고이 보내 드리오리다. / 영변(寧邊)에 약산(藥山) / <u>진달래꽃</u>, / 아름 따다 가실 길에 뿌리오리다.

11. 아래의 밑줄친 부분의 용법과 동일한 것은?

① 당신보다 키가 큰 사람을 나는 본 적이 없소.

② 당신이 그런 식으로 치사하게 나온다면 나도 다 생각이 있어.

③ 돌아가신 할아버지께서는 당신의 묘자리를 생전에 마련하셨다.

④ 당신보다 더 나은 사람을 만나기가 어려울 거예요.

⑤ 당신과 나 사이를 가로막는 것이 누구인가요?

12. 다음 중 아래의 밑줄친 ‘눈’과 유사한 의미로 쓰인 것은?

① 책을 오래 봤더니 눈이 아프다.

② 슬픈 눈으로 그를 바라 본다.

③ 노인이 되면 눈이 나빠지게 마련이다.

④ 어린 아이의 눈으로 세상을 바라보자.

⑤ 영화를 제대로 감상할 수 있는 눈을 갖추어야 한다.

13. 아래의 밑줄친 부분과 같은 뜻으로 쓰인 것은?

① 그는 공부할 때마다 꾀를 부린다.

② 집안 일이 많아서 따로 사람을 부렸다.

③ 화물차에서 물건을 부리고 있다.

④ 그녀가 먹지 않겠다고 고집을 부려 난처했다.

⑤ 그 무당은 귀신을 부리는 재주가 뛰어나다.

> 이렇게 노래를 하며 소를 부리면 여느 때 같으면 어깨가 으쓱으쓱한다. 웬일인지 밭을 반도 갈지 않아서 온몸의 맥이 풀리고 대구 짜증만 난다. 공연히 소만 들입다 두들기며……

양상군자 梁上君子

梁 : 들보 량 上 : 위 상 君 : 임군 군 子 : 아들 자

> 대들보 위의 군자, 곧 도둑을 가리키는 말이다.

후한 말엽, 진식(陳寔)이라는 사람이 태구현의 현령으로 있었다. 어느 해 흉년이 들어 많은 농민들이 고생을 할 때였다. 하루는 진식이 방에서 책을 읽고 있는데 도둑이 들어와 대들보 위에 숨었다. 진식은 모르는 체하고 계속 책을 읽다가 아들과 손자들을 불러 앉히고 조용히 타일렀다.

"나쁜 짓을 하는 사람도 본디부터 나쁜 것은 아니다. 자라면서 버릇이 잘못 들어 그것이 본성처럼 굳어버렸기 때문에 나쁜 사람이 되는 것이다. 저 '대들보 위의 군자(梁上君子)'도 바로 그런 사람이니라."

도둑이 내려와 눈물을 흘리며 진정으로 사죄했다. 진식은,

"보아하니 악인은 아닌 것 같은데, 오죽하면 이런 짓을 했겠는가"

하고는 비단 두 필을 주어 돌려보냈다. 그후 현 안에는 도둑이 없어졌다고 한다.

＊출전 : 〈후한서(後漢書)〉 진식전(陳寔傳)

온고지신 溫故知新

溫 : 따뜻할 온 故 : 연고 고 知 : 알 지 新 : 새 신

옛 것을 익히고 그것을 미루어 새로운 것을 안다는 뜻이다.

〈논어(論語)〉의 위정(爲政)편에 다음과 같은 내용이 실려 있다.

공자께서 말씀하시길,
'옛 것을 익히고 (그것을 미루어) 새로운 것을 알면 가히 스승이 될 수 있다(子曰 溫故以知新 可以爲死矣).'

'온고지신'이 의미하는 것은 단순히 과거의 것을 알고 새로운 것을 받아들이라는 것이 아니라 과거와 현재와의 연계성을 파악하여 이를 현재에 적용하고 나아가서는 미래를 예측하여 대처할 수 있는 방법을 제시할 수 있는 정도로, 그리하여 참된 스승이 될 수 있을 정도로 옛 것을 익혀야 한다는 것이다.

＊출전 : 〈논어(論語)〉 위정편(爲政篇)

사 자 성 어

약농중물 藥籠中物 —————————— 藥 : 약 약, 籠 : 농 롱, 中 : 가운데 중, 物 : 만물 물
약농 속의 약이란 뜻으로, 꼭 필요한 인물 또는 가까이 사귀어 자기편으로 한 사람을 비유하는 말.

약육강식 弱肉强食 —————————— 弱 : 약할 약, 肉 : 고기 육, 强 : 강할 강, 食 : 먹을 식
약한 자는 강한 자에게 먹힘.

양호후환 養虎後患 —————————— 養 : 기를 양, 虎 : 범 호, 後 : 뒤 후, 患 : 근심 환
범을 길러 훗날 화를 입게 된다는 말.
　　동의어 양호우환(養虎憂患)

어두육미 魚頭肉尾 —————————— 魚 : 고기 어, 頭 : 머리 두, 肉 : 고기 육, 尾 : 꼬리 미
물고기는 머리 부분이, 짐승은 꼬리 부분이 맛있다는 말.

어불성설 語不成說 —————————— 語 : 말씀 어, 不 : 아니 불, 成 : 이룰 성, 說 : 말씀 설
말이 되지 않음. 말이 사리나 이치에 맞지 않음.

언감생심 焉敢生心 —————————— 焉 : 어찌 언, 敢 : 감히 감, 生 : 날 생, 心 : 마음 심
'어찌 감히 그런 마음을 먹을 수 있으랴.' 라는 뜻.
　　유사어 감불생심(敢不生心)

언어도단 言語道斷 —————————— 言 : 말씀 언, 語 : 말씀 어, 道 : 길 도, 斷 : 끊을 단
너무 엄청나게 사리에 어긋나 말문이 막힌다는 뜻으로, 어이가 없어 이루 말로 나타낼 수 없음을 이르는 말.

언중유골 言中有骨 —————————— 言 : 말씀 언, 中 : 가운데 중, 有 : 있을 유, 骨 : 뼈 골
예사로운 말 속에 뼈 같은 속뜻이 있다는 말.
　　유사어 언중유언(言中有言)

엄동설한 嚴冬雪寒 —————————— 嚴 : 엄할 엄, 冬 : 겨울 동, 雪 : 눈 설, 寒 : 찰 한
눈이 오는 몹시 추운 겨울.

엄처시하 嚴妻侍下 —————————— 嚴 : 엄할 엄, 妻 : 아내 처, 侍 : 모실 시, 下 : 아래 하
아내에게 쥐여사는 사람을 비유하는 말.

여도지죄 餘桃之罪 —————————— 餘 : 남을 여, 桃 : 복숭아 도, 之 : 갈 지, 罪 : 죄 죄

먹다 남은 복숭아의 죄라는 뜻으로, 애정과 증오의 변화가 심함을 나타내는 말.

여민동락 與民同樂······　與 : 더불어 여, 民 : 백성 민, 同 : 한가지 동, 樂 : 즐거울 락
임금이 백성과 더불어 즐거움을 같이 함.

여반장 如反掌······　如 : 같은 여, 反 : 뒤집을 반, 掌 : 손바닥 장
손바닥을 뒤집는 것처럼 아주 쉬운 일.

여필종부 女必從夫······　女 : 계집 녀, 必 : 반드시 필, 從 : 좇을 종, 夫 : 지아비 부
아내는 반드시 남편의 뜻을 따라야 한다는 옛 말.

역린 逆鱗······　逆 : 거스를 역, 鱗 : 비늘 린
용의 턱 밑에는 비늘 하나가 거꾸로 붙어 있는데 누구든지 이 비늘을 건드리면 용이 노하여 죽였다는 이야기에서 온 말로, 임금의 진노함을 비유하는 말.

역발산 기개세 力拔山氣蓋世
······　力 : 힘 력, 拔 : 뺄 발, 山 : 뫼 산, 氣 : 기운 기, 蓋 : 덮을 개, 世 : 세상 세
산을 뽑아 던질만한 힘과 세상을 덮을만한 웅대한 기운. 초패왕 항우를 비유하여 일컫는 말.

역지사지 易地思之······　易 : 바꿀 역, 地 : 처지 지, 思 : 생각할 사, 之 : 갈 지
입장이나 처지를 바꾸어 생각함. 상대방의 처지에서 생각해 봄.

연하고질 煙霞痼疾······　煙 : 연기 연, 霞 : 노을 하, 痼 : 고질 고, 疾 : 병 질
자연을 깊이 사랑하고 즐기는 마음이 고치기 어려운 병과 같음.
　동의어　천석고황(泉石膏肓)

영고성쇠 榮枯盛衰······　榮 : 영화 영, 枯 : 마를 고, 盛 : 성할 성, 衰 : 쇠할 쇠
개인이나 사회가 번영하고 쇠멸함.

영수 領袖······　領 : 옷깃 령, 袖 : 소매 수
옷의 깃과 소매는 남의 눈에 잘 띈다는 뜻으로, 우두머리가 되어 본보기가 되는 사람을 일컫는 말.
　동의어　수령(首領), 동량(棟樑)

연습문제

1. 용왕의 말과 관계 깊은 한자 성어는?
   ① 불문곡직(不問曲直)　　② 어불성설(語不成說)
   ③ 토사구팽(兎死拘烹)　　④ 안분지족(安分知足)
   ⑤ 무소불위(無所不爲)

> "여러 신하들의 말은 옳지 않다. 과인이 하늘의 명을 모르고 무고한 토끼의 목숨을 빼앗으려 하였으니 어찌 현명하다 하겠느냐? 그대들은 다시 아무 말도 하지 마라."
> 하고는 태자에게 자리를 물려주고 죽으니, 그 때 용왕의 나이 일천팔백 세였다. 태자와 여러 신하들은 애통해하며 성대하게 장사를 치르니, 그 광경이 매우 엄숙하였다.

2. 다음 내용과 의미가 통하는 한자 성어는?
   ① 소탐대실(小貪大失)　　② 일석이조(一石二鳥)
   ③ 온고지신(溫故知新)　　④ 조삼모사(朝三暮四)
   ⑤ 타산지석(他山之石)

> 반드시 옛 것과 새 것 중 하나만을 택할 필요는 없을 것이다. 옛 것의 좋은 점과 새 것의 좋은 점을 아울러 살리는 길도 찾아 낼 수 있을 것이다.

3. 다음 연에 제시된 삶의 자세를 가장 잘 나타낸 것은?
   ① 천진난만(天眞爛漫)　　② 염량세태(炎凉世態)
   ③ 안분지족(安分知足)　　④ 은인자중(隱忍自重)
   ⑤ 음풍농월(吟風弄月)

> 삶은 언제나
> 은총(恩寵)의 돌층계의 어디쯤이다.
> 사랑도 매양
> 섭리(攝理)의 자갈밭의 어디쯤이다.
>
> 이적진 말로써 풀던 마음
> 말없이 삭이고
> 얼마 더 너그러워져서 이 생명을 살자.

4. 다음 글에 나타난 '조상훈'의 인물됨을 평가하는 말로 가장 적절한 것은?
   ① 일어탁수(一魚濁水)　　② 양두구육(羊頭狗肉)
   ③ 구상유취(口尙乳臭)　　④ 초로인생(草露人生)
   ⑤ 기고만장(氣高萬丈)

> 덕기의 부친인 조상훈은 위선자다. 미국 유학까지 마친 지식인이자 신실한 기독교 신자요, 교회 장로인 그는 교회를 통한 사회 운동과 교육 사업에 큰 뜻을 품고 집안의 재산으로 그런 사업에 직접 투자하기도 하고 민족 운동가의 가족을 돌보기도 한다. 그러나 정작 그의 실생활은 축첩(蓄妾)과 노름, 그리고 술로 얼룩진 만신창이 난봉꾼의 생활이다.

5. 다음 구절에 나타난 주된 정서를 표현한 것으로 가장 적절한 것은?

① 애이불비(哀而不悲)　　② 속수무책(束手無策)

③ 만시지탄(晚時之歎)　　④ 감개무량(感慨無量)

⑤ 망양지탄(亡羊之歎)

6. 밑줄친 부분을 가장 잘 나타낸 한자 성어는?

① 자가당착(自家撞着)　　② 어불성설(語不成說)

③ 침소봉대(針小棒大)　　④ 군맹무상(群盲撫象)

⑤ 허장성세(虛張聲勢)

두 눈이 성해 있는 사람이면 그 말라붙은 들판에서 있지도 않은 물과 산 그림자를 볼 리가 없었다. 있지도 않은 물과 산 그림자를 본 것은 그녀가 오히려 앞을 못 보는 맹인이기 때문이었다.

7. 밑줄친 부분과 뜻이 가장 잘 통하는 말은?

① 전전반측(輾轉反側)　　② 역지사지(易地思之)

③ 동문서답(東問西答)　　④ 이심전심(以心傳心)

⑤ 심사숙고(深思熟考)

이를 바꾸어 생각한다면, 이남에서 통일을 제안하면서 김일성 수상 이하 이북의 정계 요인들을 모두 제외하고 하자면, 글쎄 이북에선 이를 들을 법한 일인가.

8. 다음 글에서 밑줄친 부분과 같은 주장을 하는 자의 소행을 비판하는 말
로 가장 적절한 것은?
　① 횡설수설(橫說竪說)　　② 자격지심(自激之心)
　③ 언어도단(言語道斷)　　④ 곡학아세(曲學阿世)
　⑤ 지록위마(指鹿爲馬)

> 　근래에 우리 동포 중에는 <u>우리 나라를 어느 큰 이웃 나라의 연방(聯邦)
> 에 편입(編入)하기를 소원하는 자가 있다</u> 하니, 나는 그 말을 차마 믿으
> 려 아니 하거니와, 만일 진실로 그러한 자가 있다 하면, 그는 제정신을 잃
> 은 미친 놈이라고밖에 볼 길이 없다.

9. 아래의 밑줄친 부분과 의미가 다르게 쓰인 것은?
　① 아저씨는 아무 일에나 <u>속없이</u> 뛰어드는 아주머니를 심하게 꾸짖었다.
　② <u>속없이</u> 이러저리 끌려다니기보다는 자신의 실속도 차릴 줄 아는 게
　　현명한 지혜다.
　③ 남이 사니까 <u>속없이</u> 물건을 사들이는 소비자들이 요즘 부쩍 늘었다.
　④ 아이들이 하는 말을 <u>속없이</u> 들어 주기만 하면, 버릇없이 자랄까 봐
　　걱정이 된다.
　⑤ 그 사람은 어쩌면 그리도 <u>속없이</u> 착하기만 한지, 보기 드물게 순수
　　해 보이는 청년이다.

> 　"이 나이에 내가 살면 얼마나 더 좋은 세상을 살겠다고 <u>속없이</u> 새 방
> 들이고 기와 지붕을 덮자겠냐. 집 욕심 때문이 아니라 나 간 뒷일이 안 놓
> 여 그런다."

10. 다음의 설명과 같은 원리로 쓰인 것이 아닌 것은?

① 몸이 워낙 약해 감기에는 <u>학을 뗐다.</u>

② 새로운 사업을 경영하는 데 <u>박차를 가하기</u> 시작했다.

③ 과거 일에 대해 <u>시치미를 떼는</u> 정치인들이 많다.

④ 요새는 <u>장가 드는</u> 일이 예전보다 무척 어려워졌다.

⑤ <u>쥐뿔도 모르는</u> 사람이 계속 설쳐대니 참 난감하다.

> 둘 이상의 낱말이 결합하여 제3의 새로운 뜻을 나타내는 의미 단위를 관용어라 하는데, 일반적으로 관용어의 의미는 그 표현을 이루고 있는 낱말의 의미로부터는 추출될 수 없다.

11. 아래의 밑줄친 부분과 문맥상 동일한 의미로 사용된 것은?

① 한 여름에 바람이 <u>시원히</u> 불어왔다.

② 그는 골치아픈 일을 <u>시원하게</u> 해결했다.

③ 산 정상에 오르자 안개가 걷히고 시야가 <u>시원히</u> 트였다.

④ 그녀는 시부모님께 <u>시원한</u> 해장국을 대접하여 칭찬을 받았다.

⑤ 그는 <u>시원시원한</u> 행동으로 다른 사람들의 호감을 얻었다.

> 이제 마지막 산모롱이를 하나 올라서고 나면, 거기서 다시 오른쪽으로 길게 뻗어 들어간 선학동 포구의 긴 물길이 눈앞을 <u>시원히</u> 막아설 것이다.

12. 밑줄친 부분과 가장 거리가 먼 말은?

① 눈에 들다.   ② 눈에 밟히다.

③ 눈에 어리다.   ④ 눈에 선하다.

⑤ 눈이 빠지도록 기다리다.

“죽는 순간까지 ‘우리 하식이, 우리 하식이’ 허문설랑 차마 눈을 못 감더군요.”
“그럼 영감께서는 운명하시는 걸 보셨구먼요?”
“그럼요, 내가 눈을 감겼죠. 경동맥을 면도칼로 싹둑 잘러 버렸는걸요.”

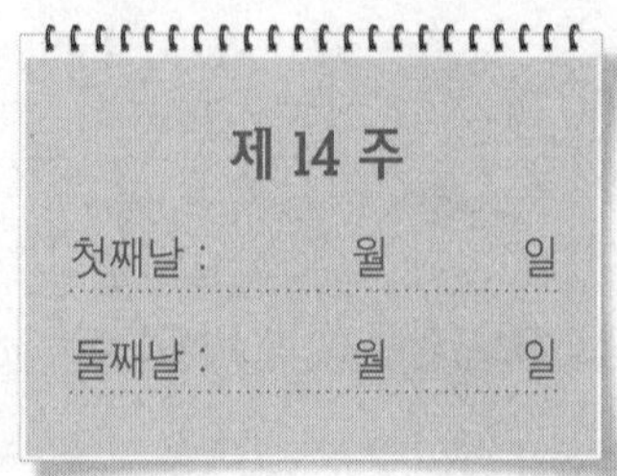

오월동주 吳越同舟

吳 : 오나라 오 越 : 월나라 월 同 : 한가지 동 舟 : 배 주

오 나라와 월 나라 사람이 같은 배를 탔다는 뜻으로, 사이가 나쁜 사람끼리 마주쳐 같은 입장에 놓인 경우를 말한다.

춘추 시대 때 오(吳) 나라의 손무(孫武)가 지은 〈손자(孫子)〉라는 책은 '손자병법' 이라 불리는 유명한 병서(兵書)인데, 그 책에 다음과 같은 글이 실려 있다.

'병(兵)을 쓰는 법에는 아홉 가지의 경우(九地)가 있는데, 최후의 것을 사지(死地)라 한다. 사지에 있을 때는 병사들이 필사적으로 싸우게 된다. 오 나라와 월 나라는 오래 전부터 원수 사이인데, 두 나라 사람이 같은 배를 타고 강을 건너다 풍랑을 만났다면 서로 협력하여 살기 위해 최선을 다할 것이다. 적에 대한 대비를 잘 하더라도 마지막에 병사들에게 의지가 되는 것은 죽기를 각오하고 뭉친 병사들의 마음일 것이다.'

'오월동주' 란 이처럼 원수끼리 만나 같은 처지에 놓였을 때, 또는 원수끼리 위기에 처해 서로 돕는 경우를 뜻하는 말이다. 오늘날에는 사이가 나쁜 사람들이 한자리에 동석한 경우를 나타내는 말로 많이 쓰인다.

＊출전 : 〈손자(孫子)〉 구지편(九地篇)

옥상가옥 屋上架屋

屋 : 집 옥 上 : 위 상 架 : 시렁 가 屋 : 집 옥

지붕 위에 지붕을 얹는다(집 위에 집을 짓다)는 뜻으로, 무의미하게 거듭함 또는 남을 모방함을 비유하는 말이다.

이 고사성어(원래는 屋下架屋)와 관련하여 두 가지의 이야기가 전해지고 있다. 먼저, 〈세설신어(世說新語)〉에 실려 있는 내용은 다음과 같다.

삼국을 통일한 위 나라가 국호를 진(晉 : 西晉)으로 바꾸고 낙양에 도읍을 정했을 때의 일이다. 유중(庾仲)이 지은 양도부(揚都賦)라는 시가 뛰어난 걸작으로 널리 알려졌는데, 이를 읽어본 사안(謝安)이 비웃으며 말했다.

"이런 시는 마치 지붕 아래 또 지붕을 만든 것과 같다. 같은 말을 되풀이한 것에 지나지 않는가."

두 번째는 〈안씨가훈(顔氏家訓)〉에 이렇게 쓰여 있다.

'진(晉) 나라 이래 훈고학이 유행하여 학자마다 다투어 옛날 학자의 저서를 현대문으로 고쳐 쓰는 일을 하고 있다. 그러나 이는 같은 것의 되풀이에 지나지 않는다. 이는 마치 지붕 아래 또 하나의 지붕을 짓는 것처럼, 전혀 쓸데없는 노작(勞作)에 불과할 뿐 볼만한 가치가 없다.'

＊출전 : 〈세설신어(世說新語)〉 문학편(文學篇), 〈안씨가훈(顔氏家訓)〉 서치편(序致篇)

사 자 성 어

오매불망 寤寐不忘 ──────── 寤:깰 오, 寐:잠잘 매, 不:아니 불, 忘:잊을 망
자나깨나 잊지 못함.

오불관언 吾不關焉 ──────── 吾:나 오, 不:아니 불, 關:관계할 관, 焉:어조사 언
나는 그 일에 상관하지 아니함.

오비이락 烏飛梨落 ──────── 烏:까마귀 오, 飛:날 비, 梨:배 리, 落:떨어질 락
'까마귀 날자 배 떨어진다'는 뜻으로, 우연의 일치로 공연히 남의 의심
을 받게 됨을 비유한 말.

오상고절 傲霜孤節 ──────── 傲:거만할 오, 霜:서리 상, 孤:외로울 고, 節:절개 절
서릿발 날리는 추위에도 아랑곳하지 않고 외로이 지키는 굳은 절개. 곧
국화를 이르는 말.

오합지졸 烏合之卒 ──────── 烏:까마귀 오, 合:합할 합, 之:갈 지, 卒:군사 졸
까마귀 떼와 같이 조직도 훈련도 없이 모인 무리. 어중이떠중이
> 동의어 오합지중(烏合之衆)

옥석구분 玉石俱焚 ──────── 玉:구슬 옥, 石:돌 석, 俱:함께 구, 焚:불사를 분
옥과 돌이 함께 불탄다는 뜻으로, 선악(善惡)·현우(賢愚)·양부(良否)
의 구별 없이 함께 멸망함을 비유한 말.
> 동의어 옥석동쇄(玉石同碎)

옥석혼효 玉石混淆 ──────── 玉:구슬 옥, 石:돌 석, 混:섞을 혼, 淆:뒤섞일 효
옥과 돌이 한데 섞여 있다는 뜻으로, 선악이 뒤섞여 있음을 비유하는 말.
> 동의어 옥석동궤(玉石同櫃)

외유내강 外柔內剛 ──────── 外:밖 외, 柔:부드러울 유, 內:안 내, 剛:굳셀 강
겉으로 보기에는 부드럽고 순한 듯하나 속은 꿋꿋하고 곧음.
> 반의어 외강내유(外剛內柔)

요령부득 要領不得 ──────── 要:구할 요, 領:요소 령, 不:아니 부, 得:얻을 득
요령(사물의 중요한 부분이나 줄거리)을 잡을 수 없음.

요산요수 樂山樂水 ──────── 樂:좋아할 요, 山:뫼 산, 樂:좋아할 요, 水:물 수

산과 물을 즐긴다는 말로, 산수를 좋아함을 이름. 원말은, 지혜로운 자는
사리에 통달하여 물과 같이 막힘이 없어 물을 좋아하고, 어진 자는 의리
에 밝고 산과 같이 중후하여 변함이 없으므로 산을 좋아한다는 뜻.

> **원말** 지자요수 인자요산(知者樂水 仁者樂山)

요조숙녀 窈窕淑女
窈 : 얌전할 요, 窕 : 고을 조, 淑 : 맑을 숙, 女 : 계집 녀

얌전하고 착한 여자.

용호상박 龍虎相搏
龍 : 용 룡, 虎 : 범 호, 相 : 서로 상, 搏 : 칠 박

용과 범이 서로 싸운다는 뜻으로, 두 강자의 싸움을 비유하여 이르는 말.

우여곡절 迂餘曲折
迂 : 멀 우, 餘 : 남을 여, 曲 : 굽을 곡, 折 : 꺾을 절

여러 가지로 뒤얽힌 복잡한 사정이나 변화

우이독경 牛耳讀經
牛 : 소 우, 耳 : 귀 이, 讀 : 읽을 독, 經 : 경서 경

'쇠귀에 경 읽기'란 뜻으로, 아무리 가르치고 일러주어도 알아듣지 못
함을 비유한 말.

> **동의어** 우이송경(牛耳誦經)

> **유사어** 마이동풍(馬耳東風), 대우탄금(對牛彈琴)

우후죽순 雨後竹筍
雨 : 비 우, 後 : 뒤 후, 竹 : 대 죽, 筍 : 죽순 순

비가 온 뒤에 죽순이 돋아나듯, 어떤 일이 일시에 많이 일어남을 비유한
말.

원입골수 怨入骨髓
怨 : 원망할 원, 入 : 들 입, 骨 : 뼈 골, 髓 : 골수 수

원한이 뼈에 사무침.

> **동의어** 원철골수(怨徹骨髓)

> **유사어** 각골지통(刻骨之痛), 각골통한(刻骨痛恨)

위기일발 危機一髮
危 : 위태할 위, 機 : 기회 기, 一 : 한 일, 髮 : 터럭 발

조금도 여유가 없이 닥친 매우 위급한 순간.

> **유사어** 초미지급(焦眉之急)

유명무실 有名無實
有 : 있을 유, 名 : 이름 명, 無 : 없을 무, 實 : 열매 실

이름만 있고 실상은 없음.

유아독존 唯我獨尊
唯 : 오직 유, 我 : 나 아, 獨 : 홀로 독, 尊 : 높을 존

세상에서 자기만이 잘났다고 뽐냄.

> **대응어** 천상천하(天上天下)

유언비어 流言蜚語 ······················· 流 : 흐를 류, 言 : 말씀 언, 蜚 : 날 비, 語 : 말씀 어

아무 근거 없이 널리 퍼진 소문. 소란을 목적으로, 또는 남을 모략하려고
세상에 퍼뜨리는 낭설.

> 유사어 도청도설(道聽塗說)

유유상종 類類相從 ······················· 類 : 무리 류, 類 : 무리 류, 相 : 서로 상, 從 : 좇을 종

같은 무리끼리 서로 오가며 친하게 사귐.

은감불원 殷鑑不遠 ······················· 殷 : 은 나라 은, 鑑 : 거울 감, 不 : 아니 불, 遠 : 멀 원

은 나라 왕이 거울로 삼을 멸망의 선례는 멀지 않은 곳, 즉 바로 전대(前
代)의 하 나라 걸왕이라는 뜻으로, 본받을 만한 본보기는 가까이에 많이
있다는 말. 또는 남의 실패를 자신의 거울로 삼으라는 말.

> 유사어 복차지계(覆車之戒)

은인자중 隱忍自重 ······················· 隱 : 숨을 은, 忍 : 참을 인, 自 : 스스로 자, 重 : 무거울 중

괴로움을 감추어 참고 몸가짐을 조심함.

> 반의어 경거망동(輕擧妄動)

음풍농월 吟風弄月 ······················· 吟 : 읊을 음, 風 : 바람 풍, 弄 : 즐길 롱, 月 : 달 월

맑은 바람과 밝은 달을 노래함. 곧 풍류를 즐긴다는 뜻.

> 동의어 음풍영월(吟風咏月)

의기양양 意氣揚揚 ······················· 意 : 뜻 의, 氣 : 기운 기, 揚 : 오를 양, 揚 : 오를 양

바라던 대로 되어 아주 자랑스럽게 행동함.

의심암귀 疑心暗鬼 ······················· 疑 : 의심할 의, 心 : 마음 심, 暗 : 어두울 암, 鬼 : 귀신 귀

의심하는 마음이 있으면 있지도 않은 귀신이 나오는 듯이 느껴진다는
뜻으로, 마음속에 의심이 생기면 갖가지 무서운 망상이 잇달아 일어나
불안해진다는 말.

> 유사어 절부지의(竊釜之疑)

이열치열 以熱治熱 ······················· 以 : 써 이, 熱 : 더울 열, 治 : 다스릴 치, 熱 : 더울 열

열은 열로써 다스림.

> 유사어 이이제이(以夷制夷)

인과응보 因果應報 ······················· 因 : 인할 인, 果 : 결과 과, 應 : 응할 응, 報 : 갚을 보

어떤 일을 하게 되면 반드시 그에 따른 길흉화복의 결과가 나타나게 된
다는 말.

인구회자 人口膾炙 ·················· 人 : 사람 인, 口 : 입 구, 膾 : 회 회, 炙 : 구울 자
사람들의 구미에 맞는 회와 구운 고기라는 뜻으로, 널리 자주 입에 오르내림을 이르는 말.

인면수심 人面獸心 ·················· 人 : 사람 인, 面 : 얼굴 면, 獸 : 짐승 수, 心 : 마음 심
사람의 얼굴을 하고 있으나 마음은 짐승과 다름이 없다는 뜻으로, 은혜 · 수치를 모르거나 흉악 · 음탕한 사람을 가리키는 말.
　반의어 귀면불심(鬼面佛心)

인명재천 人命在天 ·················· 人 : 사람 인, 命 : 목숨 명, 在 : 있을 재, 天 : 하늘 천
사람이 오래 살고 일찍 죽는 것은 하늘에 달렸다는 말.

인사불성 人事不省 ·················· 人 : 사람 인, 事 : 일 사, 不 : 아니 불, 省 : 살필 성
의식을 잃고 실신한 상태. 사람으로서의 예절을 차릴 줄 모름.

일거수 일투족 －擧手 －投足

·················· － : 한 일, 擧 : 들 거, 手 : 손 수, － : 한 일, 投 : 던질 투, 足 : 발 족

손을 한번 들고 발을 한번 내딛는다는 뜻으로, 사소한 하나하나의 동작이나 행동을 말함.
　동의어 일거일동(一擧一動)

일구월심 日久月深 ·················· 日 : 날 일, 久 : 오랠 구, 月 : 달 월, 深 : 깊을 심
날이 오래되고 달이 깊어진다는 뜻으로, 세월이 오래 될수록 바라는 마음이 더욱 깊어진다는 말.

일기당천 －騎當千 ·················· － : 한 일, 騎 : 말탄 군사 기, 當 : 당할 당, 千 : 일천 천
혼자서 천 명의 적을 당해낼 수 있다는 뜻으로, 무예가 아주 뛰어남을 비유하거나 능력이 탁월하여 혼자서 능히 많은 일을 해냄을 비유하는 말.

연 습 문 제

1. 밑줄친 부분과 가장 유사한 의미를 지닌 한자 성어는?

① 오불관언(吾不關焉)　　　② 일장춘몽(一場春夢)

③ 주마간산(走馬看山)　　　④ 흥진비래(興盡悲來)

⑤ 금상첨화(錦上添花)

> 대사 가로되, "네 승흥(乘興)하여 갔다가 흥진(興盡)하여 돌아왔으니 내 무슨 간예(干預)함이 있으리요? 네 또 이르되 인세에 윤회할 것을 꿈을 꾸다 하니, 이는 인세와 꿈을 다르다 함이니, 네 오히려 꿈을 채 깨지 못하였도다.……"

2. 다음의 밑줄친 말과 바꾸어 쓰기에 가장 적절한 말은?

① 탐색(探索)　　　② 우롱(愚弄)

③ 완상(玩賞)　　　④ 심취(心醉)

⑤ 조망(眺望)

> 가신(佳辰)을 당하여 풍경을 희롱(戲弄)하며 꽃다운 술은 잔에 가득하며, 사랑하는 사람이 곁에 있으니 이 또한 인생(人生)의 즐거운 일이어늘, 통소 소리 이러하니 오늘 통소는 옛날 통소가 아니로소이다.

3. 다음 글에 나타난 승상의 생활과 가장 거리가 먼 것은?
　① 음풍농월(吟風弄月)　　　② 은인자중(隱忍自重)
　③ 연하고질(煙霞痼疾)　　　④ 풍월주인(風月主人)
　⑤ 천석고황(泉石膏肓)

4. 다음 글의 밑줄친 부분을 나타내기에 가장 적절한 한자 성어는?
　① 경거망동(輕擧妄動)　　　② 감탄고토(甘呑苦吐)
　③ 좌충우돌(左衝右突)　　　④ 의기양양(意氣揚揚)
　⑤ 허장성세(虛張聲勢)

5. 다음 중, '서로 의견이 맞지 아니하여 사이가 안 좋거나 충돌하는 것'을 이르는 말은?
　① 시기(猜忌)　　　② 알력(軋轢)
　③ 증오(憎惡)　　　④ 타락(墮落)
　⑤ 질투(嫉妬)

6. 다음에서 청중에게 기대하는 것과 거리가 먼 것은?
① 착수(着手)　　　　② 기래(起來)
③ 분기(奮起)　　　　④ 외호(外護)
⑤ 맥진(驀進)

7. 다음 글의 내용으로 볼 때, ㉠에서의 작가의 태도와 대비되어 ㉡에서 두드러지게 나타나는 태도는?
① 고결(高潔)　　　　② 절개(節槪)
③ 충절(忠節)　　　　④ 승화(昇華)
⑤ 욕망(慾望)

8. 밑줄친 부분에서 인물들의 웃음이 지니는 의미로 적절한 것은?
① 자조(自嘲)　　　　② 안도(安堵)
③ 실소(失笑)　　　　④ 위안(慰安)
⑤ 비애(悲哀)

우리도 생각다 못하여 정용이 가는 편에 아이들을 붙여 보내고 아내도 겨우 백날이 지난 협아를 업고 나섰다. 아내는 떠나면서 부풀어오른 감정을 억제하고 강잉히 웃어 보여 주었다. 나는 웃으면서 아이들을 조심하라 일렀다.

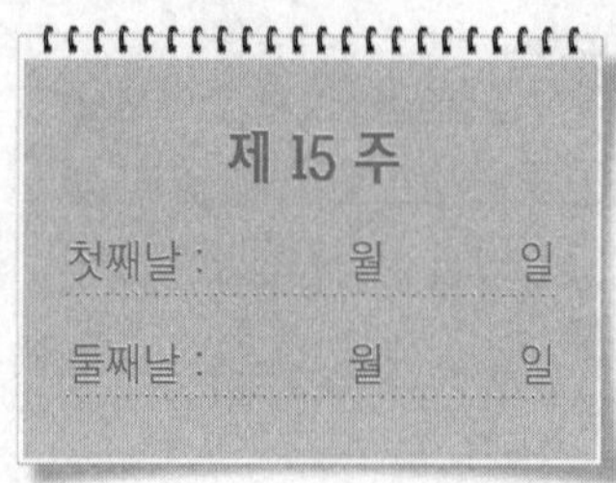

고사성어

와신상담 臥薪嘗膽

臥 : 누울 와 薪 : 땔나무 신 嘗 : 맛볼 상 膽 : 쓸개 담

땔나무 위에서 잠을 자고 쓸개를 핥는다는 뜻으로, 마음먹은 일을 위해 온갖 괴로움을 무릅쓴다는 말이다.

춘추 시대 때 오(吳) 나라가 월(越) 나라를 공격하였으나, 오왕 합려는 대패하고 부상으로 인해 목숨을 잃었다. 합려는 태자인 부차(夫差)에게 원수를 갚으라고 유언하였고, 부차는 '땔나무 위에서 잠을 자며(臥薪)' 부왕의 복수를 다짐했다. 복수의 기회를 엿보던 오왕 부차는 월왕 구천(勾踐)이 쳐들어오자 반격하여 대승을 거두었다. 구천은 항복하여 간신히 목숨을 건진 후 쓸개를 항상 곁에 두고 '쓴맛을 맛보며(嘗膽)' 치욕을 되새겼다. 그후 항복한 지 12년이 지난 어느 날 구천은 군사를 일으켜 오 나라로 쳐들어갔다. 7년간의 공격 끝에 부차를 항복시키고 지난 날의 치욕을 씻었다. 그리고 승자가 된 월왕 구천은 오왕 부차의 목숨을 살려주었으나, 부차는 끝내 자결하고 말았다.

＊출전 : 〈사기(史記)〉 월세가(越世家)

이심전심 以心傳心

以 : 써 이　心 : 마음 심　傳 : 전할 전　心 : 마음 심

마음과 마음으로 서로 뜻이 통함. 곧 마음에서 마음으로 전하면 모든 것을 이해하고 깨닫게 된다는 말이다.

석가모니가 영산(靈鷲山)에서 어느 날 제자들을 모아놓고 말없이 '연꽃 한 송이를 집어들고 모인 무리에게 보여주었다(염화시중).' 제자들은 그 뜻을 알 수 없어 그저 바라볼 뿐이었는데 오직 한 사람 가섭(迦葉)만이 알았다는 듯이 '얼굴을 환하게 펴며 미소를 지었다(破顔微笑).' 그러자 석가가 가섭에게 이렇게 말했다.

"나에게 정법안장(正法眼藏 : 인간이 본래 갖추고 있는 마음의 큰 덕), 열반묘심(涅槃妙心 : 번뇌를 벗어나 진리에 도달한 마음), 실상무상(實相無相 : 변하지 않는 진리), 미묘법문(微妙法門 : 오묘한 불법으로 들어가 진리를 아는 길), 불립문자 교외별전(不立文字 敎外別傳 : 언어나 경전에 의하지 않고 이심전심으로 전하는 오묘한 진리)이 있다. 이것을 너에게 전해주겠다."

여기에 나오는 '염화미소'가 바로 석가가 가섭에게 마음으로 가르침을 전수한 것으로 '이심전심'과 같은 뜻으로 쓰이는 말이다.

＊출전 : 〈보제(普濟)〉의 오등회원(五燈會元)

일도양단 一刀兩斷 ························· 一 : 한 일, 刀 : 칼 도, 兩 : 두 량, 斷 : 끊을 단
단숨에 한칼로 쳐서 둘로 쪼개버린다는 뜻으로, 일이나 행동을 머뭇거
리지 않고 과감히 결정함을 비유하는 말.

일망무제 一望無際 ··················· 一 : 한 일, 望 : 바라볼 망, 無 : 없을 무, 際 : 끝 제
한눈에 바라볼 수 없도록 아득히 멀고 넓어서 끝이 없음.
동의어 일망무애(一望無涯)

일모도원 日暮途遠 ················· 日 : 날 일, 暮 : 저물 모, 途 : 길 도, 遠 : 멀 원
해는 저물고 갈 길은 멀고 아득하다는 말로, 늙고 쇠약한데 앞으로 해야
할 일은 산더미처럼 많음을 뜻함.

일벌백계 一罰百戒 ················· 一 : 한 일, 罰 : 벌 줄 벌, 百 : 일백 백, 戒 : 경계할 계
한 사람 또는 한 가지 죄과를 벌줌으로써 여러 사람의 경각심을 불러일
으킴.

일사천리 一瀉千里 ··················· 一 : 한 일, 瀉 : 쏟을 사, 千 : 일천 천, 里 : 거리 리
강물의 흐름이 빨라 단숨에 천 리 밖에 다다른다는 뜻으로, 말이나 일의
진행이 거침없이 매우 빠르게 진행됨.

일어탁수 一魚濁水 ················· 一 : 한 일, 魚 : 고기 어, 濁 : 흐릴 탁, 水 : 물 수
물고기 한 마리가 온 냇물을 흐린다는 뜻으로, 한 사람의 잘못으로 여러
사람이 그 피해를 입게 됨을 비유한 말.

일언반구 一言半句 ··················· 一 : 한 일, 言 : 말씀 언, 半 : 반 반, 句 : 글귀 구
한 마디의 말과 반 마디의 글귀. 곧 아주 짧은 말.

일엽지추 一葉知秋 ················· 一 : 한 일, 葉 : 잎 엽, 知 : 알 지, 秋 : 가을 추
하나의 낙엽을 보고 가을이 옴을 안다는 뜻으로, 조그마한 한 가지의 일
로 장차의 일을 짐작할 수 있다는 말.

일일여삼추 一日如三秋 ······ 一 : 한 일, 日 : 날 일, 如 : 같을 여, 三 : 석 삼, 秋 : 가을 추
하루가 삼 년같이 애타게 기다림. 또는 매우 지루함.

일취월장 日就月將 ··················· 日 : 날 일, 就 : 이룰 취, 月 : 달 월, 將 : 나아갈 장

나날이(날마다 달마다) 발전하여 나아감.

 일진월보(日進月步)

일패도지 —敗塗地 ·················· 一 : 한 일, 敗 : 패할 패, 塗 : 바를 도, 地 : 땅 지
한 번 싸움에 여지없이 패하여 다시 일어설 수 없게 됨.

일편단심 —片丹心 ·················· 一 : 한 일, 片 : 조각 편, 丹 : 붉을 단, 心 : 마음 심
한 조각의 붉은 마음. 곧 진정에서 우러나는 충성된 마음.

임기응변 臨機應變 ·················· 臨 : 임할 임, 機 : 기회 기, 應 : 응할 응, 變 : 변할 변
그때그때 일의 형편에 따라 융통성 있게 대처함.

입신양명 立身揚名 ·················· 立 : 설 립, 身 : 몸 신, 揚 : 날릴 양, 名 : 이름 명
출세하여 자신의 이름을 세상에 드날림.

입추지지 立錐之地 ·················· 立 : 설 립, 錐 : 송곳 추, 之 : 갈 지, 地 : 땅 지
송곳 하나 꽂을 만한 땅이란 뜻으로, 매우 좁아 조금도 여유가 없음을 비유하는 말.

자가당착 自家撞着 ·················· 自 : 스스로 자, 家 : 집 가, 撞 : 칠 당, 着 : 붙을 착
자기의 문장이나 언행이 앞뒤가 모순됨.

 모순(矛盾)

자강불식 自强不息 ·················· 自 : 스스로 자, 强 : 굳셀 강, 不 : 아니 불, 息 : 쉴 식
스스로 힘써 가다듬고 쉬지 않음.

자격지심 自激之心 ·················· 自 : 스스로 자, 激 : 과격할 격, 之 : 갈 지, 心 : 마음 심
자기가 해놓고 그 일에 대해 스스로 미흡하게 여기는 마음.

자승자박 自繩自縛 ·················· 自 : 스스로 자, 繩 : 줄 승, 自 : 스스로 자, 縛 : 묶을 박
제 포승으로 제 몸을 옭아 묶는다는 뜻. 곧 제 마음씨나 언행으로 말미암아 스스로 옭아매어져 괴로움을 당함.

자업자득 自業自得 ·················· 自 : 스스로 자, 業 : 업 업, 自 : 스스로 자, 得 : 얻을 득
자기가 저지른 일의 과보(果報 : 인과응보)를 자기 자신이 받음.

자연도태 自然淘汰 ·················· 自 : 스스로 자, 然 : 그럴 연, 淘 : 일 도, 汰 : 씻을 태
자연계에서 그 생활 조건에 적응하는 생물은 생존하고 그렇지 못한 생물은 사라지는 현상.

 적자생존(適者生存)

 인위도태(人爲淘汰)

연습문제

1. 다음의 상황에 어울리는 한자 성어를 고르면?
　　① 언중유골(言中有骨)　　　② 이심전심(以心傳心)
　　③ 애매모호(曖昧模糊)　　　④ 유구무언(有口無言)
　　⑤ 아전인수(我田引水)

> 　　나는 그 이야기를 이상하게 여겨 그 물건의 이름을 물었으나 주인은
> 입을 가리키며 말을 하지 않았다. 나는 그 의도를 알아차리고 물러나와
> 이것을 기록하였다.

2. 온갖 악행을 일삼던 사람에게 다음 글에서처럼 갑작스런 재앙이 닥쳤을
　 때 쓸 수 있는 말로 가장 적절한 것은?
　　① 격세지감(隔世之感)　　　② 인과응보(因果應報)
　　③ 결자해지(結者解之)　　　④ 망양지탄(望洋之歎)
　　⑤ 비분강개(悲憤慷慨)

> 　　한데 그 때 그 이 벼락을 치면서 장재 첨지네 그 집이 전부 없어지면서
> 그만 거기에 몇 백 길이 되는지 모르는, 이제 큰 소(沼)가 됐단 말야.

3. 다음 대화 중 밑줄친 부분의 뜻에 해당하는 한자 숙어로 옳은 것은?
　　① 노마지지 가용야(老馬之智可用也)
　　② 진인사 대천명(盡人事待天命)
　　③ 인명지재천야(人命之在天也)
　　④ 고장난명(孤掌難鳴)

⑤ 정신일도 하사불성(精神一到何事不成)

4. 다음의 밑줄친 부분과 의미가 통하는 한자 성어는?
① 장삼이사(張三李四)　　② 방방곡곡(坊坊曲曲)
③ 선남선녀(善男善女)　　④ 다다익선(多多益善)
⑤ 인산인해(人山人海)

그러나 정작 산에 올라가 보니 골짝마다 기슭마다 사람투성이여서 바윗돌 틈서리라도 의지될 만한 곳은 발 디밀 틈이 없다. 이 등성이 저 등성이 그럴 만한 곳이 없을까 하여 기웃거리다가 나중엔 지쳐서 어느 산모롱이 소나무 그늘에 아쉬운 대로 자리 잡았다.

5. 밑줄친 부분의 의미를 가장 잘 나타낸 것은?
① 말은 해야 맛이요 고기는 씹어야 맛이다.
② 말 많은 집은 장 맛도 쓰다.
③ 한 말은 삼 년 가고, 들은 말은 백 년 간다.
④ 내 말은 남이 하고, 남 말은 내가 한다.
⑤ 말 수를 적게 하면 귀에 들어오는 것이 많다.

말이 오가는 게 오히려 부질없는 노릇 같았다. 두 사람은 다시 내밀한 침묵으로 할 말을 모두 대신하고 있었다.

6. 다음의 예에 맞는 글을 찾아라.

① 말 타면 경마 잡히고 싶다.
② 산은 오를수록 높고 물은 건널수록 깊다.
③ 목마른 놈이 우물 판다.
④ 소 꼬리보다 닭 대가리가 낫다.
⑤ 물은 건너보아야 알고 사람은 지내보아야 안다.

> 지붕 개량을 하고 싶다.
> ⇒ 지붕 개량을 하지 못할 만큼 집이 낡았다.
> ⇒ 방을 하나 더 늘리고 지붕에도 함석을 얹고 싶다.
> ⇒ 그러니 지붕 개량보다 집을 다시 지어야 한다.

7. 다음 글의 내용으로 보아 밑줄친 부분과 통하는 속담은?

① 자다가 봉창 두드린다.
② 도둑이 제 발 저린다.
③ 친구 따라 강남 간다.
④ 아닌 밤중에 홍두깨
⑤ 바늘 도둑이 소 도둑 된다.

> 낮에 봐 두었던 나무로 올라갔다. 그리고 봐 두었던 가지를 향해 작대기를 내리쳤다. 호두송이 떨어지는 소리가 별나게 크게 들렸다. 가슴이 선뜻했다. 그러나 다음 순간, 굵은 호두야 많이 떨어져라, 많이 떨어져라, 저도 모를 힘에 이끌려 마구 작대기를 내리치는 것이었다.
> 돌아오는 길에는 열이틀 달이 지우는 그늘만 골라 디뎠다.

8. 밑줄친 부분과 어울리는 속담은?

① 선 무당이 사람 잡는다.

② 하나를 들으면 백을 통한다.

③ 부뚜막의 소금도 집어넣어야 짜다.

④ 돌다리도 두들겨 보고 건너라.

⑤ 낮 말은 새가 듣고 밤 말은 쥐가 듣는다.

> 덕분에 나는 '문교부 장관 검정필'이라는 벼슬 높은 별명을 얻었다. 그리고 그때부터 조금이라도 그 뜻에 의문이 생기는 말이 있으면 버릇처럼 사전을 찾아 보곤 했다.

9. 밑줄친 부분의 끝에 같은 맥락의 말을 덧붙인다고 할 때, 가장 적절한 말은?

① 산 넘어 산이라잖아요.

② 하나를 보면 열을 알 수 있지요.

③ 아니 땐 굴뚝에 연기 나겠어요?

④ 긁어 부스럼이란 말도 있잖아요.

⑤ 모르면 약이요 아는 게 병이라잖아요.

> 아버지가 사회에서 겪는 약한 모습, 초라한 모습 다 보고 사는 아들, 아버지 존경하기 힘들어요. 저도 다른 애들처럼 평범하게 살고 싶어요.

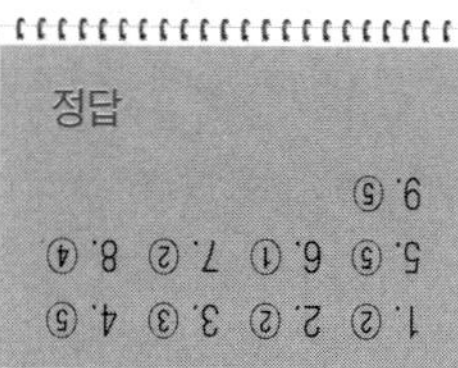

고 사 성 어

절차탁마 切磋琢磨

切 : 끊을 절　磋 : 갈 차　琢 : 옥다듬 탁　磨 : 갈 마

상아, 뼈, 옥, 돌 따위를 깎고 쪼고 갈고 닦아서 모양과 빛을 낸다는 뜻으로서, 학문이나 기예를 힘써서 갈고 닦음을 일컫는 말이다.

어느 날 자공(子貢)이 스승인 공자에게 물었다.

"스승님, 가난하더라도 아첨하지 않으며, 부자더라도 교만하지 않은 사람이 있다면 어떤 사람입니까?"

"그도 괜찮으나, 가난하면서 도를 즐기며 넉넉하면서도 예를 좋아하는 것만은 못하다."

공자의 대답을 듣고 자공이 또 이렇게 물었다.

"〈시경〉에 '아름다운 군자는 뼈나 상아를 잘라서 깎은 것처럼, 옥이나 돌을 쪼아서 간 것처럼 밝게 빛난다'고 하였는데, 이것이 스승님께서 말씀하신 것입니까?"

이에 공자는 다음과 같이 말했다.

"이제 너와 함께 〈시경〉을 말할 수 있게 되었구나. 과거의 것을 알려주면 미래의 것을 알 듯이 너야말로 하나를 듣고 둘을 아는 인물이로다."

＊출전 : 〈논어(論語)〉 학이편(學而篇)

죽마고우 竹馬故友

竹 : 대나무 죽 馬 : 말 마 故 : 연고 고 友 : 벗 우

대나무 말을 타고 놀던 때의 친구. 곧 어렸을 때부터의 오랜 친구를 뜻하는 말이다.

진(晉) 나라 간문제(簡文帝) 때 환온(桓溫)이 권세를 휘두르고 있었는데, 은거하던 은호(殷浩)가 벼슬길에 오르자 어릴 적부터 친구였던 두 사람은 정적이 되고 말았다. 은호가 전쟁터에 나가서 패하고 돌아오니, 환온은 그를 탄핵하여 변방으로 유배를 보냈다. 후일 환온은 은호가 다시 관직에 오를 수 있도록 하겠다는 편지를 보냈다. 은호는 기쁜 마음으로 답장을 썼는데, 혹시 잘못 쓰지 않았나 염려하여 여러 번을 다시 썼다. 그런데 그만 실수하여 편지는 넣지 않고 빈 봉투만 보냈다. 빈 봉투를 받은 환온은 은호가 자기를 조롱했다고 생각하여 돌아오지 못하게 하였고, 결국 은호는 유배지에서 죽었다. 은호가 유배지로 떠난 후 환온은 이렇게 말했다고 한다.

"나는 어릴 때부터 은호와 죽마를 타고 놀았는데, 내가 타던 죽마를 버리면 은호가 그것을 타곤 했다. 그러니 그가 나의 밑에 있는 것은 당연한 일이다."

＊출전 : 〈세설신어(世說新語)〉 품조편(品藻篇)

사 자 성 어

자중지란 自中之亂 ·············· 自 : 스스로 자, 中 : 가운데 중, 之 : 갈 지, 亂 : 어지러울 란
　자기네 한동아리 안에서 일어나는 싸움질.

자화자찬 自畵自讚 ·············· 自 : 스스로 자, 畵 : 그림 화, 自 : 스스로 자, 讚 : 기릴 찬
　자기가 그린 그림을 자기가 칭찬한다는 뜻으로, 자기가 한 일을 자기 스
　스로 칭찬함을 이르는 말.

작심삼일 作心三日 ····················· 作 : 지을 작, 心 : 마음 심, 三 : 석 삼, 日 : 날 일
　한번 결심한 것이 사흘을 가지 못함. 곧 결심이 굳지 못함.

잠식 蠶食 ··· 蠶 : 누에 잠, 食 : 먹을 식
　누에가 뽕잎을 먹는다는 뜻. 곧 남의 영토를 점차적으로 침략 병탄함을
　비유하거나 자기는 일하지 않고 남의 것을 먹음을 비유하는 말. 또 세금
　을 점점 부과함을 비유함.

장계취계 將計就計 ·············· 將 : 오히려 장, 計 : 꾀 계, 就 : 이룰 취, 計 : 꾀 계
　상대편의 계략을 미리 알아채고 그것을 역이용하는 계책.

장삼이사 張三李四 ·············· 張 : 베풀 장, 三 : 석 삼, 李 : 오얏 리, 四 : 넉 사
　장씨의 셋째 아들, 이씨의 넷째 아들이란 뜻으로 성명이나 신분이 분명
　하지 않은 평범한 사람들을 이르는 말.
　[동의어] 갑남을녀(甲男乙女), 필부필부(匹夫匹婦)

적반하장 賊反荷杖 ·············· 賊 : 도둑 적, 反 : 돌이킬 반, 荷 : 멜 하, 杖 : 지팡이 장
　도둑이 도리어 몽둥이를 든다는 뜻으로, 잘못한 사람이 도리어 잘한 사
　람을 나무랄 경우에 이르는 말.
　[유사어] 주객전도(主客顚倒)

전광석화 電光石火 ·············· 電 : 번개 전, 光 : 빛 광, 石 : 돌 석, 火 : 불 화
　번개와 부싯돌의 불꽃이란 뜻. 곧 극히 짧은 시간을 비유하거나 매우 신
　속한 동작을 비유하는 말.

전전반측 輾轉反側 ·············· 輾 : 구를 전, 轉 : 구를 전, 反 : 뒤집을 반, 側 : 곁 측
　수레바퀴가 한없이 회전하는 것과 옆으로 뒤척이는 것을 의미하는 것으

로, 마음에 걸리는 일이 있어서 잠도 못 이루고 뒤척이는 것을 뜻함.

동의어 전전불매(輾轉不寐)

절치부심 切齒腐心 ······ 切 : 갈 절, 齒 : 이 치, 腐 : 썩을 부, 心 : 마음 심

몹시 분하여 이를 갈고 속을 썩임.

절함 折檻 ······ 折 : 부러뜨릴 절, 檻 : 난간 함

난간을 부러뜨린다는 뜻으로, 간곡하게 충간(忠諫)하는 것을 말함.

점입가경 漸入佳境 ······ 漸 : 점점 점, 入 : 들 입, 佳 : 좋을 가, 境 : 지경 경

점점 더 좋거나 재미있는 경지로 들어감.

조강지처 糟糠之妻 ······ 糟 : 지게미 조, 糠 : 겨 강, 之 : 갈 지, 妻 : 아내 처

조강(술지게미와 쌀겨)을 먹으며 가난을 참고 고생을 함께 하며 살아온 아내.

조령모개 朝令暮改 ······ 朝 : 아침 조, 令 : 법령 령, 暮 : 저물 모, 改 : 고칠 개

아침에 명령을 내렸다가 저녁에 다시 바꾸어 내린다는 뜻으로, 법령이나 명령을 자꾸 바꿈을 이르는 말.

동의어 조변석개(朝變夕改)

조문석사 朝聞夕死 ······ 朝 : 아침 조, 聞 : 들을 문, 夕 : 저녁 석, 死 : 죽을 사

아침에 사람으로서 행해야 할 도리를 들어 깨달으면 저녁에 죽어도 한이 없다는 뜻.

원말 조문도 석사가이(朝聞道夕死可矣)

조삼모사 朝三暮四 ······ 朝 : 아침 조, 三 : 석 삼, 暮 : 저물 모, 四 : 넉 사

아침에는 세 개라 하고 저녁에는 네 개라고 속이듯이, 간사한 꾀로 사람을 속여 희롱함.

조장 助長 ······ 助 : 도울 조, 長 : 길 장

성장을 잘하도록 도와줌. 또는 나쁜 일을 선동함.

좌정관천 坐井觀天 ······ 坐 : 앉을 좌, 井 : 우물 정, 觀 : 볼 관, 天 : 하늘 천

우물 속에 앉아 하늘을 쳐다보고 하늘의 크기가 그것밖에 안 되는 줄 안다는 뜻으로, 견문이 몹시 좁음을 비유하는 말.

동의어 정중관천(井中觀天)

유사어 정중지와(井中之蛙)

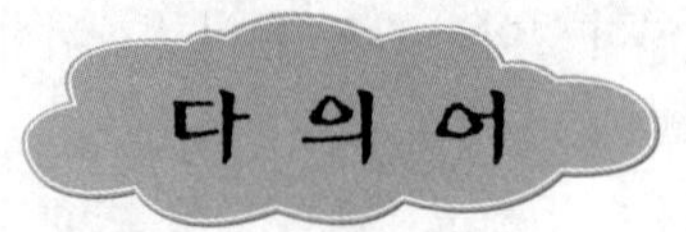

약하다

① (힘이) 세지 못하다. 예 이 강은 물살이 약해서 건널 만 하다.

② 견디는 힘이 작다. 예 이 옷감은 열에 약하다.

③ (몸이) 건강하지 못하고 여리다. 예 그 여자는 밤을 새우기에는 몸이 좀 약하다.

④ (각오·의지 따위가) 굳지 못하고 여리다. 예 마음이 약하다.

⑤ (능력·수준 따위가) 모자라거나 어리다. 예 나는 수학 과목에 약하다.

어둡다

① 빛이 없어 밝지 않다. 예 방이 어두워 아무것도 안 보인다.

② 시력·청력이 약하다. 예 눈이 어두워 잔글씨가 안 보인다.

③ (색깔이) 명도(明度)가 낮다. 예 어두운 색.

④ (사물에 대해) 잘 몰라 능하지 못하다. 예 세상 물정에 어두운 책상물림.

⑤ 표정이나 분위기가 무겁고 침울하다. 예 그녀의 표정이 어둡다.

⑥ 희망이 없고 막막하다. 예 어둡고 참담했던 시절.

어슴푸레

① (빛이 약하거나 멀어) 어둑하고 희미한 모양.

② 뚜렷하게 보이거나 들리지 않고 희미하고 흐릿한 모양. 예 멀고 먼 고향, 아득히 달빛 아래에 애이고 애여 안개 속에 가슴츠레하게 가리워진 듯한 고국 산천이 어슴푸레 보이는 듯했다. 〈박종화-다정불심〉

③ (기억이) 분명하게 떠오르지 않고 희미한 모양.

어지럽다

① 정신이 얼떨떨하다. 예 차멀미를 하여 머리가 어지럽다.

② 모든 것이 제자리에 있지 못하고 혼란하고 어수선하다. 예 죄인은 머리가 텁수룩하고 얼굴은 언제 세수를 했더냐 싶게 어지러웠다. 〈안수길-북간도〉

③ 어지러이 예 책들이 어지러이 널려 있다.

얻다

① (주는 것을) 받아 가지다. 예 친구에게서 얻은 옷.

② (구하려던 것이나 도움이 되는 것을) 받거나 새로 가지다. 예 책으로부터 지식을 얻다.

③ (남이 잃은 것을) 줍다. 예 길거리에서 얻은 물건.

④ 세나 이자 등을 주고 빌리다. 예 빚을 얻어 사업을 하다.

⑤ (남편 · 아내 · 사위 · 며느리 등을) 맞다. 예 참한 며느리를 얻으셨군요.

⑥ (병을) 앓게 되다. 예 연일 과로한 탓으로 병을 얻고 말았다.

얼다

① (물체가) 온도가 내려감에 따라 굳어지다. 예 강물이 꽁꽁 얼다.

② 추위로 몸의 감각이 없어지다. 예 손발이 얼다.

③ 술에 취하여 혀가 굳어진 것을 비웃는 말.

④ (어떤 분위기나 사람에게 위압되어) 기가 죽다. 예 그는 마이크 앞에 서자 얼어서 말이 안 나왔다.

⑤ 누에에 주기 위하여 따 놓은 뽕잎이 시들다.

업다

① 사람이나 물건을 등에 대고 손으로 잡거나 무엇으로 동여매어 붙어 있게 하다. 예 젖먹이를 등에 업다.

② 윷놀이에서, 말을 한데 어우르다.

③ (어떤 세력을) 배경으로 하다. 예 외척의 세력을 업고 횡포를 부리다.

④ (자기에게 유리하도록) 어떤 일에 남을 끌고 들어가다.

⑤ 연이 얼렸을 때 얼른 줄을 감아 남의 연을 빼앗다.

1. 다음 글과 가장 관계가 깊은 한자어는?
　　① 자화자찬(自畵自讚)　　② 동병상련(同病相憐)
　　③ 현모양처(賢母良妻)　　④ 인지상정(人之常情)
　　⑤ 사필귀정(事必歸正)

> 엄마는 자기 아이한테 제일 먼저 관심이 가게 마련이다.

2. 다음에서 어머니가 갈등을 겪는 원인이 되는 전통적 관습으로 가장 관계 깊은 것은?
　　① 일부종사(一夫從事)　　② 남존여비(男尊女卑)
　　③ 부부유별(夫婦有別)　　④ 부창부수(夫唱婦隨)
　　⑤ 남녀칠세부동석(男女七歲不同席)

> 　어머니는 돌아가신 아버지의 옷들을 한 가지씩 들고는 가만히 손바닥으로 쓸어 보고는 장롱 안에 넣었습니다. 하나씩 하나씩 쓸어 보고는 장롱에 넣곤 하여 그 옷을 다 넣은 때 장롱문을 닫고 쇠를 채우고, 그러고 나서 나를 안고 자리로 돌아왔습니다. …(중략)…
> 　"시험에 들지 말게…… 시험에 들지 말게……"
> 하고 자꾸만 되풀이 하는 것을 나는 참다 못해서,
> 　"엄마, 내 마저 할게."

3. 다음의 밑줄친 부분과 같은 상황을 비판하는 말로 가장 알맞은 것은?
① 각주구검(刻舟求劍)　　② 도청도설(道聽塗說)
③ 자가당착(自家撞着)　　④ 양두구육(羊頭狗肉)
⑤ 아전인수(我田引水)

> 조막만하고 더욱이 양쪽 오랑캐 사이에 끼여 있는 이 나라에서 인재를 제대로 쓰지 못할까 두려워해도 더러 나랏일이 제대로 될지 점칠 수 없는데, 도리어 그 길을 스스로 막고서 "우리 나라에는 인재가 없다."고 탄식한다.

4. 다음 글의 주제와 통하는 것은?
① 자강불식(自强不息)　　② 불치하문(不恥下問)
③ 온고지신(溫故知新)　　④ 유유자적(悠悠自適)
⑤ 욕속부달(欲速不達)

> 자유롭게 생각하고, 쓰고 싶은 욕구

5. 밑줄친 말과 바꾸어 쓸 수 있는 것은?
① 자만심(自慢心)　　② 자존심(自尊心)
③ 자긍심(自矜心)　　④ 자괴심(自愧心)
⑤ 자비심(自卑心)

> 우선 나는 건강 하나는 자신 있다. 몸도 건강하지만 정신 건강도 최고라는 자부심을 늘 갖고 있다. 그리고 모든 일에 열심히 참여하려 한다는 점도 자랑스럽게 생각한다.

6. 다음의 밑줄친 부분과 같은 상황에 놓인 인간의 처지를 잘 나타낸 말은?
① 유아독존(唯我獨尊)   ② 자승자박(自繩自縛)
③ 하석상대(下石上臺)   ④ 천려일실(千慮一失)
⑤ 자포자기(自暴自棄)

> 현재와 같은 속도로 우리 인간이 계속 자연의 공간을 침범해 나가다가는 가까운 장래에 자연으로부터 보복을 받아서 인류가 멸종할 수도 있다는 의식 때문에 이런 문제에 대한 네거티비즘적인 사고가 여러 분야에서 일어나고 있다.

7. 다음의 밑줄친 부분과 뜻이 통하는 한자 성어는?
① 파죽지세(破竹之勢)   ② 일취월장(日就月將)
③ 조삼모사(朝三暮四)   ④ 다다익선(多多益善)
⑤ 새옹지마(塞翁之馬)

> 프랑스 작가 베르베르의 공상 과학 소설 '개미'에 보면 인간이 개미들의 언어를 터득하여 그들과 대화를 나눈다. 현대 생물학은 하루가 다르게 무서운 속도로 발전하고 있다. 과연 인간과 개미 간의 의사 소통이 가능한 시대가 올 것인가? 만일 그런 때가 온다면, 개미와 인간은 무슨 언어를 사용할까?

8. 다음의 글과 관계 있는 한자 성어는?
① 임기응변(臨機應變)   ② 명약관화(明若觀火)
③ 결초보은(結草報恩)   ④ 배은망덕(背恩忘德)
⑤ 견물생심(見物生心)

주인은 자물쇠를 열고는 곳간에 막 들어가려 할 때였다. 이 때를 기다렸던 아들은 잽싸게 빠져 나와 도망치기 시작했다. 주인이 놀라 소리치자, 가족들이 모두 나와 함께 도둑을 쫓았다. 다급해진 아들은 연못을 끼고 달리다가 연못 속에 커다란 돌을 던졌다. 그러자 쫓아오던 사람들은 도둑이 연못 속으로 뛰어든 줄 알고 모두 연못을 에워싸고 도둑을 찾았다. 그 틈에 아들은 그 곳을 빠져 나올 수 있었다.

정답

1. ④ 2. ① 3. ③ 4. ①
5. ③ 6. ② 7. ② 8. ①

<table>
<tr><td colspan="3" align="center">제 17 주</td></tr>
<tr><td>첫째날 :</td><td>월</td><td>일</td></tr>
<tr><td>둘째날 :</td><td>월</td><td>일</td></tr>
</table>

청출어람 靑出於藍

靑 : 푸를 청　出 : 날 출　於 : 어조사 어　藍 : 쪽 람

쪽에서 뽑아낸 푸른 물감이 쪽보다 더 푸르다는 뜻으로, 제자가 스승보다 나음을 이르는 말이다.

전국 시대 때의 사상가인 순자(荀子)가 이렇게 말했다.

"배움은 한시라도 그쳐서는 안 된다. 청색은 쪽에서 얻었지만 쪽빛보다 푸르고, 얼음은 물이 그렇게 된 것이지만 물보다 차다."

한시라도 배움을 게을리 하면 안 되는 이유는 쪽에서 뽑아낸 청색이 쪽빛보다 푸르듯이, 스승보다 나은 제자가 나올 수도 있기 때문이라는 것이다.

그리고 〈북사(北史)〉에 이런 이야기가 있다. 이밀이라는 사람이 어릴 적부터 학문에 전념하여 나중에는 스승인 공번의 학문을 넘어서게 되었다. 그러자 공번은 스스로 이밀의 제자가 되기를 청했다고 하는데, 이 일을 가리켜 사람들은 '청출어람'이라 불렀다고 한다.

＊출전 : 〈순자(荀子)〉 권학편(勸學篇)

창해일속 滄海一粟

滄 : 푸를 창 海 : 바다 해 一 : 한 일 粟 : 조 속

푸른 바다에 좁쌀 한 톨이라는 뜻으로, 아주 작고 보잘것없는 것을 비유하는 말이다.

송(宋) 나라 때 당송 8대가의 한 사람인 소식(蘇軾 : 東坡)이 지은 '적벽부' 라는 유명한 시가 있다. 적벽부는 전 · 후편으로 나뉘는데, 전편은 소식이 달 밝은 밤 적벽 아래에서 뱃놀이를 하며 삼국의 영웅인 조조와 주유의 풍류를 떠올리며 그들이나 자신 모두 무한한 생명 앞에서 덧없는 존재임을 깨닫고 다시 우주의 일부분인 인생의 본질을 깨우치고 시름을 잊는다는 내용의 명문(名文)이다. '창해일속' 이란 바로 이 전적벽부(前赤壁賦)에 나오는 말이다.

"……서쪽으로 하구를 바라보고 동쪽으로 무창을 바라보니 산천이 서로 얽혀 빽빽이 푸른데 예는 맹덕이 주랑에게 곤욕을 치른 데가 아니던가?……하물며 나는 그대와 강가에서 고기 잡고 나무하며, 물고기와 새우를 짝하고 고라니와 사슴을 벗함에랴. 한 잎의 좁은 배를 타고서 술을 들어 서로 권하니 우리의 인생이 하루살이처럼 짧고, 우리 몸은 푸른 바다 속에 있는 한 톨 좁쌀 같구나.……"

＊출전 : 〈동파전집(東坡全集)〉, 〈고문진보(古文眞寶)〉

사 자 성 어

좌지우지 左之右之 ·· 左 : 왼 좌, 之 : 갈 지, 右 : 오른 우, 之 : 갈 지
제 마음대로 휘두르거나 처리함. 남을 마음대로 지휘함.

좌천 左遷 ·· 左 : 왼 좌, 遷 : 옮길 천
중국에서 오른쪽을 중시했던 데서 온 말로, 벼슬자리가 못한 데로 떨어
짐을 이르는 말.

좌충우돌 左衝右突 ···························· 左 : 왼 좌, 衝 : 찌를 충, 右 : 오른 우, 突 : 부딪칠 돌
이리저리 닥치는 대로 찌르고 맞닥뜨림.

주객전도 主客顚倒 ·················· 主 : 주인 주, 客 : 손 객, 顚 : 넘어질 전, 倒 : 넘어질 도
주인과 손님이 뒤바뀌었다는 뜻으로, 서로 입장이 뒤바뀜 또는 앞뒤의
차례가 바뀜을 말함.
> 유사어 본말전도(本末顚倒), 객반위주(客反爲主)

주경야독 晝耕夜讀 ···················· 晝 : 낮 주, 耕 : 밭갈 경, 夜 : 밤 야, 讀 : 읽을 독
낮에는 농사짓고 밤에는 글을 읽는다는 뜻으로, 어렵게 공부함을 이르
는 말.
> 유사어 청경우독(晴耕雨讀)

주마가편 走馬加鞭 ···················· 走 : 달릴 주, 馬 : 말 마, 加 : 더할 가, 鞭 : 채찍 편
달리는 말에 채찍질한다는 뜻으로, 잘하는 사람을 더 잘하도록 격려함
을 이르는 말.

주마간산 走馬看山 ···················· 走 : 달릴 주, 馬 : 말 마, 看 : 볼 간, 山 : 뫼 산
말을 타고 달리면서 산을 바라본다는 뜻으로, 바빠서 자세히 살펴보지
못하고 대강 보고 지나침을 비유한 말.

죽림칠현 竹林七賢 ···················· 竹 : 대 죽, 林 : 수풀 림, 七 : 일곱 칠, 賢 : 어질 현
중국 진 나라 초기에 노장(老莊 : 노자와 장자)의 허무 사상을 숭상하여,
벼슬을 하지 않고 죽림에 은거하며 청담(淸談)을 일삼았던 일곱 명의 은
사(산도·왕융·유영·완적·완함·혜강·상수).

중과부적 衆寡不敵 ···················· 衆 : 무리 중, 寡 : 적을 과, 不 : 아니 불, 敵 : 원수 적

적은 수효로는 많은 수효의 적을 상대하지 못한다는 뜻.

중구난방 衆口難防 ·················· 衆 : 무리 중, 口 : 입 구, 難 : 어려울 난, 防 : 막을 방
많은 사람들의 입을 막기는 어려움.

지리멸렬 支離滅裂 ·················· 支 : 지탱할 지, 離 : 떠날 리, 滅 : 멸할 멸, 裂 : 찢을 렬
갈가리 찢기어 흩어지고 갈피를 잡을 수 없이 됨. 말이나 문장 따위가 산만하고 사리에 맞지 않음.

지부작족 知斧斫足 ·················· 知 : 알 지, 斧 : 도끼 부, 斫 : 찍을 작, 足 : 발 족
'아는(믿는) 도끼에 발등 찍힌다'는 뜻으로, 믿던 일이 어그러지거나 친한 사람에게 해를 입음을 비유한 말.

지성감천 至誠感天 ·················· 至 : 이를 지 誠 : 정성 성 感 : 느낄 감 天 : 하늘 천
정성이 지극하면 하늘도 감동함.

진인사 대천명 盡人事待天命
·················· 盡 : 다할 진, 人 : 사람 인, 事 : 일 사, 待 : 기다릴 대, 天 : 하늘 천, 命 : 명령 명
할 수 있는 데까지 노력을 다하고 천명을 기다림.

진충보국 盡忠報國 ·················· 盡 : 다할 진, 忠 : 충성 충, 報 : 갚을 보, 國 : 나라 국
충성을 다하여 나라의 은혜를 갚음.

진퇴유곡 進退維谷 ·················· 進 : 나아갈 진, 退 : 물러날 퇴, 維 : 모퉁이 유, 谷 : 골 곡
궁지에 몰려 앞으로 나아갈 수도, 뒤로 물러날 수도 없어 꼼짝하지 못함.
동의어 진퇴양난(進退兩難)

차질 蹉跌 ·················· 蹉 : 거꾸러질 차, 跌 : 넘어질 질
거꾸러짐. 발을 헛디뎌 넘어짐.
실패함.

창업이 수성난 創業易守成難
·················· 創 : 비롯할 창, 業 : 업 업, 易 : 쉬울 이, 守 : 지킬 수, 成 : 이룰 성 難 : 어려울 난
이루기는 쉬우나 그것을 지키기는 어려움.

천려일득 千慮一得 ·················· 千 : 일천 천, 慮 : 생각할 려, 一 : 한 일, 得 : 얻을 득
어리석은 사람이라도 많은 생각을 하는 가운데에는 하나쯤 쓸 만한 것도 있을 수 있다는 말.
유사어 우자일득(愚者一得)
반의어 천려일실(千慮一失)

1. 다음의 내용으로 보아 만득이와 곱단이를 함께 표현할 수 있는 말로 적절할 것은?
   ① 팔방미인(八方美人)　　　② 장삼이사(張三李四)
   ③ 재자가인(才子佳人)　　　④ 남부여대(男負女戴)
   ⑤ 필부필부(匹夫匹婦)

> 　곱단이는 시골 아이답지 않게 살갗이 희고, 맑은 눈에 속눈썹이 길었다. 나는 그녀의 속눈썹이 얼마나 길었는지 표현할 말을 몰랐었는데, …… 만득이가 개천에서 난 용이라면 곱단이는 진흙탕에 핀 연꽃이었다. 누가 먼저랄 것도 없이 둘이 장차 신랑 각시가 되면 얼마나 어여쁜 한 쌍이 될까 하는 소리가 저절로 나왔다.

2. 다음 글과 관계 깊은 말은?
   ① 고진감래(苦盡甘來)　　　② 인과응보(因果應報)
   ③ 역지사지(易地思之)　　　④ 전화위복(轉禍爲福)
   ⑤ 자승자박(自繩自縛)

> 　위치 감각을 상실하는 것이 더 고차적인 새로운 위치 감각의 형성에 이어진다면 해방과 개방은 축복일 수도 있다.

3. 다음 글에 나타나는 육방 관속과 각읍 수령들의 행동이나 심리와 거리
가 먼 것은?
　　① 모골송연(毛骨竦然)　　　　② 우왕좌왕(右往左往)
　　③ 전전긍긍(戰戰兢兢)　　　　④ 혼비백산(魂飛魄散)
　　⑤ 전전반측(輾轉反側)

'암행어사 출도야' 하니, 육방 관속과 수령들 행동 보소. 인궤(印櫃) 잃고 과줄 들고, 병부(兵符) 잃고 송편 들고, 탕건(宕巾) 잃고 용수 쓰고, 갓 잃고 소반(小盤) 쓰고, 칼집 쥐고 오줌 누기. 부서지니 거문고요, 깨지느니 북, 장구라. 본관이 똥을 싸고 멍석 구멍 새앙쥐 눈 뜨듯 하고 내아(內衙)로 들어가서 "어 추워라, 문 들어온다, 바람 닫아라. 물 마른다, 목 들여라."

4. 다음의 밑줄친 부분에 나타난 화자의 심리를 드러내기에 가장 적절한
말은?
　　① 각골난망(刻骨難忘)　　　　② 절치부심(切齒腐心)
　　③ 풍성학려(風聲鶴唳)　　　　④ 내우외환(內憂外患)
　　⑤ 만시지탄(晩時之歎)

왜 푼푼이 모아 대대로 물려 오던 재산을 그놈들에게 털꺼덕 내주냐 말이다. 왜 뺏기느냐 말이다. 그래, 갖은 궁리를 다 했다는 게 이 꼴이 됐구나. 에이, 갈아 먹어두 션치 않은 놈! 최 변호사 그 놈두 그저 한몫 볼 생각이었지.

5. 다음의 상황에 가장 어울리는 말은?
① 자중지란(自中之亂)　　② 이실직고(以實直告)
③ 연목구어(緣木求魚)　　④ 진퇴양난(進退兩難)
⑤ 주마간산(走馬看山)

> "영감, 그만 두십쇼. 또 좋은 방법이 서겠죠. 철머리가 없어서 그렇게 된 걸."
>
> "뭣이 어쩌구 어째? 그래 자넨 철머리가 있어서 일껀 맹글어 논게 이 모양인가?"
>
> "고정하십쇼. 저보구꺼정 왜 야단이슈?"
>
> "자네가 뭘 잘했길래 왜 날더러 죽으라고 해, 응?"

6. 다음의 밑줄친 부분과 같은 덕목을 나타내는 것은?
① 부자유친(父子有親)　　② 부부유별(夫婦有別)
③ 군신유의(君臣有義)　　④ 장유유서(長幼有序)
⑤ 붕우유신(朋友有信)

> 그런데 땅이 좁고 덕이 엷으니, 나는 이제 여기를 떠나련다. 다만, 아이들을 낳거들랑 오른손에 숟가락을 쥐고, 하루라도 먼저 난 사람이 먼저 먹도록 양보케 하여라.

7. 다음 글의 ㉠, ㉡, ㉢가 나타내는 바가 모두 맞는 것은?
① ㉠ : 이립(而立), ㉡ : 불혹(不惑), ㉢ : 이순(耳順)
② ㉠ : 불혹(不惑), ㉡ : 이립(而立), ㉢ : 이순(耳順)
③ ㉠ : 약관(弱冠), ㉡ : 이순(耳順), ㉢ : 불혹(不惑)
④ ㉠ : 지학(志學), ㉡ : 지천명(知天命), ㉢ : 고희(古稀)
⑤ ㉠ : 이립(而立), ㉡ : 불혹(不惑), ㉢ : 지천명(知天命)

8. 한자어에 대한 뜻풀이가 옳지 않은 것은?

① 해소(解消) : 어떤 상태나 관계를 풀어 없앰

② 노역(勞役) : 몹시 괴롭고 힘든 노동

③ 전형(典型) : 여러 모로 시험하여 골라 뽑음

④ 도외시(度外視) : 안중에 두지 않음

⑤ 유대(紐帶) : 기구, 단체 따위가 서로 인연을 맺은 관계

9. 밑줄친 말과 바꾸어 쓰기에 가장 적절한 것은?

① 지명(指名) 　　② 수락(受諾)

③ 제수(除授) 　　④ 허용(許容)

⑤ 동의(同意)

10. 다음 글의 ☐ 에 들어갈 말로 적절한 것은?

① 번갯불에 콩 궈 먹듯이

② 소 닭 보듯이

③ 믿는 도끼에 발등 찍히듯이

④ 취한 놈 달걀 팔듯이

⑤ 미운 자식 떡 하나 더 주듯이

11. 다음과 같은 정황으로 미루어 보아 화난 이의 심정을 가장 적절하게 표현한 것은?

　① 아랫돌 빼어 윗돌 괴는 격이군.

　② 불난 집에 부채질 하고 있군.

　③ 세 살 버릇이 여든까지 간다더니.

　④ 형만한 아우 없다더니.

　⑤ 까마귀 날자 배 떨어진다고 하더니만.

12. 밑줄친 부분과 의미가 가장 가까운 속담은?

　① 꿩 먹고 알 먹는다.

　② 아랫돌 빼서 윗돌 괸다.

　③ 빈 수레가 요란하다.

　④ 모로 가도 서울만 가면 된다.

　⑤ 목마른 사람이 우물을 판다.

13. 다음 글의 문맥상 [   ]에 들어갈 말로 알맞은 것은?

① 강 건너 불 구경하듯이
② 물 만난 고기처럼
③ 눈 가리고 아웅 하듯이
④ 소경이 제 닭 잡아 먹듯이
⑤ 솔개가 병아리를 채듯이

> 말이 채 끝나기도 전에 금반지는 어느새 어머니의 손에 건너가 있었다. [   ] 서울 아이의 손에서 금반지를 낚아채서 어머니는 한참을 칩떠보고 내립떠보는가 하면, 혓바닥으로 침을 묻혀 무명 저고리 앞섶에 싹싹 문질러 보다가, 나중에는 이빨로 깨물어 보기까지 했다. 마침내 어머니의 얼굴에 만족스런 미소가 떠올랐다.
>
> "아가, 너 요런 것 어디서 났냐?"

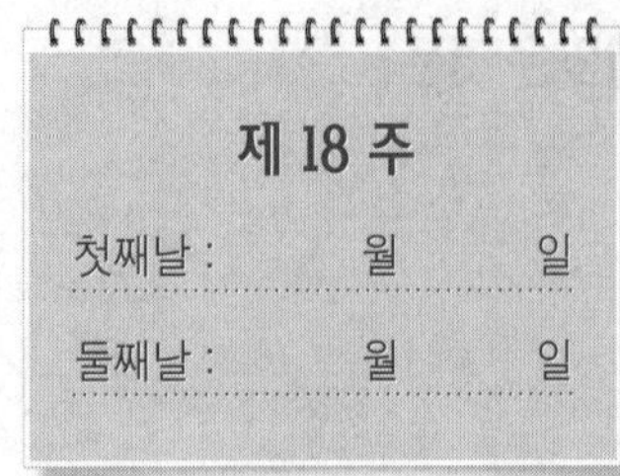

사 자 성 어

천리안 千里眼 ———————————————— 千 : 일천 천, 里 : 거리 리, 眼 : 눈 안

천리 밖의 먼 곳까지 볼 수 있는 눈이란 뜻. 곧 먼 데서 일어난 일을 직감적으로 자세히 아는 능력. 미래의 일을 헤아려 아는 능력. 사물을 훤히 꿰뚫어 보는 능력.

천방지축 天方地軸 ———————————— 天 : 하늘 천, 方 : 모 방, 地 : 땅 지, 軸 : 굴대 축

어리석은 사람이 갈 바를 몰라 덤벙이는 일. 너무 급하여 방향을 잡지 못하고 허둥지둥 마구 날뛰는 일.

> **동의어** 천방지방(千方地方)

천양지차 天壤之差 —————————— 天 : 하늘 천, 壤 : 땅 양, 之 : 갈 지, 差 : 어긋날 차

하늘과 땅 사이와 같이 엄청난 차이.

> **동의어** 천양지판(天壤之判), 운니지차(雲泥之差)

천우신조 天佑神助 ———————— 天 : 하늘 천, 佑 : 도울 우, 神 : 귀신 신, 助 : 도울 조

하늘과 신령의 도움.

천의무봉 天衣無縫 ———————— 天 : 하늘 천, 衣 : 옷 의, 無 : 없을 무, 縫 : 꿰맬 봉

선녀의 옷에는 바느질자리 같은 인공의 흔적이 없다는 뜻. 곧 사물이 완전무결하여 흠이 없음. 시문 등이 아주 자연스러워 조금도 흠잡을 데가 없음.

천재일우 千載一遇 ———————— 千 : 일천 천, 載 : 실을 재, 一 : 한 일, 遇 : 만날 우

천 년에 한번 만날 만큼 아주 드문 좋은 기회.

천진난만 天眞爛漫 ———————— 天 : 하늘 천, 眞 : 참 진, 爛 : 빛날 란, 漫 : 넘칠 만

조금도 꾸밈이 없이 있는 그대로 언행에 나타남. 밝고 순진함.

유사어 성명난만(性命爛漫)

천편일률 千篇一律 ——————— 千 : 일천 천, 篇 : 책 편, 一 : 한 일, 律 : 가락 률
여러 시문의 격조가 변화 없이 비슷비슷하다는 뜻으로, 사물이 모두 개별적인 특성이 없이 엇비슷함.

천학비재 淺學菲才 ——————— 淺 : 얕을 천, 學 : 배울 학, 菲 : 엷을 비, 才 : 재주 재
학식이 얕고 재주가 보잘것없다는 뜻으로, 자기의 학식을 겸손하게 이르는 말.

철면피 鐵面皮 ——————— 鐵 : 쇠 철, 面 : 낯 면, 皮 : 가죽 피
철로 만든 얼굴 가죽이라는 뜻으로, 뻔뻔하고 염치를 모르는 사람을 조롱하여 이르는 말.

유사어 면장우피(面帳牛皮), 강안여자(强顔女子)

청백리 淸白吏 ——————— 淸 : 맑을 청, 白 : 흰 백, 吏 : 벼슬아치 리
청렴결백한 관리

청산유수 靑山流水 ——————— 靑 : 푸를 청, 山 : 뫼 산, 流 : 흐를 류, 水 : 물 수
청산에 흐르는 물처럼 말을 잘하는 것을 비유한 말.

청운지지 靑雲之志 ——————— 靑 : 푸를 청, 雲 : 구름 운, 之 : 갈 지, 志 : 뜻 지
입신 출세하고 싶은 마음. 고결하여 속세를 벗어나고 싶어하는 마음.

청풍명월 淸風明月 ——————— 淸 : 맑을 청, 風 : 바람 풍, 明 : 밝을 명, 月 : 달 월
맑은 바람과 밝은 달이라는 뜻으로, 결백하고 온건한 마음 또는 풍자와 해학으로 세상사를 비판함을 비유하여 이르는 말.

초근목피 草根木皮 ——————— 草 : 풀 초, 根 : 뿌리 근, 木 : 나무 목, 皮 : 가죽 피
풀뿌리와 나무껍질. 먹을 곡식이 없어서 산나물 따위로 만든, 먹기 힘든 음식을 말함.

초록동색 草綠同色 ——————— 草 : 풀 초, 綠 : 푸를 록, 同 : 한가지 동, 色 : 빛 색
풀빛과 녹색은 같은 색깔이라는 뜻으로, 같은 처지나 부류의 사람들끼리 어울림을 이르는 말.

초미지급 焦眉之急 ——————— 焦 : 그을릴 초, 眉 : 눈썹 미, 之 : 갈 지, 急 : 급할 급
눈썹에 불이 붙은 것같이 매우 위급함.

동의어 소미지급(燒眉之急), 연미지급(燃眉之急)

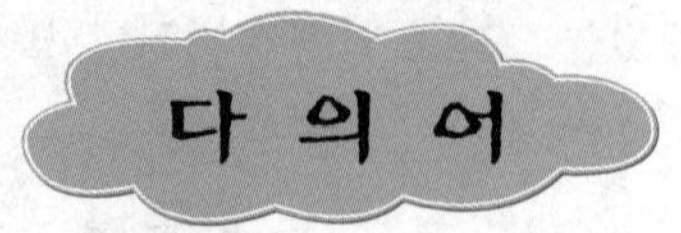

열다

① (닫히거나 잠기거나 덮인 것을) 트거나 끄르거나 벗기다. 예 창문을 열다.

② (모임을) 개최하다. 예 파티를 열다.

③ (상점 등을) 운영하기 시작하다. 예 학교가 문을 열다.

④ (어떤 관계를) 맺다. 예 국교(國交)를 열다.

⑤ (새로운 기틀을) 마련하다. 예 후배에게 길을 열어 주다.

엷다

① 두께가 작다. 예 엷으나 질긴 종이.

② 빛이 약간 연하다. 예 엷은 보랏빛.

③ (말이나 하는 짓이) 속이 들여다보이게 얄팍하다. 예 엷은 수작을 하다.

④ 밀도가 짙지 않고 성기다. 예 그녀의 입술은 부자연한 엷은 웃음을 습관처럼 담고 있었다. 〈강신제-파도〉

오르다

① 아래에서 위로 옮다. 낮은 곳으로부터 높은 데로 가다. 예 망루(望樓)에 오르다.

② 지위 · 계급이 높아지다. 예 과장에서 부장으로 오르다.

③ 값이 비싸지거나 임금 · 세금 따위가 많아지다. 예 물가가 오르다.

④ 성해지다. 예 사기가 오르다.

⑤ 실적 · 효과가 나타나다. 예 성적이 오르다.

⑥ 신열이 높아지다. 예 열이 오르다.

⑦ 술 · 약 따위의 기운이 몸 안에 퍼지다. 예 취기(醉氣)가 오르다.

⑧ 솟아 일어나다. 예 불길이 오르다.

⑨ 탈것에 타다. 예 기차에 오르다.

올리다

'오다' 의 사역형. 예 성과를 올리다.

① (윗사람에게) 바치다. 예 아버님께 잔칫상을 올리다.
② (따귀·매 따위를) 때리다. 예 경위 없이 대들기에 따귀를 한 대 올렸지.
③ (기와 따위를) 이다. 예 지붕에 기와를 올리다.
④ (의식이나 예식을) 거행하다. 예 기념식을 올리다.

움직이다

① 멈추어 있는 자세나 자리에서 그 자세를 바꾸거나 이동하다. 예 장정들이 여럿이 떠밀자 커다란 바위가 조금씩 움직였다.
② 가지고 있던 생각이 바뀌거나 동요하다. 또는, 생각을 바꾸거나 동요하게 하다. 예 어제까지도 반대하던 사람이 밤사이에 마음이 움직여 우리 의견에 찬성을 표했다.
③ 어떤 목적을 가지고 활동하거나 활동하게 하다. 예 적의 동태를 충분히 파악한 뒤에 움직여야지 자칫하면 계략에 빠질 우려가 있다.
④ (어떤 사실이) 바뀌거나 변동하다. 예 지구가 둥글다는 건 움직일 수 없는 진리다.

이르다

① (어떤 장소나 시간에) 닿다. 예 이 도로는 문경 새재를 거쳐 충주에 이르는 길이다.
② (어떤 정도나 범위에) 미치다. 예 비상 사태에 이르다.

인사(人事)

① 만나거나 헤어질 때에 공경의 뜻으로 예(禮)를 나타내는 일. 예 인사를 드리다.
② 처음 만나는 사람끼리 성명을 통하여 자기를 소개하는 일. 예 서로 초면인 것 같은데 인사 나누시지요.
③ 사람들 사이에 지켜야 할 예의. 또는, 그 일. 예 인사가 아닌 줄은 압니다만 급히 오느라 빈손으로 왔습니다.
④ 사람의 일. 또는 사람의 힘으로 할 수 있는 일. 예 인사를 다하고 천명을 기다린다.
⑤ 개인의 능력·신분에 관한 행정적인 일. 예 인사 이동.
⑥ 세상의 일이나 신상에 벌어지는 일. 예 인사 불성(不省)

연 습 문 제

1. 다음 글의 밑줄친 부분과 바꿔쓰기에 가장 알맞은 한자 성어는?
   ① 기상천외(奇想天外)　　② 적반하장(賊反荷杖)
   ③ 동문서답(東問西答)　　④ 유구무언(有口無言)
   ⑤ 수수방관(袖手傍觀)

> 　　나는 거칠게 수화기를 내려놓았다. "뻔뻔스럽긴. 이제 순 배짱이잖아?" 소리내어 욕설을 퍼부어도 화가 가라앉지 않았다. 그렇다고 언제까지 경비원을 사이에 두고 '하랍신다', '하신다더라' 하며 신경전을 펼 수도 없는 일이었다. 화가 날수록 침착하고 부드럽게 처신해야 한다는 것은 나이가 가르친 지혜였다.

2. 밑줄친 말과 뜻이 가장 비슷한 한자어는?
   ① 상부상조(相扶相助)　　② 전대미문(前代未聞)
   ③ 일거양득(一擧兩得)　　④ 막상막하(莫上莫下)
   ⑤ 금상첨화(錦上添花)

> 　　그런 의미에서 너희한텐 전무후무(前無後無)한 특별 대우를 해 주지. 원래 입회비를 오만 원씩 받아야 되는데 너흰……

3. 다음 글에서 경계하고 있는 것은?
   ① 좌정관천(坐井觀天)　　② 근묵자흑(近墨者黑)
   ③ 대의멸친(大義滅親)　　④ 본말전도(本末顚倒)
   ⑤ 곡학아세(曲學阿世)

> 의리(義理)는 무궁한 것이니, 함부로 스스로 만족하게 여겨서는 안 된다.

4. 밑줄친 부분을 뜻하는 적절한 것은?

① 살신성인(殺身成仁)　　② 지록위마(指鹿爲馬)

③ 좌지우지(左之右之)　　④ 독불장군(獨不將軍)

⑤ 좌충우돌(左衝右突)

> 그가 마을 청년들의 정신의 맥을 <u>쥐었다 폈다</u> 한다고 해도 과언이 아니었다.

5. 다음 글에서 나타내고자 하는 바를 가장 적절하게 표현한 것은?

① 외화내빈(外華內貧)　　② 주객전도(主客顚倒)

③ 환골탈태(換骨奪胎)　　④ 소탐대실(小貪大失)

⑤ 파사현정(破邪顯精)

> 각국에셔는 사람들이 남녀 무론ᄒ고 본국 국문을 몬저 비화 능통ᄒᆫ 후에야 외국 글을 비오는 법인ᄃᆡ 죠션셔는 죠션 국문은 아니 비오드리도 한문만 공부ᄒᆞᄂᆞᆫ 싸 닭에 국문을 잘 아는 사람이 드물미라 죠션 국문ᄒᆞ고 한문ᄒᆞ고 비교ᄒᆞ여 보면 죠션 국문이 한문보다 얼마가 나흔거시 무어신고ᄒᆞ니 ……

6. 다음 글에서 밑줄친 부분의 뜻을 나타내기에 가장 적절한 것은?

① 표리부동(表裏不同)　　② 주마간산(走馬看山)

③ 마이동풍(馬耳東風)　　④ 막무가내(莫無可奈)

⑤ 일목요연(一目瞭然)

7. 밑줄친 부분과 같은 의미를 지닌 한자 성어는?

① 목불식정(目不識丁) ② 고립무원(孤立無援)
③ 오리무중(五里霧中) ④ 지척불변(咫尺不辨)
⑤ 무지막지(無知莫知)

8. 밑줄친 부분의 처지를 가장 잘 표현한 것은?

① 배수지진(背水之陣) ② 고군분투(孤軍奮鬪)
③ 진퇴유곡(進退維谷) ④ 자승자박(自繩自縛)
⑤ 좌불안석(坐不安席)

9. 다음 글의 내용과 관련이 없는 것은?

① 포부와 다짐 ② 연군지정(戀君之情)
③ 우국지정(憂國之情) ④ 부임의 여정
⑤ 천석고황(泉石膏肓)

江강湖호애 病병이 깁퍼 竹듁林님의 누엇더니, 關관東동八팔百빅 里니에 方방面면을 맛디시니, 어와 聖셩恩은이야 가디록 罔망極극하다. 延연秋츄門문 드리드라 慶경會회 南남門문 ᄇ라보며, 下하直직고 믈너나니 玉옥節졀이 알패 셧다. …… 孤고臣신 去거國국에 白백髮발도 하도 할샤. 東동州쥐 밤 계오 새와 北븍寬관亭뎡의 올나ᄒ니, 三삼角각山산 第뎨一일峯봉이 ᄒ마면 뵈리로다.

10. 한자 성어에 대한 뜻풀이가 옳지 않은 것은?

① 괄목상대(刮目相對) : 몰라볼 정도로 향상된 학문이나 재주
② 일망무제(一望無際) : 한눈에 바라볼 수 없을 정도로 아득하고 멀고 넓어서 끝이 없음
③ 백화난만(百花爛漫) : 온갖 꽃이 활짝 펴 아름답고 흐드러짐
④ 지호지간(指呼之間) : 크게 소리쳐야 들릴 수 있을 정도로 비교적 먼 거리
⑤ 천인단애(千仞斷崖) : 높이가 천 길이나 되는 깎아지른 듯한 낭떠러지

11. 다음 글에서 밑줄친 부분의 상황을 가장 잘 나타낸 것은?

① 적수공권(赤手空拳)　　② 오비이락(烏飛梨落)
③ 누란지위(累卵之危)　　④ 백년하청(百年河淸)
⑤ 풍비박산(風飛雹散)

집은 텅텅 비어진 채였고 식구들은 어디론지 간 곳이 없었다. 나는 다시 골목 앞에 살고 있던 먼 친척간 누님을 찾아갔다. 그런데 그 누님의 말을 들으니, 노인이 뜻밖에 아직 나를 기다리고 있다는 것이었다.

12. 다음 글에서 토끼의 심리 상태를 가장 잘 나타낸 말은?

① 좌불안석(坐不安席)　　② 희희낙락(喜喜樂樂)

③ 학수고대(鶴首苦待)　　④ 어불성설(語不成說)

⑤ 취생몽사(醉生夢死)

> 토끼는 마치 바늘방석에 앉은 듯 불안하기만 했다. '내 비록 잠시 속임수로 용왕을 속였지만, 여기에 오래 머무를 수는 없겠지.' 하는 생각에 밤새 잠을 이루지 못하고, 이튿날 용왕을 뵙고 아뢰었다.

13. 다음 글의 밑줄친 부분과 뜻이 통하는 한자 성어는?

① 견원지간(犬猿之間)　　② 죽마고우(竹馬故友)

③ 사면초가(四面楚歌)　　④ 역지사지(易地思之)

⑤ 문일지십(聞一知十)

> 나는 그 아저씨가 어떠한 사람인지는 몰랐으나 첫날부터 내게는 퍽 고맙게 굴고, 나도 그 아저씨가 꼭 마음에 들었어요. 어른들이 저희끼리 말하는 것을 들으니까, 그 아저씨는 돌아가신 우리 아버지와 어렸을 적 친구라고요.

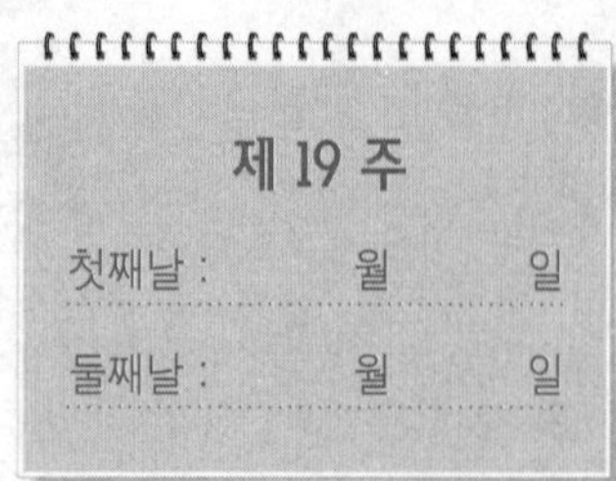

타산지석 他山之石

他 : 다를 타 山 : 메 산 之 : 어조사 지 石 : 돌 석

다른 산에서 난 나쁜 돌이라도 자신의 옥을 가는 데에 소용이 된다는 뜻으로, 하찮은 남의 언행일지라도 자신을 수양하는 데에 도움이 된다는 말이다.

다음은 〈시경〉 '소아' 편에 실린 '학명(鶴鳴)'이라는 시의 한 구절이다.

아름다운 저 동산에 박달나무 심어져 있고
그 밑에는 닥나무가 있구나
다른 산의 (하찮은) 돌이라도 옥을 갈 수 있도다
樂彼之園 爰有樹檀
其下維穀
他山之石 可以攻玉

다른 산에서 난 쓸모 없는 돌이라도 옥을 갈기 위한 숫돌이 되듯이 소인(小人)이라 할지라도 군자(君子)의 수양에 도움이 된다는 뜻이다.

＊출전 : 〈시경(詩經)〉 소아편(小雅篇)

토사구팽 兎死狗烹

兎 : 토끼 토 死 : 죽을 사 狗 : 개 구 烹 : 삶아질 팽

토끼가 죽으면 사냥개를 삶는다(토끼 사냥이 끝나면 그 사냥에 쓰인 개는 쓸모 없어져 삶아 먹히게 된다)는 말로, 쓸모 있을 때는 요긴하게 쓰이다가 쓸모가 없어지면 헌신짝처럼 버려진다는 뜻이다.

초왕 한신을 의심하던 고조는 그를 유인하여 숙청하려고 하였다. 한신은 모반의 뜻이 없음을 증명해야 하는데 한 측근이 종리매(예전 항우의 부하장수로 한신에게 의탁하고 있었음)의 목을 가져가면 의심이 풀릴 것이라고 귀띔했다. 한신은 고민 끝에 종리매에게 사실을 털어놓았다. 분개한 종리매가 한신에게 말했다.

"고조가 초 나라를 치지 못하는 것은 자네 곁에 내가 있기 때문이네. 내 목이 필요하다면 당장 죽어주지. 그러나 내가 죽으면 자네 역시 살아남기 어렵다는 것을 잊지 말게."

결국 종리매는 자결하였고, 한신은 그의 목을 고조에게 바쳤으나 반역죄로 체포되었다. 한신은 통탄하여 말했다.

"토끼를 사냥하고 나면 사냥개는 삶아 먹히며, 나는 새가 없어지면 활은 감춰지고, 적국을 쳐부수고 나면 모신(謀臣)은 버림을 받는다더니 그 말이 맞는구나."

그러나 고조는 한신의 공을 생각하여 바로 죽이지 않고 회음후로 강등시키고 장안에서만 지내도록 하였다.

＊출전 : 〈사기(史記)〉회음후열전(淮陰侯列傳)

사 자 성 어

추풍낙엽 秋風落葉 ·················· 秋 : 가을 추, 風 : 바람 풍, 落 : 떨어질 락, 葉 : 잎 엽
가을 바람에 우수수 떨어지는 낙엽이란 뜻으로, 세력 따위가 하루아침에 힘없이 떨어짐을 비유한 말.

치지도외 置之度外 ·················· 置 : 둘 치, 之 : 갈 지, 度 : 법 도, 外 : 바깥 외
그냥 내버려두고 문제삼지 않음. 도외시하여 내버려두고 돌보지 않음.

〔유사어〕 도외시(度外視)

칠거지악 七去之惡 ·················· 七 : 일곱 칠, 去 : 버릴 거, 之 : 갈 지, 惡 : 악할 악
유교 도덕에서 아내를 내쫓을 수 있는 일곱 가지의 경우. 곧 시부모에게 순종하지 않는 것, 자식을 못 낳는 것, 행실이 음탕한 것, 질투하는 것, 나쁜 병이 있는 것, 말썽이 많은 것, 도둑질하는 것.

〔반의어〕 삼불거(三不去)

칠전팔기 七顚八起 ·················· 七 : 일곱 칠, 顚 : 넘어질 전, 八 : 여덟 팔, 起 : 일어날 기
일곱 번 넘어지고 여덟 번 일어난다는 뜻으로, 여러 번 실패해도 굽히지 않고 재기하여 분투함을 이르는 말.

침소봉대 針小棒大 ·················· 針 : 바늘 침, 小 : 작을 소, 棒 : 몽둥이 봉, 大 : 큰 대
바늘 만한 작은 것을 막대기만큼 크게 늘린다는 뜻으로, 작은 일을 크게 허풍떨어 말함을 비유하는 말.

쾌도난마 快刀亂麻 ·················· 快 : 쾌할 쾌, 刀 : 칼 도, 亂 : 어지러울 란, 麻 : 삼 마
잘 드는 칼로 엉클어진 삼실을 자른다는 뜻으로, 어지럽게 뒤얽힌 사건 따위를 명쾌하게 처리함을 비유하는 말.

탁상공론 卓上空論 ·················· 卓 : 책상 탁, 上 : 위 상, 空 : 빌 공, 論 : 말할 론
현실성이나 실천성이 없는 허황한 이론.

탄핵 彈劾 ·················· 彈 : 튀길 탄, 劾 : 캐물을 핵
남의 죄악을 책망하여 밝힘. 관리의 죄상을 조사하여 고발함.

탐관오리 貪官汚吏 ·················· 貪 : 탐할 탐, 官 : 벼슬 관, 汚 : 더러울 오, 吏 : 벼슬아치 리
행실이 깨끗하지 못하고 탐욕이 많은 관리.

태연자약 泰然自若 ·············· 泰 : 클 태, 然 : 그럴 연, 自 : 스스로 자, 若 : 같을 약

침착하여 조금도 마음이 동요되지 않은 모양.

토포악발 吐哺握髮 ·············· 吐 : 토할 토, 哺 : 먹을 포, 握 : 쥘 악, 髮 : 터럭 발

주공(周公)이 손님이 오면, 밥 먹을 때는 밥을 뱉고 머리를 감을 때는 머리를 움켜쥐고 나가서 극진히 맞아들였다는 고사에서 유래한 말로서, 현자를 우대한다는 뜻.

파경 破鏡 ································· 破 : 깨어질 파, 鏡 : 거울 경

옛날 어떤 부부가 난리 통에 헤어지게 되자 거울을 반으로 나누어 한쪽씩 가지고 훗날 다시 만날 때 증표로 삼기로 했으나, 아내가 재혼을 하니 그 한쪽이 까치로 변하여 남편에게로 날아갔기 때문에 다시 만나지 못했다는 이야기에서 나온 말로, 부부의 이별을 뜻함.

파란만장 波瀾萬丈 ·············· 波 : 물결 파, 瀾 : 큰 물결 란, 萬 : 일만 만, 丈 : 길이 장

물결의 기복이 심하듯이 일의 진행이나 살아가는 데 기복·변화가 매우 심함.

파사현정 破邪顯正 ·············· 破 : 깨뜨릴 파, 邪 : 간사할 사, 顯 : 나타날 현, 正 : 바를 정

그릇된 견해를 타파하고 정도를 나타냄.

팔방미인 八方美人 ·············· 八 : 여덟 팔, 方 : 모 방, 美 : 아름다울 미, 人 : 사람 인

어느 모로 보나 아름다운 미인. 또는 멋있는 사람.

누구에게나 곱게 보이도록 처세하는 사람.

여러 방면에 능통한 사람.

무슨 일에나 두루 조금씩 손대거나 관여하는 사람.

연 습 문 제

1. 다음 글의 ☐ 에 들어갈 한자 성어로 알맞은 것은?

　① 자화자찬(自畵自讚)　　　② 동병상련(同病相憐)
　③ 인지상정(人之常情)　　　④ 지피지기(知彼知己)
　⑤ 아전인수(我田引水)

> 　글읽기는 글쓴이와 읽는이의 정신적 만남이다. 이 만남을 효율적으로 하기 위해서 읽는이는 글쓴이의 생각과 느낌을 파악할 수 있어야 하고, 또한 자기의 생각과 느낌을 적극적으로 활용할 수 있어야 한다. 이런 점에서 글읽기는 상대를 알고 나를 아는 　　　　　이며, 더 나아가 이런 상황에서 최선의 전략을 선택하는 정신 작용이라고 말할 수 있다.

2. 다음의 밑줄친 부분과 의미가 통하는 한자 성어는?

　① 진퇴양난(進退兩難)　　　② 일거양득(一擧兩得)
　③ 시시비비(是是非非)　　　④ 고진감래(苦盡甘來)
　⑤ 풍전등화(風前燈火)

> 　은하가 하루는 자기 생일이라고 인절미를 싸 가지고 와서 공부 시간에 책상 밑으로 몰래 주었다. 선생님이 돌아보셨다. 난 고개를 못 들고 목이 메어 넘기지도 못하고 뱉지도 못하고 쩔쩔매었다.

3. 밑줄친 부분과 바꾸어 쓰기에 가장 적절한 말은?

① 득도(得道)하려 ② 파계(破戒)하려
③ 열반(涅槃)하려 ④ 제도(濟度)하려
⑤ 해탈(解脫)하려

> 내 장차 장자방(張子房)의 적송자(赤松子) 좇음을 효칙(效則)하여 집을 버리고 스승을 구하여 남해를 건너 관음(觀音)을 찾고, 오대(五臺)에 올라 문수(文殊)께 예를 하여 불생불멸(不生不滅)할 도를 얻어 진세(塵世) 고락(苦樂)을 뛰어나려 하되, 제 낭자로 더불어 반생을 좇았다가 일조(一朝)에 이별하려 하니 슬픈 마음이 자연 곡조(曲調)에 나타남이로소이다.

4. 밑줄친 부분을 나타내기에 적절한 말은?

① 회자(膾炙) ② 등락(騰落)
③ 명멸(明滅) ④ 하마(下馬)
⑤ 승강(乘降)

> 실없는 사람의 입술에두 오르내렸지만, 진실로 국보적 인물이었어. 하여튼, 무슨 일을 했던 간에 이만 재산을 벌어 놓았으니 국보적 인물이었어.

5. 다음 중, 낱말의 뜻풀이가 잘못된 것은?

① 중형(仲兄) : 자기의 둘째 형
② 백안시(白眼視) : 시쁘게 여기거나 업신여김.
③ 서광(曙光) : 희망을 보여주는 빛
④ 흉중(胸中) : 마음에 두고 있는 생각
⑤ 회포(懷抱) : 그리워하는 마음

6. 밑줄친 부분과 관계 깊은 한자 성어는?
① 음풍농월(吟風弄月)　　② 천석고황(泉石膏肓)
③ 안빈낙도(安貧樂道)　　④ 태평성대(太平聖代)
⑤ 연하일휘(煙霞日輝)

> 江강湖호애 病병이 깁퍼 竹듁林님의 누엇더니, 關관東동八팔百빅 里
> 니에 方방面면을 맛디시니, 어와 聖셩恩은이야 가디록 罔망極극ᄒ다.

7. 다음 글의 ☐ 안에 들어갈 말로 가장 적절한 것은?
① 동병상련(同病相憐)　　② 순망치한(脣亡齒寒)
③ 천생연분(天生緣分)　　④ 견원지간(犬猿之間)
⑤ 오매불망(寤寐不忘)

> 만득이가 개천에서 난 용이라면 곱단이는 진흙탕에 핀 연꽃이었다. 누가 먼저랄 것도 없이 둘이 장차 신랑 각시가 되면 얼마나 어여쁜 한 쌍이 될까 하는 소리가 저절로 나왔다. 이구동성으로 두 사람의 ☐☐☐☐ 을 점친 것이다.

8. 밑줄친 부분을 통하여 연상되는 말이 아닌 것은?
① 창해일속(滄海一粟)　　② 변화무쌍(變化無雙)
③ 창상지변(滄桑之變)　　④ 상전벽해(桑田碧海)
⑤ 변화무상(變化無常)

> 산마루가 가까울수록 비는 폭주(暴注)로 내리붓는다. 만 이천 봉이 단박에 창해(滄海)로 변해 버리는 것일까.

9. 다음 글에 나타난 교훈적 의미는?
　① 사후약방문(死後藥方文)　　② 타산지석(他山之石)
　③ 와신상담(臥薪嘗膽)　　　　④ 마부작침(磨斧作針)
　⑤ 유비무환(有備無患)

　　성신(聖神)이 이으시어도 하늘을 공경하고 백성을 부지런히 섬겨야 더욱 굳건할 것입니다.
　　임금이여, 아소서. 낙수(洛水)에 사냥을 가 있으면서 조상만 믿으시겠습니까?

10. 밑줄친 부분과 같이 말하는 할아버지의 모습에 어울리는 말은?
　① 학수고대(鶴首苦待)　　　② 득의만면(得意滿面)
　③ 속수무책(束手無策)　　　④ 태연자약(泰然自若)
　⑤ 안하무인(眼下無人)

　　자꾸 역사 벽에 걸린 시계를 쳐다보는 것도 잊지 않았다. 그러면서도 또 할아버지와의 대화에 슬슬 재미가 일고 있었다. "열한 시 사십 분"
　　세상에나! 일곱 시 삼십 분에 역에 도착하여 그 때부터 열한 시 사십 분인 지금까지 줄창 이 자리에 이대로 앉아 계셨단 말인가.

11. 다음 글에 적용할 수 있는 속담으로 가장 적절한 것은?
　① 발 없는 말이 천리 간다.
　② 길고 짧은 것은 대어 보아야 한다.
　③ 설마가 사람 죽인다.
　④ 가랑비에 옷 젖는 줄 모른다.
　⑤ 손바닥으로 하늘을 가린다.

　　라디오를 틀어 놓으니 대한 민국 공보처의 발표라 하고 아침에 수원(水原)으로 천도(遷都) 운운한 것은 오보(誤報)이고, 정부는 대통령 이하 전원이 평상시와 같이 중앙청에서 집무하고 있고 국회도 수도 서울을 사수(死守)하기로 결정하였으며, 일선에서도 충용무쌍(忠勇無雙)한 우리 국군이 한결같이 싸워서 오늘 아침 의정부를 탈환하고 물러가는 적을 추격 중이니 국민은 군과 정부를 신뢰하고 조금도 동요하지 말고 직장을 사수하라고 거듭 외치었다. 그러나 자꾸만 가까워지는 총포성은 무엇을 의미함일까?

12. 다음 글의 문맥상 밑줄친 부분과 가장 가까운 뜻을 지니고 있는 속담은?

① 어르고 뺨 치기　　　　② 누워서 침 뱉기
③ 식은 죽 먹기　　　　　④ 갓 쓰고 자전거 타기
⑤ 울며 겨자 먹기

　　허생이 대답하기를,
　　"그야 가장 알기 쉬운 일이지요. 조선이란 나라는 배가 외국에 통하질 않고, 수레가 나라 안에 다니질 못해서, 온갖 물화가 제자리에 나서 제자리에서 사라지지요."

13. 형과 아우의 탄식에 대한 반응으로 적절하지 않은 것은?

① 엎질러진 물이다.
② 하늘 보고 침 뱉기다.
③ 자승자박(自繩自縛)이지.
④ 배 주고 속 빌어먹는다.
⑤ 자화자찬(自畵自讚)이라더니.

　　형과 아우는 서로 심하게 다툰 것을 후회했으나 이미 때는 늦었다.

14. 다음 글에 나타나 있는 농부의 답변에 어울리는 속담은?

① 우물 안 개구리
② 사촌이 땅을 사면 배가 아프다.
③ 핑계 없는 무덤 없다.
④ 가는 말이 고와야 오는 말이 곱다.
⑤ 서당개 삼 년이면 풍월을 읊는다.

> 농부는 말했다. "세상에서 가장 빠른 것은 우리집 말이고, 가장 단 것은 우리 벌꿀이며, 가장 부유한 것은 우리 금고이다."

15. 다음 글로 보아 '정보 개방'을 비판하는 말로 가장 적절한 것은?

① 아는 게 병이다.
② 기지도 못하면서 뛰려고 한다.
③ 우물 안 개구리다.
④ 믿는 도끼에 발등 찍힌다.
⑤ 모로 가도 서울만 가면 된다.

> 아이들은 나이에 관계 없이 어른처럼 배우고, 또한 어른들에게서 배우기보다 텔레비전이나 컴퓨터에서 더 배운다. 그래서 어른에 대한 옛날과 같은 외포나 존경은 사라진다. 이것이 전통적인 역할과 행동을 기대하는 어른들이 어린이, 젊은이의 불손, 거만, 경망(輕妄), 무분별한 '반사회적' 행동에 대해 불평하게 하는 근원이 될 수 있다.

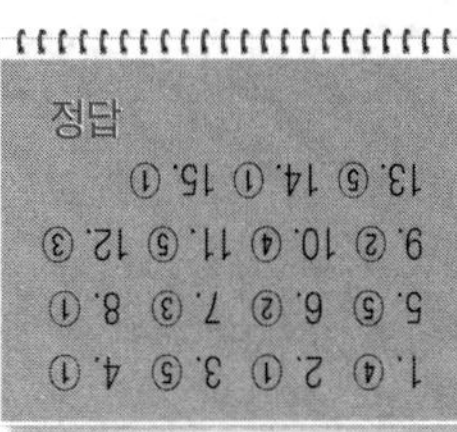

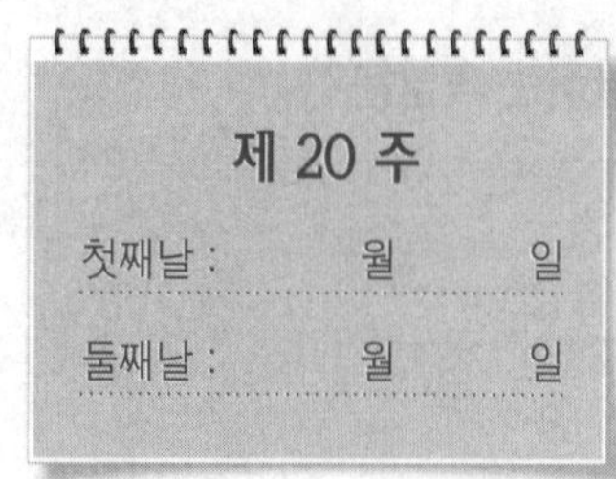

퇴고 推敲

推 : 밀 퇴　敲 : 두드릴 고

시문을 지을 때 자구(字句)를 여러 번 고치는 것을 이르는 말이다.

당(唐) 나라 때 시인 가도(賈島)가 나귀를 타고 가면서 시 한 수를 생각
해냈다. '이응의 유거에 붙여(題李凝幽居)'란 것으로,

한가한 집이라 이웃이 드물고
풀숲 오솔길은 거친 정원으로 통하네
새는 연못가의 나무에서 잠들었는데
중은 달 아래 문을 두드린다(僧敲月下門)

그런데 가도는 마지막 구절에서 문을 '두드린다(敲)'로 할지 아니면
'민다(推)'로 하는 것이 좋을지 망설이게 되었다. 한참을 고민하며 길을
가다가 고관의 행차와 부딪쳤는데, 그 고관은 바로 유명한 한유였다. 한유
는 가도의 고민을 듣고 나서 '두드린다(敲)'가 낫겠다고 이야기해 주었다.

＊출전 : 〈당시기사(唐詩紀事)〉 가도(賈島)

파죽지세 破竹之勢

破 : 깨트릴 파　竹 : 대나무 죽　之 : 어조사 지　勢 : 기세 세

대나무를 쪼개는 기세. 곧 맹렬한 기세로 적을 거침없이 물리치고 쳐들어가는 기세를 말한다.

　삼국 중 촉한(蜀漢)은 이미 멸망하여 천하는 진(晉) 나라와 남쪽의 오(吳) 나라가 대립하고 있었다. 진의 무제는 오를 치기로 결심하고 두예(杜預)를 진남대장군으로 봉해 남정(南征)을 명했다. 태강 원년(280년) 2월 두예는 왕준의 군사와 합세하여 무창을 뺏고 작전을 의논했다. 이 자리에서 한 참모는 곧 우기에 접어들어 강물이 넘치면 오래 머물기 어려우니 철군하였다가 겨울에 공격하자고 하였다. 그러나 두예는 다음과 같이 말하고 나서 공격할 준비를 갖추게 하였다.

　"아니오. 지금 우리 군사들은 대를 쪼갤 때와 같은 기세요. 대는 한 마디 두 마디를 쪼개 나가면 칼날이 감에 따라 저절로 쪼개져서 힘들이지 않아도 되는 것이오. 이 기회를 놓쳐서는 안 될 것이오."

　이윽고 3월이 되자 두예의 군대는 한달음에 오의 도읍인 건업을 함락시키고 천하를 통일했다.

＊출전 : 〈진서(晉書)〉 두예전(杜預傳)

패도 覇道 ······································· 覇 : 으뜸 패, 道 : 길 도
인의(仁義)를 무시하고 권모술수로써 나라를 다스림.
> **반의어** 왕도(王道)

포복절도 抱腹絶倒 ···················· 抱 : 안을 포, 腹 : 배 복, 絶 : 끊을 절, 倒 : 넘어질 도
배를 안고 몸을 가누지 못할 만큼 유쾌하게 웃음을 이르는 말.
> **원 말** 봉복절도(捧腹絶倒)

풍수지탄 風樹之嘆 ················ 風 : 바람 풍, 樹 : 나무 수, 之 : 갈 지, 嘆 : 탄식할 탄
효도를 하려 해도 이미 부모가 죽고 없어 효행을 다할 수 없는 슬픔.

풍전등화 風前燈火 ···················· 風 : 바람 풍, 前 : 앞 전, 燈 : 등잔 등, 火 : 불 화
바람 앞의 등불이란 뜻으로, 사물이 매우 위급한 지경에 놓여 있음을 비유하는 말.

하로동선 夏爐冬扇 ················ 夏 : 여름 하, 爐 : 화로 로, 冬 : 겨울 동, 扇 : 부채 선
여름의 화로와 겨울의 부채라는 뜻으로, 철에 맞지 않거나 쓸모 없는 사물을 비유하는 말.
> **유사어** 추풍선(秋風扇)

학구소붕 鷽鳩笑鵬 ·············· 鷽 : 산까치 학, 鳩 : 비둘기 구, 笑 : 웃을 소, 鵬 : 붕새 붕
산까치나 비둘기처럼 작은 새가 큰 붕새를 보고 웃는다는 뜻으로, 되지 못한 소인이 위인의 업적을 비웃음을 비유하는 말.

한강투석 漢江投石 ················ 漢 : 한수 한, 江 : 물 강, 投 : 던질 투, 石 : 돌 석
한강에 돌 던지기. 아주 미미하여 효과가 전혀 없음을 비유하는 말.

함포고복 含哺鼓腹 ·············· 含 : 머금을 함, 哺 : 먹을 포, 鼓 : 두드릴 고, 腹 : 배 복
배불리 먹고 배를 두드린다는 뜻으로, 먹을 것이 많아서 좋아하며 즐기는 모양.

함흥차사 咸興差使 ················ 咸 : 다 함, 興 : 일어날 흥, 差 : 어긋날 차, 使 : 사신 사
심부름을 가서 깜깜 무소식이거나 늦게 돌아올 때를 비유한 말. 태조 이성계가 함흥에 은거할 때 태종이 보낸 사신을 죽이거나 잡아두고 보내

지 않았다는 옛일에서 온 말.

허심탄회 虛心坦懷 —————————— 虛 : 빌 허, 心 : 마음 심, 坦 : 평탄할 탄, 懷 : 품을 회
아무런 선입견이나 거리낌없이 솔직한 태도로 품은 생각을 터놓고 말함.

허장성세 虛張聲勢 —————————— 虛 : 빌 허, 張 : 과장할 장, 聲 : 소리 성, 勢 : 기세 세
실력은 없으면서 헛소문과 허세로만 떠벌림.

허허실실 虛虛實實 —————————— 虛 : 빌 허, 虛 : 빌 허, 實 : 찰 실, 實 : 찰 실
서로 계책을 다해 상대방의 실(實)을 피하고 허(虛)를 노림.

호도 糊塗 —————————————————————— 糊 : 풀 호, 塗 : 바를 도
적당히 속임. 애매모호하게 덮어버림.

호사다마 好事多魔 —————————— 好 : 좋을 호, 事 : 일 사, 多 : 많을 다, 魔 : 마귀 마
좋은 일에는 흔히 방해되는 일이 생긴다는 말.

호시탐탐 虎視耽耽 —————————— 虎 : 범 호, 視 : 볼 시, 耽 : 노려볼 탐, 耽 : 노려볼 탐
범이 눈을 부릅뜨고 먹이를 노려보고 있다는 뜻. 곧 공격이나 침략의 기
회를 노리고 있는 모양이나 야망을 이룰 기회를 노리고 가만히 정세를
관망함을 비유하는 말.

혹세무민 惑世誣民 —————————— 惑 : 미혹할 혹, 世 : 세상 세, 誣 : 무고할 무, 民 : 백성 민
세상 사람들을 어지럽히고 속임.

혼비백산 魂飛魄散 —————————— 魂 : 넋 혼, 飛 : 날 비, 魄 : 넋 백, 散 : 흩어질 산
몹시 놀라 혼이 나가고 넋이 흩어짐.

화중지병 畵中之餠 —————————— 畵 : 그림 화, 中 : 가운데 중, 之 : 갈 지, 餠 : 떡 병
그림의 떡. 곧 아무 쓸모 없는 것이나 탁상공론에 그침을 비유하는 말.

환골탈태 換骨奪胎 —————————— 換 : 바꿀 환, 骨 : 뼈 골, 奪 : 빼앗을 탈, 胎 : 아이 밸 태
뼈를 바꾸고 태를 빼앗는다는 뜻으로, 곧 남의 시나 문장을 본떠 자기 나
름대로 새로운 작품으로 바꿈 또는 얼굴이 전보다 아름답게 변함을 이
르는 말.

회자정리 會者定離 —————————— 會 : 모일 회, 者 : 놈 자, 定 : 정할 정, 離 : 헤어질 리
만나면 반드시 헤어질 운명에 있음.

후생가외 後生可畏 —————————— 後 : 뒤 후, 生 : 날 생, 可 : 가히 가, 畏 : 두려워할 외
젊은 후배들은 두려워할 만하다는 뜻으로, 젊은이들은 장차 얼마나 큰 역
량을 나타낼지 헤아리기 어려우므로 존중하며 소중히 다뤄야 한다는 말.

다 의 어

일

① 무엇을 짓거나 이루기 위하여 몸과 정신을 쓰는 짓. 예 일에 정신이 팔려 있다.

② 사실이나 사정 또는 형편. 예 일이 딱하게 되었다.

③ =볼일. 예 볼일이 있어서 잠깐 나갔다 오겠습니다.

④ 사고나 사변. 예 그렇게 타일렀건만 그예 일을 저질렀다.

⑤ 큰 행사. 예 일을 치르다.

⑥ 어떤 경험. 예 비행기를 타 본 일이 있니?

⑦ 계획이나 사업. 예 일이 잘 되어 간다.

자다

① 잠이 들다. 예 아기가 잘 자다.

② (움직이던 기계가) 멈추어 서다. 예 시계가 자다.

③ 움직이던 현상이 멎어 잠잠해지다. 예 가지 많은 나무 바람 잘 날 없다.

④ 남녀가 잠자리를 함께 하다. 예 그는 지난밤 밖에서 여자와 잤다.

자리

① 어떤 물건이 차지하고 있거나 차지할 수 있는 곳. 예 방이 좁아서 가구를 들여놓을 자리가 없다.

② 일정한 사물이 있었거나 흔적이 남은 자국. 예 예전의 시청 자리.

③ 사람이 앉을 수 있도록 만든 설비나 지정한 곳. 예 자리가 없다.

④ 직위(職位)나 지위(地位). 예 높은 자리에 있는 사람.

⑤ 일정한 사람이 모인 곳이나 그런 기회. 예 사장과 사원이 함께 자리를 하다.

⑥ (여러 사람 가운데) 어느 일정한 대상. 예 신붓감으로 이만한 자리가 쉽지 않소.

잠기다

① 액체 속에 가라앉다. 예 배가 물에 잠기다. 홍수로 물에 잠긴 마을.

② (돈이나 물자가) 아무 보람 없이 어떤 일에 소비되거나 사장되어 있다. 예 창고에 물건이 그냥 잠겨 있다.

③ 한 가지 일에 열중하다. 예 공상에 잠기다. 슬픔에 잠기다.

젓다

① (액체나 가루를) 고르게 하려고 휘둘러 섞다. 예 커피에 설탕을 넣고 스푼으로 젓다.

② (배를 움직이려고 노를) 움직이다. 예 노 젓는 뱃사공.

③ (팔이나 꼬리를) 흔들다. 예 소가 파리를 쫓으려고 꼬리를 젓는다.

④ (손이나 머리를) 거절하거나 싫다는 뜻으로 좌우로 흔들다. 예 고개를 가로젓다.

정신(情神)

① (물질이나 육체에 대립되는 것으로서) 영혼이나 마음. 예 정신 세계.

② 사물을 느끼고 생각하는 능력. 또는, 그러한 작용. 예 정신이 흐려지다.

③ 사물의 근본적인 의의나 사상. 예 민주주의의 정신.

④ 마음의 자세나 태도. 예 적십자의 정신으로 부상자를 간호하다.

좋다

① 기쁘고 즐겁다. 예 기분이 좋다.

② 아름답거나 착하거나 훌륭하여 마음에 들 만하다. 예 좋은 집안에서 자라다.

③ 친하고 화목하다. 예 부부간의 금실이 좋다.

④ 문제 될 것이 없다. 괜찮다. 예 얼마든지 좋으니 물건만 제때에 가져오시오.

⑤ 넉넉하고 푸지다.

⑥ (말씨·태도 따위가) 부드럽다. 예 좋은 말로 타이르다.

⑦ 비위·염치 등에 무감각하다. 예 비위가 좋다.

연습문제

1. '나'의 행동과 관련된 말로, 다음 글의 □ 에 들어가기에 가장 적절한 것은?

   ① 진퇴양난(進退兩難) ② 학수고대(鶴首苦待)
   ③ 풍전등화(風前燈火) ④ 정저지와(井底之蛙)
   ⑤ 천신만고(千辛萬苦)

> 엿가락처럼 흘러내리다가 그 밑을 가로지르는 다른 선 위에 얹혀 다시 오르막을 타는 녹슨 철근의 우툴두툴한 표면만을 무섭게 응시하면서 한 뼘 한 뼘 신중히 건너갔다. 철근의 끝에 가까이 갈수록 강바람을 맞는 몸뚱이가 사정없이 까불렸다. 그러나 나는 □ 끝에 마침내 그 일을 해내고 말았다.

2. 다음 글의 밑줄친 부분과 의미가 상통하는 한자 성어는?

   ① 조삼모사(朝三暮四) ② 일사천리(一瀉千里)
   ③ 천방지축(天方地軸) ④ 초지일관(初志一貫)
   ⑤ 불문가지(不問可知)

> 그래도 나는 <u>한번 맘을 먹은 다음엔 꼭 그대로 하고야 마는 성미</u>지요, 그래 안마당으로 뛰쳐들어가면서,
> "엄마, 엄마, 사랑 아저씨도 나처럼 삶은 달걀을 제일 좋아한대."
> 하고 소리를 질렀지요.

3. 다음 글에 나타난 김 반장의 태도에 적용할 수 있는 한자 성어는?
　① 표리부동(表裏不同)　　② 마이동풍(馬耳東風)
　③ 등하불명(燈下不明)　　④ 유구무언(有口無言)
　⑤ 타산지석(他山之石)

> "김포 슈퍼요? 아, 난 상관 없어요. 우리도 연탄 배달, 쌀 배달 다 하는데요. 무작정이 아니라구요. 관에다 허가받고 시작한 장사인데 나라고 왜 못 해요?"
>
> 　말은 요만큼 하여도 그 동안 김 반장은 얼마나 끙끙 앓았는지 짐작할 만하였다.

4. 밑줄친 부분의 상황을 나타내기에 가장 적절한 한자 성어는?
　① 사분오열(四分五裂)　　② 침소봉대(針小棒大)
　③ 파죽지세(破竹之勢)　　④ 내우외환(內憂外患)
　⑤ 호각지세(互角之勢)

> 　요사이 우리 사회는 <u>터진 봇물처럼</u> 마구 흘러드는 외래 문명에 정신을 차리지 못할 지경이다.

5. 밑줄친 말의 뜻에 어울리는 속담은?
　① 개 밥에 도토리　　② 쇠 귀에 경 읽기
　③ 하늘 보고 침 뱉기　　④ 물 위에 기름
　⑤ 언 발에 오줌 누기

> 　畢竟(필경) <u>姑息的(고식적)</u> 威壓(위압)과 差別的(차별적) 不平(불평)과 統計數字上(통계 숫자상) 虛飾(허식)의 下(하)에서 利害相反(이해 상반)한 兩(양) 民族間(민족 간)에 永遠(영원)히 和同(화동)할 수 없는……

6. 다음의 상황과 관계 깊은 말은?
  ① 빛 좋은 개살구　　　　　② 엎친 데 덮친 격
  ③ 제 논에 물 대기　　　　　④ 고양이 앞의 쥐 신세
  ⑤ 마파람에 게 눈 감추듯

> 　진학(進學)에 대한 고민, 시국(時局)에 대한 불안, 가정에 대한 걱정, 이런 가운데 하숙집을 또 옮겨야 하는 일이 겹치면서 동주는 무척 괴로워하는 눈치였다.

7. 다음에 전제된 글쓴이의 생각을 나타내기에 적절한 속담은?
  ① 옷이 날개다.　　　　　　② 제 발등에 오줌 누기
  ③ 지네 발에 신 신기기　　　④ 같은 값이면 다홍치마다.
  ⑤ 혹 떼러 갔다 혹 붙여 온다.

> 　사람들의 볼품 없는 외양은 대단히 보기 흉한 옷차림 때문에 더욱 그 결함이 과장되어 땅딸막하고 펑퍼짐하게 보인다.

8. 밑줄친 부분과 가장 가까운 속담은?
  ① 독 안에 든 쥐　　　　　② 우물 안 개구리
  ③ 밑 빠진 독에 물 붓기　　④ 개발에 주석 편자
  ⑤ 냉수 먹고 이 쑤시기

> 　나는 우리 나라의 청년 남녀(靑年男女)가 모두 <u>과거의 조그맣고 좁다란 생각</u>을 버리고, 우리 민족의 큰 사명(使命)에 눈을 떠서, 제 마음을 닦고 제 힘을 기르기로 낙(樂)을 삼기를 바란다.

9. 밑줄친 말과 바꾸어 쓸 수 있는 것은?
① 종심(從心) ② 이순(耳順)
③ 불혹(不惑) ④ 지학(志學)
⑤ 지천명(知天命)

　동포(同胞) 여러분! 나 김구의 소원은 이것 하나밖에는 없다. 내 과거의 칠십 평생을 이 소원을 위하여 살아왔고, 현재에도 이 소원 때문에 살고 있고, 미래에도 나는 이 소원을 달(達)하려고 살 것이다.

10. 밑줄친 부분을 뜻하는 말이 아닌 것은?
① 호곡(號哭) ② 오열(嗚咽)
③ 통성(痛聲) ④ 방성대곡(放聲大哭)
⑤ 대성통곡(大聲痛哭)

　근데 우리 영감은 별안간 뱃전에다 고개를 떨구고 소래내어 엉엉 울지를 않겠수. 머리가 허연 늙은이가 온몸을 들먹이면서. 분단의 슬픔이라구?

정답

1.⑤ 2.④ 3.① 4.③
5.⑤ 6.② 7.② 8.②
9.① 10.③

풍성학려 風聲鶴唳

風 : 바람 풍　聲 : 소리 성　鶴 : 학 학　唳 : 울 려

바람소리와 학의 울음소리라는 뜻으로, 겁을 먹은 사람은 작은 일에도 놀란다는 말이다.

　동진(東晉) 효무제(孝武帝) 때 5호 16국의 하나인 전진(前秦)이 쳐들어왔다. 전진의 부견이 87만 대군을 이끌고 비수 강가까지 진격해온 것이었다. 동진에서는 재상 사안이 동생인 사석과 조카 사현으로 하여금 8만의 군사로 맞서 싸우게 하였다. 부견은 군사를 뒤로 물렸다가 적이 강의 한복판에 이르면 돌아서서 반격하라고 명했다. 그런데 워낙 대부대의 이동이라 물러섰다가 돌아서기가 어려웠다. 동진군은 비수를 건너 전진군을 맹공격하였고, 전진군은 제대로 싸워보지도 못하고 대패했다. 부견도 화살을 맞았으나 호위 군사도 없이 홀로 도망칠 정도로 철저하게 패했다. 패잔병들은 바람소리나 학의 울음소리만 들어도 동진군이 쳐들어온 줄 알고 놀라 도망치기에 바빴다고 한다. 우리 속담에 '자라 보고 놀란 가슴 솥뚜껑 보고 놀란다'는 말이 있는데, 이 말과 같은 뜻이다.

＊출전 : 〈진서(晉書)〉 사현전(謝玄傳)

한단지몽 邯鄲之夢

邯 : 땅이름 한 鄲 : 땅이름 단 之 : 어조사 지 夢 : 꿈 몽

한단에서의 꿈이라는 뜻으로, 한바탕 꿈처럼 인생이 덧없음을 말한다.

　당(唐) 나라 현종(玄宗) 때 조(趙) 나라의 도읍지였던 한단(邯鄲)의 어떤 주막에 노생이라는 젊은이가 머무르고 있었다. 그는 거기서 여옹이라는 도사를 만나게 되어 자신의 빈곤함을 한탄하니, 여옹이 베개를 내어주며 한잠 잘 것을 권하였다. 그래서 베개를 베고 잠이 들었는데, 꿈속에서 그는 명문세도가의 딸을 아내로 맞이하고 과거에 급제하여 크게 출세하였다. 벼슬이 차츰 올라 마침내 재상의 자리에까지 올랐으며, 선정을 베풀어 백성들의 칭송을 받았으나 역모로 몰려 멀리 변방으로 유배되기도 하였다. 나중에 무죄임이 밝혀져 그는 다시 높은 벼슬에 올랐으며, 슬하에 아들 다섯을 두고 80까지 수를 누렸다. 노생이 잠에서 깨어보니 몸은 여전히 한단의 주막에 누워 있고, 옆에는 여옹이 앉아 있었다. 그가 잠들기 전에 주막의 여주인이 짓기 시작했던 좁쌀밥은 아직 뜸도 들지 않은 짧은 시간 동안의 꿈이었다.

＊출전 : 〈심기제(沈旣濟)〉의 침중기(枕中記)

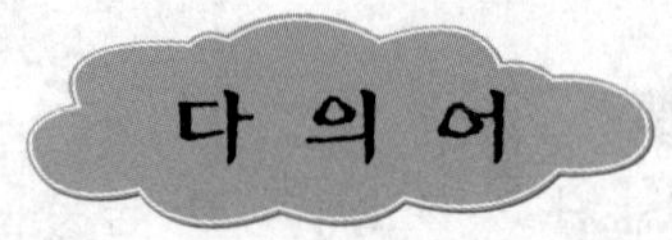

죽

① 차례로 잇대어 늘어선 모양. 예 길에 죽 늘어선 자동차.

② 한 동작이 단숨에 진행되는 모양. 예 물을 죽 들이마시다.

③ 물건을 단번에 찢거나 훑는 모양. 또는, 그 소리. 예 종이를 죽 찢다.

④ 여럿을 한눈에 훑어보는 모양. 예 청중을 죽 훑어보다.

⑤ 거침없이 내리읽거나 외거나 말하거나 하는 모양. 예 자초지종을 죽 이야기하다.

지다

① (해나 달이) 서쪽으로 넘어가다. 예 해가 지다.

② (꽃이나 잎이) 시들어 떨어지다. 예 꽃잎이 지다.

③ (거죽에 묻어 있거나 붙어 있던 것이) 닦이거나 씻겨 없어지다. 예 때가 지다.

질기다

① 물건이 쉬이 해지거나 끊어지지 않고 견디는 힘이 있다. 예 고기가 힘줄이 많아 질기다.

② 목숨이 끊어지지 않고 끈덕지게 붙어 있다. 예 질긴 목숨.

③ 길게 오래 끌거나 끈질긴 성질이 있다. 예 정말 질긴 놈이군. 그토록 모진 고문에도 끝내 함구하다니…

질리다

① 놀라서 기를 못 쓰다. 예 기가 질리다.

② 싫증이 나다. 예 그 이야기는 질리도록 들었다.

③ 몹시 놀라거나 무서워 얼굴빛이 변하다. 예 새파랗게 질리다.

④ 짙은 빛깔이 한데 몰려 고루 퍼지지 못하다.

⑤ 값이 얼마씩 치이다.

질펀하다

① (땅이) 넓게 열려 평평하다. 예 검푸른 부엉산 밑에 질펀한 들이 눈앞

에 전개되고 …. 〈선우휘–불꽃〉

② 주저앉아 게으름을 피우다. 예 여환은 땅바닥에 질펀히 앉아서 늘 뇌까리는 노래를 흥얼거리고 있었다. 〈황석영–장길산〉

③ 물건 따위가 즐비하여 그득하다.

짙다

① (빛깔·냄새 따위가) 진하다. 예 바깥은 황혼이 또한 소리 없이 짙어 가고, 으심치레하던 방 안에는 깜박 생각이 난 듯이 전등이 반짝 켜집니다. 〈채만식–태평천하〉

② (안개·연기 등이) 자욱하다. 예 짙은 안개가 끼다.

③ (풀이나 나무 등이) 빽빽하다. 예 짙은 녹음이 우거지다.

④ (액체의) 농도가 높다. 예 커피를 짙게 타다.

짧다

① (한쪽 끝에서 다른 쪽 끝까지의) 사이가 가깝다. 예 길이가 짧다.

② 시간의 경과가 길지 않다. 예 수해 지역의 복구 공사를 짧은 기간에 끝마치다.

③ 범위·정도에 미치지 못하여 모자라다. 예 짧은 지식.

④ 밑천·자본이 적거나 모자라다. 예 사업 밑천이 짧다.

⑤ 식성이 까다로워 적게 먹거나 가리는 음식이 많다. 예 입이 짧다.

찌르다

① 끝이 뾰족하거나 날카로운 것으로 물건의 겉면을 뚫고 세차게 들이밀다. 예 바늘로 손가락을 찌르다.

② 틈이나 사이에 무엇을 꽂아 넣다. 예 주머니에 손을 찌르다.

③ (남의 잘못이나 비밀을) 다른 사람에게 고하다. 예 비위 사실을 수사 기관에 찌르다.

④ 어떤 일에 밑천을 들이다. 예 노름판에 돈을 찌르다.

⑤ 감정이나 후각을 날카롭게 건드리다. 예 과물점을 지날 때 감귤의 향기가 후각을 찌른다. 〈문일평–영화만필〉

⑥ 남을 매수하려고 돈·물건 따위를 비밀히 건네 주다. 예 경찰관에게 돈을 찔러 주다.

1. 다음의 밑줄친 말과 의미가 통하지 않는 것은?
 ① 남가일몽(南柯一夢)   ② 무산지몽(巫山之夢)
 ③ 한단지몽(邯鄲之夢)   ④ 호접지몽(胡蝶之夢)
 ⑤ 일장춘몽(一場春夢)

> 스승에게 수책(受責)하여 풍도로 가고, 인세(人世)에 환도하여 양가의 아들 되어 장원 급제 한림학사 하고, 출장 입상(出將入相)하여 공명 신퇴(功名身退)하고, 양 공주와 육 낭자로 더불어 즐기던 것이 다 <u>하룻밤 꿈이</u>라.

2. 다음 글의 주제와 관계 있는 한자 성어는?
 ① 청출어람(青出於藍)   ② 호천망극(呼天罔極)
 ③ 불사이군(不事二君)   ④ 멸사봉공(滅私奉公)
 ⑤ 교각살우(矯角殺牛)

> 이보(李甫)는 용안현 사람이니,
> 그 아버지 태방(台芳)이 고치기 힘든 병[악질(惡疾)]을 얻어 거의 죽게 되니 구완하여 치료해도 효험이 없어 밤낮으로 울고 있는데, 꿈에 어떤 중이 일러 말하되 산 사람의 뼈를 먹으면 나을 수 있을 것이라 했다. 이보가 즉시 놀라서 깨어 손가락을 베어 약을 만들어 드리니 아버지의 병이 즉시 나았다.

3. 밑줄친 부분과 의미상 관련이 적은 것은?
   ① 임기응변(臨機應變)　　② 미봉책(彌縫策)
   ③ 하석상대(下石上臺)　　④ 한강투석(漢江投石)
   ⑤ 상하탱석(上下撑石)

> 　당초에 민족적 요구로부터 나온 것이 아니었던 두 나라 합방이었으므로, 그 결과가 필경 위압으로 유지하려는 일시적 방편과 민족 차별의 불평등과 거짓 꾸민 통계 숫자에 의하여 서로 이해가 다른 두 민족 사이에 영원히 함께 화합할 수 없는 원한의 구덩이……

4. 밑줄친 부분의 의미에 가장 적합한 한자 성어는?
   ① 건곤일척(乾坤一擲)　　② 호연지기(浩然之氣)
   ③ 견강부회(牽强附會)　　④ 경천동지(驚天動地)
   ⑤ 일망무제(一望無際)

> 　노나라가 좁은 줄도 우리는 모르거든, 하물며 넓거나 넓은 천하를 공자는 어찌 하여 작다고 했는가? 아! 공자와 같은 그 높고 넓은 경지를 어찌하면 알 수 있겠는가? 오르지 못하는데 내려감이 무엇이 괴이할까?

5. 다음 글을 읽고 난 독자들의 반응으로 가장 적절한 것은?
   ① 못된 송아지 엉덩이에 뿔 난다더니.
   ② 우물가에 가서 숭늉 찾는다더니.
   ③ 닭 쫓던 개 지붕 쳐다보는 격이네.
   ④ 옛말에 쌀독에서 인심 난다고 했어.
   ⑤ 하룻 강아지 범 무서운 줄 모르는군.

> "뭐 길게 얘기할 것 없이 우리 오늘 밤으로 아주 정혼을 해버립시다. 어떻소?"
>
> 금지는 더욱 긴한 듯이 바싹 다가 앉으며 결말을 내고야 말 기세다.

6. 다음 중, 어머니의 심정을 표현한 말로 알맞은 것은?

① 아닌 밤중에 홍두깨라고.
② 자라 보고 놀란 가슴 솥뚜껑 보고 놀란다더니.
③ 굴러온 돌이 박힌 돌 뺀다.
④ 목에 칼이 들어와도 의지를 굽힐 수 없다.
⑤ 죽은 사람은 죽은 거고 산 사람은 살아야지.

> 시퍼란 칼을 아버지의 목에 갖다 대고,
>   "이래도 말 안 할 테냐?"
> 하는데, 그걸 보니 어머니가 그만 눈이 아득해져서 저도 모르게 뒷산 바위 밑에 묻었노라고 말해 버렸다.

7. 밑줄친 부분에서 느껴지는 심정을 나타내는 속담으로 가장 적절한 것은?

① 호박에 말뚝 박기   ② 언 발에 오줌 누기
③ 울며 겨자 먹기   ④ 강 건너 불구경 하기
⑤ 개구리 낯짝에 물 붓기

> "밥 먹을 생각 말고 주먹밥으로라도 꿍쳐 넣어서 얼른 떠나거라. 오늘 아침 차가 마지막 차가 될지도 모를 일이고, 또 반드시 붐빌 것이니, 얼른 가서 차를 잡아타야지. 못 타면 걸어서라도 되돌아오지 말고 고향으로 바로 가거라."
> 하고 등을 떠밀다시피 하여 억지로 내어 보내었다.

8. 다음 글의 상황에서 할머니가 외할머니에게 보일 반응으로 가장 적절한 것은?

① 제 얼굴에 침 뱉는 짓은 그만 하시게.
② 하늘 보고 주먹질하고 있구먼 그래.
③ 눈 가리고 아웅 하는군.
④ 은혜를 원수로 갚는 것도 유만부동이지.
⑤ 바늘로 찔러도 피 한방울 안 나올 노인네로군.

> 그러다가 외삼촌의 전사 소식이 날아들자, 상심한 외할머니는 장맛비가 쏟아지는 하늘을 향해 빨갱이를 다 쓸어가 버리라고 저주를 퍼붓는다. 빨치산으로 나간 삼촌의 소식을 애타게 기다리던 할머니는 이것을 자기 아들더러 죽으라는 말로 받아들여 외할머니와 한바탕 큰 싸움을 벌이게 된다.

9. 문맥상 밑줄친 부분과 유사하게 쓰인 것은?

① 이 옷은 <u>품</u>이 작아 나에게 맞지 않는다.
② 엄마 <u>품</u>에 아이가 고이 잠들어 있다.
③ 최소한 하루 <u>품</u>은 들어야 일을 마칠 수 있겠다.
④ 서두르는 <u>품</u>을 보니 퍽 다급했나 보다.
⑤ 자연애는 대자연의 <u>품</u>이 포근함을 느낄 때 시작된다.

> 장안서 맞은편 산에 울울창창(鬱鬱蒼蒼) 우거진 것은 모두 잣나무뿐인데, 모두 이등변삼각형으로 가지를 늘어뜨리고 섰는 품이, 한 그루 한 그루의 나무가 흡사히 괴어 놓은 차례탑(茶禮塔) 같다. 부처님은 예불상(禮佛床)만으로는 미흡해서,……

10. 다음 밑줄 친 부분과 동일한 의미로 사용된 것은?

　① 일기를 <u>쓰다</u>.
　② 신경을 <u>쓰다</u>.
　③ 생떼를 <u>쓰다</u>.
　④ 일꾼을 <u>쓰다</u>.
　⑤ 국산품을 <u>쓰다</u>.

> 　나중에 듣고 보니, 약사는 바로 그 날부터 새로운 안전병을 <u>쓰기</u> 시작했다는 것이었다.

11. 아래의 밑줄친 부분과 가장 가까운 뜻을 지니고 있는 것은?

　① 엄마는 아픈 배를 살살 <u>쓸어</u> 주셨다.
　② 태풍이 한 차례 <u>쓸고</u> 지나 갔다.
　③ 길바닥을 모두 <u>쓸고</u> 다닐 정도로 바지가 길었다.
　④ 할아버지께서 쓰레기를 빗자루로 <u>쓸어서</u> 자루에 담으셨다.
　⑤ 우리 학교 축구부는 작년에 전국 대회를 <u>쓸었다</u>.

> 　허생이 과일을 몽땅 <u>쓸었기</u> 때문에 온 나라가 잔치나 제사를 못 지낼 형편에 이르렀다. 얼마 안 가서, 허생에게 두 배의 값으로 과일을 팔았던 상인들이 도리어 열 배의 값을 주고 사 가게 되었다.

12. 아래의 밑줄친 부분과 같은 의미로 사용된 것은?

　① 이젠 그와 <u>다투기</u>조차 하였다.
　② 난 친구와 사소한 일로 늘 <u>다투었다</u>.
　③ 서로 <u>다투다</u> 보니 어느덧 미운 정마저 생겼다.
　④ 사랑하는 마음이 다하면 이제 <u>다투는</u> 일만 남았다.
　⑤ 놀이가 끝난 후 아이들은 <u>다투어</u> 밥을 먹기 시작했다.

"너희들, 힘껏 짊어지고 가거라."
이에, 군도들이 다투어 돈을 짊어졌으나, 한 사람이 백 냥 이상을 지지 못했다.
"너희들, 힘이 한껏 백 냥도 못 지면서 무슨 도둑질을 하겠느냐?"

고 사 성 어

형설지공 螢雪之功

螢 : 반딧불 형　雪 : 눈 설　之 : 어조사 지　功 : 공 공

반딧불과 눈빛으로 공부하여 얻은 공을 이르는 말로, 어렵게 공부하여 학업
을 이루거나 성공함을 비유하는 말이다.

　동진(東晉) 효무제 때 차윤(車胤)이라는 소년이 있어 책을 즐겨 읽었는
데, 집이 몹시 가난하여 밤에 등잔불을 켤 기름조차 사지 못하였다. 그래서
여름에 그는 명주로 주머니를 만들어 그 속에 개똥벌레를 가득 잡아넣어
그 반딧불로 공부하였다. 이렇게 열심히 노력한 결과 벼슬이 이부상서에
까지 올랐다고 한다. 같은 무렵 손강(孫康) 역시 너무나 집안이 가난하여
불을 밝힐 기름을 사지 못하였다. 그래서 겨울이 되면 창문에 비친 눈빛으
로 글을 읽어 벼슬이 어사대부에 이르렀다고 한다. 이로부터 어려운 가운
데 굴하지 않고 열심히 공부해서 성공한 경우를 빗대어 '형설지공(螢雪의
功을 쌓다)' 이라 부르게 되었다.

＊출전 : 〈진서(晉書)〉 차윤전(車胤傳), 〈이한(李瀚)〉의 몽구(夢求)

호가호위 狐假虎威

狐 : 여우 호 假 : 거짓 가 虎 : 호랑이 호 威 : 위엄 위

여우가 호랑이의 위엄을 빌려 다른 동물을 위협한다는 말로서, 남의 권세를
빌려 위세를 부리는 것을 비유한 말이다.

"너는 나를 잡아먹으면 안 된다. 왜냐하면 천제께서 나를 백수의 왕으로
내려보내셨기 때문에 네가 나를 잡아먹는다면 천제의 뜻을 거역하게 되는
것이다. 믿지 못하겠으면 내 뒤를 따라와 보아라. 모든 짐승들이 나의 위세
에 눌려 도망칠 테니 말이야."

호랑이에게 잡힌 여우가 꾀를 내어 말했다. 호랑이는 여우의 말대로 그
뒤를 따라갔다. 그랬더니 짐승들이 질겁하여 도망치는 것이었다. 그러나
호랑이는 그것이 기실 자기를 무서워하여 도망친 것이라는 사실을 깨닫지
못했다.

이 이야기는 초(楚) 나라 선왕(宣王)이 북방의 여러 나라들이 초의 재상
인 소해휼을 두려워한다는 말을 듣고 강을이란 아첨꾼에게 그의 생각을
물었을 때, 강을이 소해휼을 무서워하는 것이 아니라 선왕이 다스리는 초
의 강성함을 두려워하는 것이라고 하며 들려준 우화이다.

＊출전 : 〈전국책(戰國策)〉 초책(楚策)

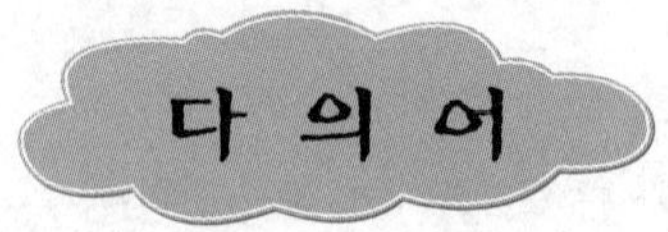

척

① 무엇이 잘 들러붙는 모양. 예 비에 젖은 옷이 몸에 척 달라붙다.

② (시험 따위에) 어김없이 붙는 모양. 예 고시에 척 붙다.

③ 행동을 서슴지 않고 빨리 하는 모양. 예 거수 경례를 척 붙이다.

④ 한눈에 얼른 보는 모양. 예 한눈에 척 알아보다.

천지(天地)

① 하늘과 땅. 대택(大宅). 부재(覆載). 예 우렛소리가 천지를 진동시킨다.

② 세상·세계의 뜻으로 쓰이는 말. 예 세상 천지에 너 같은 바보는 없을 것이다.

③ 그 명사 또는 그 명사가 나타내는 대상이 단단히 많음을 이르는 말. 예 집안에 먹을 것 천지인데 뭘 또 사 달라는 거야.

춘추(春秋)

① 봄과 가을. 예 "원님의 따님이 아주 어여쁘단 말야? 관세음 보살님같이 어여쁘단 말야. 작년에도 춘추로 두 번 불공 드리러 왔는데 말야. 그 아가씨가 참 꽃송이란 말야." 〈이광수-꿈〉

② '해(年)'를 문어투로 이르는 말.

③ 어른의 나이를 높여 이르는 말. 예 올해 춘추가 얼마나 되십니까?

치이다

① (무거운 물건의 밑에) 내리눌리거나 깔리다. 예 차에 치이다.

② 덫 따위에 걸리다. 예 덫에 치인 쥐.

③ 어떤 힘에 구속을 받거나 방해를 당하다. 예 지금 비어 있는 집들은 장리 양곡을 얻어다 먹다가 이자에 치여 가지고 땅을 이웃에 넘겨 주고, 내 놓아도 팔리지 않는 집을 비어 둔 채 서울로 가서 품팔이라도 해서 살아 보겠다고 떠난 사람들네 집들이다. 〈정한숙-조용한 아침〉

④ (피륙의 올이나 이불의 솜 따위가) 한쪽으로 쏠리거나 뭉치다. 예 이불의 솜이 가장자리로 치이다.

크다

① (길이·부피·넓이 따위가) 보통 정도를 넘다. 예 발이 크다.

② 맞아야 할 치수 이상으로 되어 있다. 예 모자가 커서 안 되겠다. 다른 것으로 바꾸자.

③ (키가) 보통 정도보다 높다. 예 나무가 크다.

④ (규모·정도·범위·힘 따위가) 대단하거나 강하다. 예 사건이 크게 벌어지다.

⑤ (생각하는 범위나 도량의) 폭이 넓다. 예 배짱이 크다.

타다

① 탈것이나 짐승의 등 따위에 몸을 싣다. 예 자동차를 타다.

② (산이나 나무나 줄 따위를) 밟고 오르거나 지나가다. 예 함양에서 남원으로 가는 버스는 지리산 줄기를 넘어 벼랑을 타는 듯한 길을 오르고 내렸다.〈이원수–나그네 수첩〉

③ 바람이나 전파 등에 실려 퍼지다. 예 뉴스나 전파를 타고 전국에 알려지다.

④ (어떤 조건이나 기회 등을) 이용하다. 예 경비가 허술한 틈을 타 도망을 치다.

틈

① 벌어져 사이가 난 자리. 예 문틈.

② (사람들의) 사이. 예 어른들 틈에 끼다.

③ 어떤 행동을 할 만한 기회나 겨를. 예 잠시도 쉴 틈이 없다.

④ (사람과의 사귐에서 생기는) 거리. 예 둘 사이에 틈이 생기다.

파다

① (구멍이나 구덩이를) 만들다. 예 두더지가 주둥이로 굴을 파다.

② =새기다. 예 도장을 파다.

③ (천이나 종이 따위의 한 부분을) 도려 내다. 예 목 둘레의 선을 깊이 파다.

④ (어떤 것을) 알아내거나 밝히기 위해 깊이 연구하거나 궁리하다. 예 사건의 진상을 파다.

1. 밑줄친 부분의 상황과 관계 깊은 한자 성어는?
   ① 녹의홍상(綠衣紅裳)　　② 대동소이(大同小異)
   ③ 물심일여(物心一如)　　④ 천의무봉(天衣無縫)
   ⑤ 혼연일체(渾然一體)

> 　다리는 줄기요, 팔은 가지인 채, 피부는 단풍으로 물들어 버린 것 같다. 옷을 훨훨 벗어 꽉 쥐어짜면, 물에 헹귀 낸 빨래처럼 진주홍 물이 주르르 흘러내릴 것만 같다.

2. 밑줄친 부분과 뜻이 통하는 한자 성어는?
   ① 망연자실(茫然自失)　　② 파란만장(波瀾萬丈)
   ③ 유유자적(悠悠自適)　　④ 격세지감(隔世之感)
   ⑤ 학수고대(鶴首苦待)

> 　흰 건물 앞에 차가 멎었다. 택시에서 내리자 안으로 뛰어들어갔다. 수위의 말이 끝나자 바삐 층계를 올랐다. 문 앞에 섰다. 형이 애타게 기다리고 있겠지? 문을 두드리자 "예." 하는 소리가 들려 왔다. 잠시 머뭇했다. 심호흡을 하고는 문을 밀고 안으로 들어갔다.

3. 밑줄친 부분과 의미가 통하는 한자 성어는?

① 호가호위(狐假虎威)　　② 박학다식(博學多識)

③ 허장성세(虛張聲勢)　　④ 다다익선(多多益善)

⑤ 안하무인(眼下無人)

> "자네는 아까 나처럼 당당하고 유창한 달변으로 연설할 수 없을까 하고 부러워했지? 그래. 난 하나를 알아도 마치 열이나 아는 것처럼 그럴듯하게 꾸며 댈 수 있어."

4. 밑줄친 부분의 상황에 어울리는 속담은?

① 빈 수레가 요란하다.

② 선 무당이 사람 잡는다.

③ 동냥은 안 주고 쪽박만 깬다.

④ 목마른 사람이 우물을 판다.

⑤ 재주는 곰이 넘고 돈은 되놈이 번다.

> 그제서야 나는 엄석대가 그토록 놀라운 평균 점수를 얻이내는 비결을 알아차렸다. 내가 별 생각 없이 그려 준 그림도 사실은 석대의 전 과목 수(秀)를 돕고 있었다는 것도.
> "전 과목 모두 시험마다 그래?"
> 나는 놀란 가슴을 진정시키며 다시 물었다.

5. 밑줄친 부분에 적용할 수 있는 속담은?

① 제 꾀에 넘어간다.

② 제 버릇 개 못 준다.

③ 제 무덤 스스로 판다.

④ 제 도끼에 발등 찍힌다.

⑤ 제 똥 구린 줄 모른다.

　　나라고 개인이고 간에 언제나 반드시 바른 말을 해얄 것이고 일시의
편익을 위하여 허위(虛僞)의 길을 밟는 것은 곧 자멸(自滅)의 길과 통하
는 것임을 새삼스레 절실하게 느끼었다.

6. 밑줄친 부분과 관련지어 만득이의 태도를 나타내기에 적절한 속담은?

　① 닭 잡아 먹고 오리발 내민다.

　② 용 가는데 구름 간다.

　③ 핑계 없는 무덤 없다.

　④ 바늘 도둑이 소 도둑 된다.

　⑤ 제 색시가 고우면 처갓집 말뚝에도 절을 한다.

　　만득이는 어쩌면 그리움에 겨워 곱단이네 울타리 밑으로 개구멍을 내
려다 말고 발갛게 초롱불을 켜 든 꼬마 파수꾼 때문에 이성을 찾은 거나
아닐까. 그렇지 않고서야 그 흔해빠진 꽈리 중에서 곱단이네 꽈리만을 그
렇게 특별한 꽈리로 만들 수는 없는 일이었다.

7. 밑줄 친 부분을 두고 할 수 있는 말로 적절한 것은?

　① 공짜라면 양잿물도 마신다는 격이지.

　② 변덕이 죽 끓듯 하는 격이지.

　③ 시골 놈 제 말하면 오는 격이지.

　④ 조상(弔喪)보다도 팥죽에 마음이 있는 격이지.

　⑤ 눈 어둡다 하더니 다홍 고추만 찾는다는 격이지.

　　이야기 끝에 그들은, 가족들 정성에 끌려서라도 삼촌이 틀림없이 돌아
올 거라는 격려의 말을 잊지 않는다. 아버지는 그저 웃고만 있었다. 그런
말을 하는 몇 사람의 태도에서 아버지는 그들이 우리 일을 가지고 자기
네 나름으로 한창 즐기고 있다는 사실을 눈치챘을 것이다.

8. 밑줄친 부분의 상황에 어울리는 말은?

① 주객(主客)이 바뀌었어.

② 아니 되면 조상 탓이라더니.

③ 까마귀 날자 배 떨어진다더니.

④ 눈 먼 자식이 효자 노릇 한다더니.

⑤ 적반하장(賊反荷杖)도 유분수(有分數)지.

> "옷이야 어떻게 못을 박아 걸더라도, 사람이 우선 좀 발이라도 뻗고 누울 자리가 있어야잖아요. <u>이건 뭐 사람보다도 옷장을 모시는 꼴이지 뭐예요.</u>"

9. 밑줄친 부분과 같은 표현 방법이 사용된 것은?

① 모로 가도 서울만 가면 된다.

② 지는 것이 이기는 것이다.

③ 노력 없이는 성공할 수 없다.

④ 길고 짧은 것은 대 봐야 안다.

⑤ 때리는 시어머니보다 말리는 시누이가 더 밉다.

> 1990년대 중반 이후부터 실험실의 김치 연구가 거듭되면서, 배추·무·오이 김치들의 작은 시공간에서 펼쳐지는 미생물들의 <u>'작지만 큰 생태계'</u>도 점차 밝혀지고 있다.

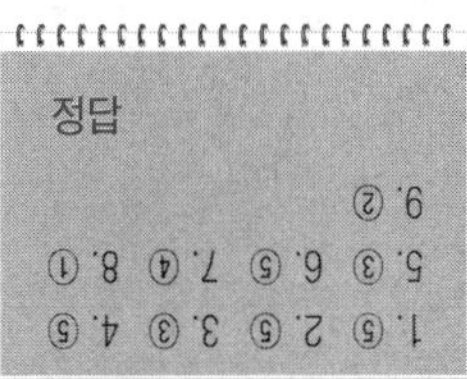

고 사 성 어

호연지기 浩然之氣

浩 : 넓을 호　然 : 그럴 연　之 : 어조사 지　氣 : 기운 기

온 세상에 가득 찬 넓고 큰 원기 또는 사람의 마음에 차 있는 넓고 큰 올바른 기운을 뜻하는 말이다.

공손추가 어느 날 스승인 맹자에게 고자(告子)의 부동심과 비교하여 맹자의 부동심이 더 나은 이유를 물었다. 그러자 맹자는 이렇게 대답했다.

"나는 말을 알며(知言), 나의 호연지기를 잘 기르고 있다."

지언은 본성을 깨우쳐 세상의 말을 궁구하여 그 옳고 그름의 이치를 아는 것을 말한다. 공손추는 그럼 호연지기란 무엇이냐고 물었다.

"호연지기란 극히 강건하고 올바르며 또 해침이 없으면 천지간에 차고 넘치는 것인데, 이것을 키울 마음의 자세를 항상 가다듬어야 한다. 그렇다고 그것을 키우기 위해 기를 쓰며 무리해서도 안 되며, 의(義)와 도(道)를 많이 쌓아야 생기는 것이다."

맹자의 뜻을 다 나타낼 수는 없지만 간단히 말해 공명정대한 마음이나 그러한 마음에서 우러나오는 정기를 나타내는 것이 호연지기라고 생각하면 될 것이다.

＊출전 : 〈맹자(孟子)〉 공손추(公孫丑) 상편(上篇)

화룡점정 畵龍點睛

畵 : 그림 화　龍 : 용 룡　點 : 점 점　睛 : 눈알 정

용을 그리는데 마지막으로 눈동자를 그려 넣는다는 뜻으로, 마지막으로 손질
하거나 가장 중요한 부분을 완성함을 이르는 말이다.

　　남북조(南北朝) 시대 때 남쪽의 양 나라에 장승요라는 유명한 화가가 있
었다. 어느 날 금릉에 있는 안락사라는 사찰에서 벽화로 용을 그려달라는
부탁을 받고, 막 승천하려는 듯한 네 마리의 용을 생동감 있게 그렸다. 그
런데 웬일인지 그는 용의 눈알을 그려 넣지 않았다. 사람들이 괴이하게 여
겨 그 이유를 물었더니 대답인즉,
　　"그것은 곤란한 일인데……. 만일 눈동자를 그려 넣으면 용이 하늘로 올
라가 버릴 것이오."
하였다. 그래도 사람들이 그의 말을 곧이 듣지 않고 자꾸만 눈동자를 그려
넣으라고 졸라댔다. 그래서 마지못해 한 마리의 용에 눈동자를 그려 넣었
다. 그랬더니 천지를 뒤흔드는 큰 소리와 함께 그 용이 벽을 나와 하늘로
올라갔다. 그리고 다른 용 그림은 그대로 남아 있었다고 한다.

＊출전 : 〈수형기(水衡記)〉, 〈역대명화기(歷代名畵記)〉

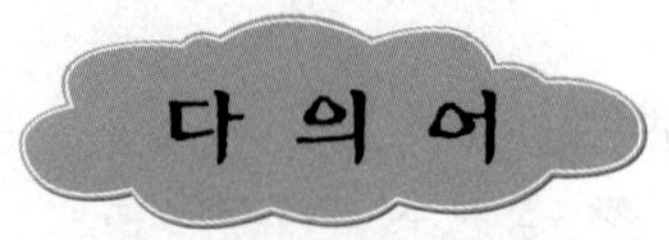

팔다

① 값을 받고 물건이나 권리를 남에게 넘기거나 노력을 제공하다. 예 음식을 팔다.

② 돈을 주고 곡식을 사다. 예 메주를 쑤려고 콩을 팔아 오다.

③ 여자가 돈을 받고 몸을 허락하다. 예 몸을 파는 여자.

④ 자기의 이익을 위해 무엇을 빙자하거나 등지다. 예 남의 이름을 팔아 행세하다. 양심을 팔다.

⑤ 시선이나 정신을 다른 대상에게 돌리다. 예 정신을 딴 데 팔다.

품

① 윗옷의 양쪽 겨드랑이 밑의 가슴과 등을 두르는 부분의 넓이. 예 품이 크다.

② 윗옷을 입었을 때 가슴과 옷 사이의 틈. 예 품이 너르다.

③ 안거나 안기는 것으로서의 가슴. 예 엄마 품에 안겨 잠이 든 아기.

④ '따뜻한 보호를 받는 환경'을 비유하는 말. 예 조국의 품에 안기다.

피다

① 꽃봉우리 따위가 벌어지다. 예 꽃이 활짝 피다.

② 포동포동하게 살이 오르고 혈색이 좋아지다. 예 한창 필 나이.

③ 불이 차차 일어나다. 예 장작불이 피다.

④ 매끈매끈하던 것의 거죽이 부풀부풀하여지다. 예 종이가 피다.

⑤ (곰팡이·버짐 따위가) 생겨서 나타나다. 예 버짐이 피다.

⑥ '펴이다'의 준말. 예 사모님도 앞으로 지켜 보시겠소만 난 아무래도 앞으로 형편이 피어도 그 좋은 집에 서방도 없이 나 혼자 들어가 절대로 안 살아요. 〈박완서-흑과부〉

하다

① 그것을 행위로 나타내다. 예 운동을 하다.

② '만들다', '짓다', '장만하다' 류의 동사를 대신하는 말. 예 밥을 하다.

③ '삼다' 류의 동사를 대신하는 말. 예 그 시인은 자연을 벗으로 하여 여생을 보내고 있다.

④ '먹다', '마시다', '피우다' 류의 동사를 대신하는 말. 예 그는 요즘 담배를 전혀 안 하고 있다.

⑤ '쓰다', '입다' 류의 동사를 대신하는 말. 예 복면을 하다.

⑥ 경영하거나 장사하다. 예 회사를 하다.

훤하다

① 조금 흐릿하게 밝다. 예 날이 밝아 창이 훤하다.

② 앞이 탁 트여 넓고 시원스럽다. 예 훤하게 트인 신작로.

③ 일의 조리나 속내가 분명하여 알기 쉽다. 예 그런 일이야 보지 않고도 훤하게 안다.

④ (얼굴이) 잘생겨 보기에 시원스럽다.

⑤ (표정 따위가) 구김살이 없이 아주 밝다. 예 오득개는 그 동안 장창이 난 것도 말끔히 나았고 배불리 먹어 신색이 훤하였다. 〈김주영-객주〉

휘돌다

① 어느 점을 중심으로 하여 마구 돌다.

② 굽이를 따라 휘어 돌다. 예 구불구불하고 축축한 산길을 휘돌아 오른 삼돌이는 쓰러진 나무 등걸에 걸터앉았다. 〈최서해-그믐밤〉

③ 여러 곳을 순서대로 돌다. 예 마을을 한 바퀴 휘돌다.

④ 어떤 기운이나 공기가 거칠게 떠돌다. 예 냉랭한 기운이 휘돌다.

흘리다

① (물건을) 빠뜨리거나 떨어뜨리다. 예 수첩을 어디서 흘렸는지 모르겠어.

② (글씨를) 흘림으로 쓰다. 예 글씨를 너무 흘려서 읽기가 어렵군.

③ (말을) 귀담아 듣지 않고 귓전으로 지나치다. 예 한 귀로 듣고 한 귀로 흘리다.

④ 여러 차례로 나누어서 주다. 예 외상값을 흘림흘림 흘려주다.

⑤ 그림에서, 흐린 빛깔로 붓질하여 붓자국이 잘 보이지 않게 하다.

⑥ (비밀이나 정보 따위를) 일부러 남이 알도록 하다.

힘쓰다

① 힘을 들여 일하다. 예 오직 학업에만 힘쓰다.

연습문제

1. 다음 글에 나타난 김 첨지의 심리 상태와 관계 깊은 속담은?
　① 차일피일(此日彼日)　　　② 어부지리(漁父之利)
　③ 점입가경(漸入佳境)　　　④ 호사다마(好事多魔)
　⑤ 설상가상(雪上加霜)

> "남대문 정거장까지 말씀입니까?"
> 하고 김 첨지는 잠깐 주저하였다. 그는 이 우중에 우장도 없이 그 먼 곳을 철벅거리고 가기가 싫었음일까? 처음 것, 둘째 것으로 고만 만족하였음일까? 아니다. 결코 아니다. 이상하게도 꼬리를 맞물고 덤비는 이 행운 앞에 조금 겁이 났음이다.

2. 밑줄친 부분의 상황과 관계 깊은 한자 성어는?
　① 태연자약(泰然自若)　　　② 초지일관(初志一貫)
　③ 낙심천만(落心千萬)　　　④ 혼비백산(魂飛魄散)
　⑤ 발본색원(拔本塞源)

> 천둥 소리에 놀란 도둑들은 돈도 챙기지 않고 뿔뿔이 달아나기 시작했다. 밤이 새기 전에 큰아들은 도둑들이 놓고 간 돈과 보물을 가지고 그 곳에서 빠져나왔다 그는 맷돌 덕분에 큰 부자가 되었다.

3. 아래의 밑줄친 '품'과 동일하게 사용된 것은?

① 집 짓는 것은 품이 많이 드는 일이다.

② 옷 입는 품을 보면 그 사람을 알 수 있다.

③ 사랑하는 엄마의 품에서 아기가 포근하게 잠을 잔다.

④ 이제 부모의 품에서 벗어나 자립할 때가 되었다.

⑤ 겨울옷은 품이 넉넉해야 다른 옷을 껴입을 수 있다.

> 무슨 책일까? 밤 깊은 줄조차 모르고 골똘히 읽는 품이 춘향이 태형(笞刑) 맞으며 백(百)으로 아뢰는 대목일 것도 같기도 하고, 누명 쓴 장화……

4. 아래의 '소리'와 비슷한 뜻으로 사용된 것은?

① 그건 헛소리에 불과해!

② 그는 소리하고 춤추는 광대다.

③ 물결치는 소리가 아련하게 들려왔다.

④ 아무것도 모르면서 그런 소리 하지 마라.

⑤ 그가 대구에 있다는 소리는 며칠 전에 들었다.

> 밖에는 오리 울음 소리, 개 짖는 소리, 염소 울음 소리, 사람들의 두런두런한 말소리가 들린다.

5. 다음에서 속어를 찾아라.

① 마무리　　　　② 내친걸음

③ 잰걸음　　　　④ 밥숟가락

⑤ 주변머리

6. 아래의 밑줄친 '의'와 같은 기능으로 쓰인 것은?

① 朝鮮人(조선인)의 自主民(자주민)임을 宣言(선언)하노라.
② 時下(시하)의 苦痛(고통)을 擺脫(파탈)하려 하면
③ 生旺(생왕)의 樂(낙)을 飽享(포향)할 것이며
④ 民族自存(민족 자존)의 正權(정권)을 永有(영유)케 하노라.
⑤ 半萬年(반만년) 歷史(역사)의 權威(권위)를 仗(장)하야

7. 다음에 나타난 어사또의 언행을 나타내는 관용적 표현으로 가장 적절한 것은?

① 쐐기를 박는다.　　　　② 된 서리를 맞는다.
③ 변죽을 울린다.　　　　④ 어깃장을 놓는다.
⑤ 쥐구멍을 찾는다.

8. 다음 글에 나타난 어머니의 심리와 관계 깊은 속담은?

① 울며 겨자먹기다.
② 하늘은 스스로 돕는 자를 돕는다.
③ 혹 떼러 갔다가 혹 붙였다.
④ 우물에 가 숭늉을 찾는다.
⑤ 호박이 넝쿨째 굴러 들어왔다.

9. 다음 글의 교훈과 관계 깊은 것은?

① 자다가 봉창 두드린다.　　② 갓 사러 갔다가 망건 산다.
③ 잘 익은 벼가 고개 숙인다.　　④ 세 살 버릇이 여든까지 간다.
⑤ 하늘은 스스로 돕는 자를 돕는다.

10. 다음 글에서 말하는 사람의 태도에 대한 듣는 사람의 반응을 가장 적
  절하게 표현한 것은?
  ① 밑 빠진 독에 물 붓는 격이군.
  ② 가난 구제는 나랏님도 못 한다는데.
  ③ 마파람에 게 눈 감추듯이 하는군.
  ④ 혼자서 북 치고 장구 치고 다 하고 있네.
  ⑤ 남의 제사에 감 놔라 배 놔라 하는 격이군.

　　제가 반장이 된다면 첫째, 우리 교실 환경을 재구성하겠습니다. 이것은
급우 여러분의 손을 빌리지 않고 저 혼자 오후에 남아서 하겠습니다.
　　둘째, 청소 당번을 없애겠습니다. 청소 시간에도 여러분은 공부를 할
수 있게 하고 방과 후에 저 혼자 청소를 하도록 하겠습니다.
　　셋째. 자율 학습을 없애겠습니다. 자율 학습 시간이 왜 필요합니까? 우
리에게는 가족이 있습니다. 좋은 공부방도 있습니다.
　　넷째, 체육 수업을 두 배로 늘리겠습니다. 이유는 말하지 않겠습니다.
저를 반장을 시켜 보시면 그 이유를 당장 알 수 있을 겁니다. 꼭 저를 반
장으로 밀어 주십시오.

11. 밑줄친 부분을 비판하기에 알맞은 속담은?
  ① 친구 따라 강남 간다.
  ② 호랑이 그리려다 고양이 그린다.
  ③ 사공이 많으면 배가 산으로 올라간다.
  ④ 까마귀 날자 배 떨어진다.
  ⑤ 며느리가 미우면 발 뒤축이 달걀 같다고 나무란다.

과도적인 가치와 규범은 흔히 외래적인 가치의 왜곡으로 나타나기도 한다. 예를 들어, 자본주의와 함께 도입되는 물질주의는 배금주의(拜金主義)나 황금 만능주의로 변질되기 쉽고, 근대적 시민 사회의 중심적 가치의 하나인 개인주의는 이기주의로 전락하기 쉬운 것이다.

12. 밑줄친 부분과 관련하여 '나'가 할 수 있는 말로 적절한 것은?

① 밑 빠진 독에 물 붓는 격이로군.

② 뱁새가 황새를 따르려다 가랑이가 찢어진 격이로군.

③ 혹 떼러 갔다가 혹 붙인 격이로군.

④ 남의 다리 긁는 격이로군.

⑤ 소 잃고 난 뒤에 외양간 고친 격이로군.

"관에서 하는 일이라면 이 집에도 몇 번 이야기가 있었겠군요?"
사태를 너무 낙관한 나머지 위로 겸 해 한 마디 실없는 소리를 내놓은 것이 나의 실수엿다.

정답

1. ④ 2. ④ 3. ② 4. ③
5. ⑤ 6. ① 7. ④ 8. ⑤
9. ⑤ 10. ④ 11. ② 12. ③

부록

관용어

가슴(이) 벅차다

(기쁨이나 자부심, 영예 따위로) 가슴에 가득 차서 넘치는 듯하다. 예 고국의 땅을 밟는 순간 가슴이 벅차 옴을 느꼈다.

가슴(이) 뿌듯하다

흥분과 감격의 만족감이 가슴에 그득하다. 예 가슴 뿌듯한 소식. 내가 도운 일은 별로 없지만 자네가 성공했다니 내 가슴이 뿌듯하구나.

가슴(이) 설레다

(기쁨이나 기대 또는 불안 등으로) 가슴이 두근거리다.

가슴(이) 아프다

몹시 마음이 쓰리다. 예 가슴 아픈 추억

네 불행을 들으니 가슴(이) 아프다.

가슴에 맺히다

(통절한 원한이나 근심 따위가) 가슴에 뭉쳐 있다. 예 가슴에 맺힌 한.

가슴에 못을 박다

마음에 상처를 주다. 예 남의 가슴에 못을 박지 말아라.

가슴을 저미다

(생각이나 느낌이) 매우 심각하고 간절하여 고통을 받다.

가슴을 쥐어뜯다

억울하고 답답하여 가슴을 뜯다시피 분해하다. 예 네가 교통 사고로 죽다니 내 가슴을 쥐어뜯는구나.

가슴을 치다

(일이 마음대로 되지 않아) 억울하거나 답답해서 가슴을 두드리다. 예 가슴을 치며 통곡한들 이미 가신 임이 다시 돌아오겠는가.

가슴을 태우다

몹시 애태우다. 예 떠나간 그녀가 오기만을 가슴을 태우고 기다렸다.

가슴이 미어지다

(심한 슬픔 · 고통 · 감동 따위로) 가슴이 터지는 듯하다.

가슴이 섬뜩하다

몹시 놀라서 두렵거나 무서운 느낌이 들다.

가슴이 찔리다

심한 양심의 가책을 받다.

가슴이 찢어지다

(슬픔·괴로움·분함 등으로) 가슴이 찢기는 듯한 고통을 느끼다. 예 자식의 죽음에 가슴이 찢어지다.

가슴이 터지다

(슬픔·괴로움·미움·분함 등으로) 가슴이 미어지는 듯한 고통을 느끼다.

가슴이 후련하다

(일이 뜻대로 되어) 막혔던 것이 뚫리듯 마음이 시원해지다. 예 도시의 탁한 공기를 벗어나 온통 초록으로 물든 대지에 발을 디디자 가슴이 후련했다.

간(을) 녹이다

① 몹시 애타게 하다.

② 사람의 마음이 매혹되게 하다.

간(이) 뒤집히다

까닭 없이 자꾸 웃음을 나무라는 말. 예 간이 뒤집혔나 허파에 바람이 들었나.

간(이) 떨리다

몹시 놀라거나 추워서 섬뜩해지다.

간(이) 떨어지다

순간적으로 몹시 놀라다. 예 에구머니, 간 떨어지겠네. 왜 큰소린 치고 그래?

간(이) 붓다

'배짱이 늘다'를 속되게 이르는 말.

간이 콩알만해지다

몹시 두려워지거나 무서워지다.

간(을) 졸이다

매우 걱정되고 불안스러워 마음을 놓지 못하다. 예 곡마단에서 줄 타는 노인을 간을 졸이고 쳐다보고 있었다.

간(이) 크다

매우 대담하다. 예 간큰 사내. 공동묘지에서 잠을 자다니, 간이 크구나.

간장을 녹이다

① 감언·이설·아양 등으로 상대방의 환심을 사다. 예 그녀의 눈웃음
이 사내들의 간장을 녹인다.

② 몹시 애타게 하다. 예 아들 잃은 슬픔이 어미의 간장을 녹인다.

간장을 태우다

애를 태우다

간장이 녹다

① 무엇이 마음에 들어 정도 이상으로 흐뭇함을 느끼다.

② 몹시 애가 타다.

값(을) 놓다

값을 지정하여 말하다. 예 그 쪽에서 값을 놓아 보시오. 적당하면 내 사
리다.

값(을) 부르다

사거나 팔기에 알맞다고 생각되는 값을 말하다. 예 한 상자당 만 원에 사
겠다고 값을 부르다.

값(을) 치다

얼마라고 값을 헤아려 잡다.

값(을) 치르다

주어야 할 값을 내주다. 예 옷을 사고 값을 치르다.

값을 하다

개미 새끼 하나도 얼씬 못 한다

허락된 사람 외에는 아무도 얼씬 못 한다. 예 내 허락 없이는 개미 새끼
하나도 얼씬 못 한다.

개미 새끼 하나 볼 수 없다

사람은 물론 개미와 같은 작은 동물도 찾아볼 수 없다. 예 해도 저물고
길은 생경(生硬)한데 근처에 개미 새끼 하나 볼 수 없었다.

거지 같다

마음에 차지 않는 일이나 사람·물건에 대해 불만족을 속되게 나타내는

말. 예 허구한 날 구박에 트집이니 거지 같아 못 해먹겠다.

걸음아 날 살려라

있는 힘을 다하여 매우 빨리 도망침을 이르는 말. 종짓굽아 날 살려라. 오금아 날 살려라. 예 걸음아 날 살려라하고 도망쳐 버렸다.

걸음을 재촉하다

① 빨리 가다.

② 빨리 갈 것을 재촉하다.

고개(를) 들다

① 숙였던 머릴 쳐들다. 예 고개를 들고 나를 봐라.

② (주로 부정적인 의미의) 눌리거나 숨겨져 있던 일 · 세력 · 감정 · 생각 따위가 일어나다. 고개(를) 쳐들다. 예 슬픔이 다시 고개(를) 들다. 소매치기들이 다시 고개(를) 들다. 물가가 고개(를) 들다.

고개(를) 숙이다

① 곡식의 이삭이 여물어 수그러지다. 예 벼는 익을수록 고개를 숙인다.

② 기가 꺾여 수그러지다. 예 더위가 한풀 고개(를) 숙이다.

고삐가 풀리다

통제를 잃다. ※고삐 : 한 끝을 말이나 소의 재갈에 잡아 매어 몰거나 부릴 때에 끄는 줄. 예 "평소에는 순한 양 같은 형욱은 술만 마셨다 하면 고삐가 풀려서 사고를 친다.

고삐를 늦추다

느슨하게 하다. 예 "시험 날짜가 며칠 남지 않은 상태에서 고삐를 늦추면 모든 것이 수포로 돌아가니까 최선을 다해라." 그 선수는 그 대회 이후 고삐를 늦추지 않고 '남들이 쉴 때 노력한다'는 일념으로 개인 훈련에 더욱 주력해 왔다.

골머리(를) 썩히다

고민하다. 예 "골머리를 썩히는 문제는 그만 거론하고 즐겁게 술이나 듭시다." 아들 문제로 골머리를 썩히고 있던 강 목수는 홍국을 만나자 아들 문제도 상의할 겸하여 대폿집에 들어갔다. 유사어 골머리를 앓다.

골머리를 앓다

고민하다. 예 "배를 잡아라!' 종합 상사들이 수출 상품을 실어나를 배가 없어 골머리를 앓고 있다." 학부모들이 자녀 교육에서 가장 골머리를 앓고 있는 게 '잡부금'이다. 〔유사어〕 골머리를 썩히다.

구름같이 모여들다

한꺼번에 많이 모여들다. 운집하다. 〔예〕 광장에 사람이 구름같이 모여들다.

구린내(가) 나다

① 구린 냄새가 풍기다. 〔예〕 '아버지'라고 부르긴 고사하고 강인기의 생각만 해도 골치가 아팠다. 꼭 구린내 나는 남의 양말짝을 집는 때와 같은 느낌이었다. 〈최정희−찬란한 대낮〉

② 수상쩍어 의심스러운 느낌이 들다. 〔예〕 공연히 변명을 늘어놓는 걸 보면 그 녀석한테서 뭔가 구린내가 나긴 나는데…….

구린 입도 안 떼다

이렇다든지 저렇다든지, 무엇이든 자기 의견을 말해야 할 사람이 입을 다물고 있다.

구미가 돌다

① 입맛이 생기다.

② 관심이 일다. 〔예〕 내가 좋은 돈벌이가 있다고 했더니 그 녀석 구미가 도는 모양이더라.

구미가 동하다

① 입맛이 돌아 먹고 싶은 마음이 생기다.

② 무엇을 차지하고 싶은 마음이 생기다.

구미를 돋우다

① 입맛이 나게 하다. 〔예〕 봄이면 산나물이 구미를 돋운다.

② 관심을 가지게 하다.

궁둥이가 가볍다

어느 한자리에 오래 머물지 않고 곧 자리를 뜨다. 〔예〕 그는 궁둥이가 가벼워 잠시를 가만히 있지 못한다.

궁둥이가 무겁다

동작이 굼뜨고 아무 데고 한번 앉으면 그 자리에서 일어날 줄 모르고 오래 앉아 있다. 궁둥이가 질기다.

국물도 없다

하찮은 것도 남지 않다. 아무 것도 돌아오는 몫이나 이익이 없다. 예 "그런 식으로 일하면 국물도 없는 줄 알아라." "일본 음식물은 고체와 액체 두 가지로 분명하게 나뉘어져 있지만, 한국에서는 건더기가 있는 데는 국물이, 국물이 있는 데는 건더기가 섞여 있다. 국물 없는 것을 싫어했던 말하자면, 빡빡한 것을 좋아하지 않은 한국인의 성향을 반영하고 있다.

귀가 가렵다

흔히 귀가 가려울 때 하는 말로 남이 제 말을 한다고 느껴지거나 또는 그 자리에 없는 사람의 말을 할 때, '그의 귀가 가려울 것이다' 라고 하는 말.

귀가 뚫리다

말을 알아듣게 되다.

귀가 번쩍 뜨이다

들리는 소리에 선뜻 마음이 끌리다. 예 잃었던 재산을 되찾을 수 있다는 말에 귀가 번쩍 뜨였다. 여행 가자니까 귀가 번쩍 뜨이니?

귀가 솔깃하다

어떤 말이 그럴듯하게 여겨져 마음이 쏠리다. 예 공짜라는 말에 귀가 솔깃하다.

귀(를) 기울이다

남의 이야기나 의견에 관심을 가지고 주의를 모으다. 예 라디오의 다이얼을 고정시키고 사람들은 정부의 중대 발표에 귀를 기울였다. 영초 김병학이 연려실 기술을 읽고 있다가 별안간 일어나는 호통 소리에 책을 덮고 가만히 귀를 기울였다. 〈박종화-전야〉

귀(가) 따갑다

① 소리가 크거나 날카로워 듣기에 괴롭다. 예 좀 전에 이 동네로 들어서면서부터 줄곧 들려 오던 매미 소리가 바로 머리 위에서 귀가 따갑도록 쏟아져 내려왔다. 〈황순원-일월〉

② 너무 여러번 들어서 듣기가 싫다. 귀(가) 아프다. 예 영희는 어머니에게서 시집가라는 소리를 귀가 따갑도록 들었다.

귀(가) 밝다

① 아주 조그만 소리도 잘 듣다.

② 남의 이야기를 잘 이해하다. 예 귀 밝은 사람은 하나를 들으면 열을 안다.

③ 정보나 소식 따위를 빨리 알다. 예 저 친구는 참 귀 밝은 사람이야. 별소릴 다듣고 다니니.

귀(가) 어둡다

① 귀의 기능이 나빠서 소리를 잘듣지 못하다.

② 남의 말을 잘 이해하지 못하다. 예 저렇게 귀 어두운 사람하고는 이야기를 할 수가 없어.

③ 정보나 소식을 잘 모르고 있다. 예 여태 그것도 모르고 있었다니, 참 귀 어두운 사람이군.

귀에 거슬리다

(어떤 말이) 자기 생각과 맞지 않아 비위가 상하다. 예 형을 좋아하진 않지만, 남이 우리 형 흉보는 것은 귀에 거슬린다.

귀에 들어가다

① 누구에게 알려지다. 예 이 소문이 김씨 귀에 들어가면 아마 그의 딸은 쫓겨나게 될거야.

② 듣고 알게 되다.

귀에 못이 박히다

같은 말을 여러 번 들어 싫은 느낌이 들다. 예 어머닌 아버님이 3·1 운동 때 학살당하셨다는 걸 다시없이 자랑으로 여겨셔요. 그러기에 저희 남매에게 밤낮 귀에 못이 박히도록 하시는 말씀은 아버님의 그 거룩한 뜻을 물려받으라는 부탁이에요. 〈손창섭-낙서족〉

귀에 설다

들어 본 일이 별로 없다. 귀(가) 설다. 예 그 이름은 아무리 생각해도 귀에 설다.

귀(가) 여리다

속는 줄도 모르고 남의 말을 그대로 잘 믿다. 예 그 사람은 귀가 여려서 남이 하는 말에 혹한다.

귓가에 맴돌다

귓전에서 사라지지 않고 들리는 듯하다.

귓구멍이 넓다

남의 말을 잘 듣는 사람을 이르는 말.

귓전에서 듣다

관심을 기울이지 않고 대강 듣다. 예 선생님 말씀은 귓전으로 듣고 노는 데만 정신을 파니 밤낮 꼴찌지.

귓전을 울리다

가까이에서 소리나는 듯 들리다.

기름(을) 짜다

① '착취하다'를 속되게 이르는 말. 예 고을 수령이 백성의 기름을 짜 제 뱃속을 채웠다.

② 자리가 매우 비좁음을 속되게 이르는 말. 예 버스 안에 사람이 어찌나 많은지 기름을 짤 정도다.

기름(을) 치다

일이 원활하게 처리되도록 뇌물을 쓰는 것을 속되게 이르는 말.

길(을) 뚫다

방도를 찾아내다.

길을 재촉하다

길을 갈 때에 빨리 서둘러 가다. 예 날이 저물기 전에 마을에 당도해야 한다며 어머니는 길을 재촉하셨다.

길(이) 바쁘다

목적한 곳까지 빨리 이르러야 할 사정이다.

길(을) 나다

① 버릇처럼 되어 익숙해지다. 예 구걸하는 데에 길이 났다.

② 윤기가 나거나 쓰기 좋게 되다. 예 내 손에 길이 난 연장.

길(이) 들다

① 물건에 손질을 잘하여 윤기가 나다. 예 길이 잘 든 장롱.

② 짐승을 잘 가르쳐서 부리게 좋게 되거나 잘 따르게 되다. 예 길이 든 비둘기.

③ 서투르던 솜씨가 익숙하게 되다. 예 일에 길이 들어 어려움이 없다.

길(을) 들이다

① 물건 따위를 잘 손질하여 윤기가 나게 하거나 쓰기에 좋게 하다. 예 잘 길 들인 연장.

② (짐승을) 잘 가르쳐서 부리기 좋게 만들다. 예 사냥개를 길들이다.

③ 서투르던 솜씨를 익숙하게 하다.

깨가 쏟아지다

아기자기하여 몹시 재미가 나다. 예 깨가 쏟아지는 신혼 생활.

깨소금 맛

남의 불행을 보고 몹시 통쾌하다는 뜻으로 쓰는 말. 예 그 놈이 선거에서 떨어졌다니 참 깨소금 맛이다.

깨알 같다

깨알처럼 매우 잘다. 예 글씨가 깨알 같아 알아보기 힘들다.

꼬리(가) 길다

문을 꼭 닫지 않고 드나드는 사람을 나무라는 말. 예 웬 꼬리가 그리 길어.

꼬리(를) 감추다

자취를 감추다. 예 경찰이 들이닥친 것은 범인이 이미 꼬리를 감춘 뒤였다.

꼬리(를) 밟히다

행적을 들키다. 예 한 번만 더 한 번만 더 하고 만나다가 꼬리를 밟히고 말았다.

꼬리(를) 사리다

만일을 경계하여 꽁무니를 빼고 피하다.

꼬리(를) 잡다

감추고 있는 것을 알아내다. 예 그렇지 않아도 수상쩍다 했는데 마침내 꼬리를 잡았다.

꼬리(를) 치다

아양을 떠는 것을 속되게 이르는 말. 예 여자가 꼬리를 치니까 그렇지 남자가 할 일이 없어서 여자 꽁무니를 따라다녀?

꼬리(를) 흔들다

잘 보이려고 아양을 떨다.

나사가 풀어지다

정신 상태가 해이해지다.

나사를 죄다

해이된 마음을 가다듬어 정신을 차리다.

낯가죽(이) 두껍다

뻔뻔스럽다. 예 너처럼 낯가죽이 두꺼운 녀석은 처음 본다. 선봉 김응서가 패했다고 하던 그 입에 침이 마르기도 전에 크게 이긴 싸움이라고 하는 낯가죽이 두꺼운 김명원이 역겨웠다.

낯가죽(이) 얇다

뻔뻔스러운 행동을 하지 못하다. 예 낯가죽이 얇은 사람은 이런 사업에서 성공하지 못해. 진로를 바꾸는 게 좋을 거야.

낯(을) 가리다

차별 대우를 하다. 예 낯을 가리지 않고 공평하게 대해 주는 사람은 박 선생님뿐입니다.

낯을 못 들다

창피하여 남을 떳떳이 대하지 못하다.

낯을 세우다

체면이나 면목이 바로 이루어지다. 예 일이 잘 안되는 이때에 낯을 세운답시고 자기 변명만 늘어 놓을 게 아니라 수습할 대책을 논의해야지요.

낯(이) 깎이다

체면을 세울 수 없게 되다. 예 이과장은 지난번 술자리에서 주정으로 낯이 깎이고 나서 다시는 술을 입에 대지 않았다.

냄새(를) 맡다

① 냄새를 느끼다. 예 감기가 들어 냄새를 맡지 못하다.
　술이라면 이제 냄새도 맡기 싫다.
② 눈치를 채다. 예 그는 경찰이 무슨 냄새를 맡고 왔는지 불안했다. 대답 없는 말을 두 번씩 꼬집어 묻는 것이 필시 냄새를 맡고 사실대로 자백하라고 명령하는 것 같아 불쾌하지 않을 수가 없었다. 〈박영준-풍설〉

넉살(을) 떨다

야단스럽게 넉살을 부리다. 예 미안하니까 와서 넉살을 떨고 있다.

넉살(을) 부리다

넉살스러운 짓을 하다.

넉살(이) 좋다

넉살 부리는 비위가 좋다. 예 그년은 이 집 사람이 다 된 듯이 안출입까지 하며 방정을 떨었다. 밥을 달라 멸치젓 깍두기를 달라 숭늉을 달라 넉살 좋게 아니 청하는 것이 없었다. 〈현진건-적도〉

넉살(을) 피우다

넉살스러운 태도를 나타내다.

넌더리(가) 나다

몹시 싫어서 진저리가 나다. 예 그녀의 반편이 된 경상도 억양이 내게 슬픔 같은 걸 안겨 주었다. 그만큼 이 곳에 오래 와 살고 있으면서도 어째서 저 여자는 넌더리가 나지 않는 것일까? 〈신상웅-타자의 마을〉

눈감아 주다

남의 허물이나 잘못을 알고도 모르는 체하여 주다. 예 부정 행위를 눈감아 주다.

눈(이) 높다

① 정도 이상의 좋은 것만 찾는 버릇이 있다. 예 눈이 높아 웬만한 남자는 거들떠 보지도 않는다.

② 안목(眼目)이 높다.

눈도 깜짝 안 한다

조금도 놀라지 않고 태연하다. 예 새치기를 하려는 그들의 수작에 손님들이 일제히 악을 쓰며 대든 것이다. 청년들은 그러나 눈 하나 깜짝 않고 다갈색 케이크를 쭉쭉 빨며 빙글빙글 웃고 있었다. 〈홍성원-칠월의 바다〉

눈(이) 뒤집히다

충격적인 일을 당하거나 어떤 일에 집착하여 이성을 잃다. 예 누님은 아우를 찾아다니기에 눈이 뒤집혔다. 그렇게 착실히 다니던 공장에도 며칠씩 빠지고, 혹은 밥도 굶었다. 〈김유정-따라지〉

눈 딱 감다

① 더 이상 다른 것을 생각하지 않다. 예 이번 기회에 눈 딱 감고 자동차를 한 대 샀다.

② 남의 허물 따위를 보고도 못 본 체하다.

눈(에) 띄다

① 눈에 보이다. 곧, 발견되다. 예 아무의 눈에도 띄지 않을 곳에 가 살고 싶다.

② 두드러지게 드러나다. 예 눈에 띄게 발전하다.

눈(이) 맞다

① 두 사람의 마음이나 눈치가 서로 통하다.

② 남녀간에 사랑의 뜻이 통하다. 예 공안원들을 피하느라고 개구멍을 드나들던 떡장수 여자와 수하물 창고 인부가 어느 결에 눈이 맞았었다. 〈황석영-돼지꿈〉

눈 밖에 나다

신임을 잃고 미움을 받게 되다. 눈에 나다. 예 아버지의 명을 거역하여 눈 밖에 난 자식.

눈(을) 부라리다

눈을 부릅뜨고 보다. 눈알(을) 부라리다.

눈(을) 붙이다

잠을 자다. 예 더위에 시달리다 이슥해서야 눈을 붙이게 되고 이래서 아침엔 코 고는 소리만이 더위 속에 모여 살고 잠들고 있는 듯한 대구의 여름이다. 〈이봉구-산타 마리아〉

눈(이) 삐다

욕심 따위로 눈이 어두워 그릇된 판단을 하다. 예 눈이 삐었어? 그런 남자를 남편감으로 고르게?

눈(에) 설다

눈에 익숙지 않다. 낯설다. 예 눈에 선 거리.

눈 씻고 보려야 볼 수 없다

아주 보기 어렵다.

눈(이) 어둡다

① 시력이 좋지 못하다.

② 어떤 일에 정신이 팔려 이성이 흐려지다. 예 돈에 눈이 어두워 친구를 배신하다.

눈에 넣어도 아프지 않다

매우 귀여움을 나타내는 말. 예 늘그막에 얻은 아들이라 눈에 넣어도 아프지 않다.

눈에 들다

마음에 들다. 예 "나도 남의 며느리도 돼 보고 각시도 돼 봤지만, 나 일 잘하는 것 시어머니 눈에 들었어도, 내 얼굴 미운 것 남편의 눈에 들지 않는 봅디다. 〈박노갑-남풍〉

눈에 밟히다

잊혀지지 않고 자꾸 눈에 떠오르다. 예 "별로 관심도 없이 보아 온 아인데, 밤이 되면 눈에 밟혀서… 죄를 진 것만 같고, 좀 어처구니가 없어져서." 〈박경리-타인들〉

눈에 불을 켜다

① 탐을 내어 눈에 빛내다. 예 먹을 거라면 눈에 불을 켜고 대든다.

② 화가 나서 눈을 부릅뜨다. 예 그는 눈에 불을 켜고 날 노려봤다.

눈에서 번개가 번쩍 나다

뺨이나 머리 등을 강하게 맞았을 때, 눈앞이 갑자기 캄캄해지며 일순간 빛이 떠올랐다 사라지는 일을 일컬음. 예 얼굴을 맞는 순간 눈에서 번개가 번쩍 났다.

눈에 선하다

지난 일이나 물건의 모양이 눈앞에 보이는 듯 기억에 생생하다. 예 돌아가신 어머님의 모습이 눈에 선하다.

눈에 쌍심지를 켜다

몹시 화가 나서 눈을 부릅뜨다. 예 누나가 집을 나가 버려서야 아버지는 겨우 정신을 차린 모양이었다. 개를 목매달 때와 같이 두 눈에 쌍심지를 켜고 아버지는 누나를 찾으러 다녔다. 〈조선작-성벽〉

눈(에) 익다

자꾸 보아서 눈에 익숙하다. 예 눈에 익은 모습.

눈에 차다

흡족하여 마음에 들다. 예 눈에 차는 물건이 없다. 자기 자신이 있는 힘을 다하여 아무리 버티어 보아야 일한 흔적이란 눈에 차지 않는다. 〈전광용-태백산맥〉

눈에 헛거미가 잡히다

① 굶어서 기운이 빠져 눈앞이 아물거리다. 예 며칠 굶었더니 눈에 헛거미가 잡힌다.

② 욕심에 눈이 어두워 사물을 바로 보지 못하다.

눈에 흙이 들어가다

죽어 땅에 묻히다. 예 내 눈에 흙이 들어가기 전에는 너희 결혼을 허락할 수 없다.

눈이 빠지도록 기다리다

몹시 애타게 오래 기다리다.

눈(을) 피하다

남이 보는 것을 피하다.

눈곱만하다

아주 보잘것없을 만큼 썩 적거나 작다. 예 마음씀이 눈곱만하다.

눈길(을) 끌다

시선이 향하도록 하다. 예 눈길을 끄는 외모.

눈길(을) 주다

한 곳에 시선을 집중하다. 예 그는 그녀에게 뜨거운 눈길을 주고 있었다.

눈독(을) 들이다

욕심을 내어 눈여겨보다. 눈독(을) 쓰다. 눈독(을) 올리다. 예 그는 그 여자의 재산에 눈독을 들이고 있다.

눈썹도 까딱하지 않다

(놀라기는커녕) 아주 태연하다. 예 목에 칼을 들이대도 눈썹도 까딱하지 않을 사람이다.

눈치(가) 보이다

남이 자기를 싫어하는 태도가 엿보이다. 예 거저 얻어먹고 있으려니 눈치가 보인다.

눈치(가) 빠르다

남의 마음을 남다르게 빨리 알아채다. 예 눈치가 빠른 사람.

눈치(를) 채다

남의 속마음을 알아채다. 예 그 자들이 우리 계획을 눈치 챈 것 같다.

눈칫밥을 먹다

남의 눈치를 살피면서 기를 펴지 못하고 밥을 얻어먹다. 예 계모 아래서 눈칫밥을 먹고 자라다.

눈코 뜰 사이 없다

정신 못 차리게 바쁘다. 예 어찌나 일이 많은지 눈코 뜰 사이 없다.

ㄷ

다리(를) 놓다

상대방과 관련을 짓기 위하여 중간에 다른 사람을 넣다.

다리(를) 뻗고 자다

걱정과 시름을 잊고, 편한 마음과 자세로 잠을 자다.

다리품(을) 팔다

① 길을 많이 걷다. 예 아무도 눈치 채지 못하게끔 일부러 먼길을 택하여 다리품을 파는 것도 재미로 여길 수가 있었고…〈김문수-노리개〉
② 남의 심부름으로 보수를 받고 먼 길을 다녀오다.

다릿골(이) 빠지다

길을 많이 걸어서 다리가 몹시 피로해지다. 예 다릿골이 빠지도록 걷다.

덜미(를) 잡히다

못된 일 따위를 꾸미다가 발각되다. 예 흉계를 꾸미다가 덜미를 잡혔다.

덜미(를) 짚다

① 덜미잡이를 하다.
② 덜미를 잡아 누르듯이 몹시 재촉하다. 덜미(를) 치다.

도깨비 살림

있다가도 별안간 없어지는 불안정한 살림.

도장(을) 찍다

① 도장을 찍어 약조를 맺다. 계약하다.

② 제 것으로 만들다.

돈을 물쓰듯 하다

돈을 흥청망청 마음껏 쓰다.

돈을 뿌리다

돈을 아무렇게나 허투루 쓰다. **예** 김의원은 이번 선거에 돈을 꽤 뿌렸다지.

동(이) 나다

계속 잇대지 못하고 도중에 떨어지다. **예** 물건이 동이 나다.

그들은 인제 말할 재료가 동이 났는지 잠깐 동안 약속들이나 한 듯이 조용하다.〈엄흥섭–인생 사막〉

동티(가) 나다

잘못 건드려 재앙이 일어나다 **예** 총명한 아이가 매를 당집에다 은밀히 숨겨 두었다. 당집을 건드리면 동티가 날까 마을 사람들이 발분하겠으므로, 민원을 살까 두려워한 관리는 그대로 돌아갔다.〈황석영–장길산〉

된서리(가) 때리다

풀이나 나무에 된서리가 내리다. **예** 가을걷이가 덜 끝났는데 된서리라도 때리면 큰일이군.

된서리(를) 맞다

① 되게 내리는 서리를 맞다. **예** 배추가 된서리를 맞아 삶아 놓은 것처럼 풀이 죽었다.

② 모진 재앙이나 억압을 당하다. **예** 겁없이 까불다가 된서리를 맞다.

두 다리 쭉 뻗다

걱정 없이 편하게 지내다. **예** 이제는 두 다리 쭉 뻗고 잘 수 있겠다.

두 손 맞잡고 앉다

아무 일도 하지 않고 가만히 있다.

두 주머니(를) 차다

(계모나 안노인이) 살림용과 사천의 두 가지 주머니를 차다. 이를테면,

계모는 자기 소생이나 노후를 위해서, 안노인은 딸 자식을 위해서라 함.

뒤가 구리다

숨겨 둔 약점이나 잘못이 있다. 예 나를 보고 피하는 걸 보니 뒤가 구린 모양이다.

뒤가 급하다

똥이 몹시 마려운 것을 완곡하게 이르는 말.

뒤가 꿀리다

약점 때문에 떳떳하지 못하고 마음이 켕기다. 예 그에게 뒤가 꿀릴 일이라도 있소?

뒤가 켕기다

자신의 약점이나 잘못 때문에 좋지 못한 일이 있을 것 같아 겁이 나다.

뒤를 밟다

남의 행동을 살피기 위해 몰래 따라가다.

뒤(를) 보아주다

남을 뒤에서 돌보아 주다.

뒤를 캐다

은밀히 뒷조사를 하다.

뒷걸음(을) 치다

① 뒤로 걷거나 물러서다. 예 그는 나를 보자 깜짝 놀라며 뒷걸음을 쳤다.
② (일이) 퇴보하다. 예 수출 산업이 뒷걸음 치다.

등(이) 달다

마음대로 되지 않아 안타까워지다. 예 빨리 집에 가려는 생각에 등이 달아서 남은 야채를 밑지고 팔아 넘겼다.

등(이) 닿다

① 소나 말의 등이 길마에 닿아 가죽이 벗어지다.
② 뒤로 힘 있는 곳에 기대게 되다.

등(을) 대다

남의 세력에 의지하다. 등에 업다. 예 정계의 사람에게 등을 대다.

등(을) 돌리다

서로 마주 대하지 않고 배척하다.

등골(을) 빨아먹다

　남의 재물을 착취하거나 농락하여 빼앗아 먹다. 등골(을) 빼먹다.

등골(을) 뽑다

　남의 재물을 훑어 먹거나 남을 몹시 고생스럽게 하다.

등골(을) 우리다

　달래거나 위협하여 남의 재물을 억지로 빼앗다.

뜸(이) 들다

　① 일단 익은 음식을 얼마 동안 열을 약하게 가하여 흠씬 익히다. 예 뜸
　　이 덜 든 밥.

　② (어떤 일이 잘 이루어지도록) 일정한 상태가 한동안 무르익게 되다.

뜸(을) 들이다

　① 음식이 푹 익도록 뜸이 들게 하다. 예 밥을 뜸 들이다.

　② 어떤 일이 잘 이루어지도록 일정한 상태에서 한동안 무르익도록 하
　　다. 예 "기왕 봐드리기로 한 거니까 봐 드리겠습니다." 잠시 말을 끊
　　고 뜸을 들이더니 곧 이었다. "그러나 어제의 곱이라야 되겠습니
　　다…"〈김성홍-굿이나 보며〉

ㅁ

마음(이) 달다

　몹시 마음이 쓰이다. 예 결과가 발표되지 않아 마음 달다.

마음(을) 두다

　어떤 것에 관심을 두거나 생각을 가지다.

마음(이) 들뜨다

　마음이 가라앉지 않다.

마음(을) 붙이다

　(마음의 동요가 없이 무엇에) 마음을 자리 잡게 하다. 예 비록 고향이 아
　니더라도 이곳에서 마음 붙이고 살자.

마음(을) 사다

　관심을 가지게 하다. 호감을 가지게 하다. 예 여자의 마음을 사다.

마음(을) 쓰다

① 어떤 문제를 깊이 생각하다. 예 더 이상 마음 쓰지 말고 이제 자네 일을 하게나.

② 남을 돌보거나 선심을 베풀다. 예 이렇게까지 마음을 써 주시니 정말 고맙습니다.

마음(이) 쓰이다

어떤 일에 자꾸 생각이 가다. 예 어젯밤 꿈에 어머님이 나타나신 게 아무래도 마음이 쓰여 새벽같이 집으로 달려갔다.

마음에 걸리다

마음이 편하지 않고 염려가 되다.

마음에 새기다

단단히 기억하여 두다. 예 아버님의 마지막 말씀을 마음에 깊이 새겼다.

마음에 없다

무엇을 하거나 차지하고 싶은 생각이 없다. 예 마음에 없는 일이면 그만두어라.

마음에 있다

무엇을 하거나 차지하고 싶은 생각이 있다. 예 마음에 있으면 하나 사구려.

마음에 차다

마음에 흐뭇하다.

마음의 문을 열다

상대방과의 사이에 느끼던 거리감을 없애고 자신의 속마음을 드러내 보이다.

마음이 돌아서다

틀어졌던 마음이 제대로인 상태가 되다. 예 너 그렇게 방황만 하더니 이제야 마음이 돌아섰구나.

마음이 통(通)하다

서로의 생각이 잘 이해되어 통하다.

마음(을) 잡다

잡념을 없애고 안정을 되찾다. 예 이젠 마음 잡은 모양이지.

마음(을) 졸이다

안타깝게 몹시 조바심하다. 예 면접 시험장에서 마음을 졸이며 자기 차례를 기다렸다.

마음(이) 죄이다

마음속으로 근심이 되어 조마조마하다.

마음(을) 주다

마음을 숨기지 않고 기꺼이 내 보이다.

마음(에) 짚이다

짐작 가는 데가 있다. 예 마음에 짚이는 데 있느냐.

말(이) 나다

① 이야깃거리로 말이 시작되다. 말이 난 김에 이야기하겠다.

② 비밀한 일이 다른 사람의 입에 오르내리게 되다. 예 그 사실은 이미 말이 나 버렸다.

말(을) 내다

① 이야깃거리로 말을 시작하다.

② 비밀한 일을 다른 사람에게 말하다. 예 이 일은 절대 말을 내지 말아 주게. 누가 말 냈는지 모르지만, 아무 근거 없는 이야기다.

말(을) 놓다

존대하던 말씨를 반말 또는 '하게', '해라'로 고쳐서 말하다. 예 이제부터 말 놓고 지내세.

말만 앞세우다

실천은 하지 않고 말부터 앞질러 하다.

말(을) 비추다

① 상대편이 알아차릴 수 있을 만큼 넌지시 자기의 뜻을 밝히다.

② 남들이 말하는 자리에 끼여 한마디하다.

말(을) 삼키다

하려던 말을 그만두다.

맥(을) 놓다

긴장 따위가 풀려 멍하니 되다. 예 어린 아들이 객지로 떠나자 어머니는 맥을 놓고 앉아 있다. 큰일이 끝났다고 맥을 놓으면 병이 나고말고요.

맥(을) 못 추다

기운·힘 따위를 못 쓰거나 이성을 찾지 못하다. 예 힘깨나 쓴다던 장쇠도 씨름꾼한테는 맥을 못 추고 모래판에 나가 떨어졌다. 두려움이나 지리함의 감정은 어느 때고 왕성한 호기심 앞에 맥을 못 추었다. 〈강신재-파도〉

맥(이) 빠지다

긴장 따위가 풀려 힘이 빠지다. 예 아들의 낙방 소식을 듣고 맥이 쏙 빠졌다.

맥(이) 풀리다

긴장 따위가 풀려 힘이 스러져 없어지다. 예 맥이 풀려 꼼짝도 못하겠다.

머리가 가볍다

상쾌하여 마음이나 기분이 가뜬하다. 예 한숨 잤더니 한결 머리가 가볍다.

머리가 젖다

어떤 사상·인습 등에 물들다.

머리(를) 굴리다

머리를 써서 생각하다.

머리(를) 깎다

① 중이 되는 것으로 대유적(代喩的)으로 이르는 말. 예 머리를 깎고 절에 들어가다.

② 교도소에 복역(服役)하는 것을 대유적으로 이르는 말.

머리(를) 얹다

① 여자의 긴 머리를 두 갈래로 땋아 엇바꾸어 양쪽 귀 뒤로 돌려서 이마 위쪽에 한데 틀어 얹다.

② 어린 기생이나 여종이 자라서 머리를 쪽 찌다. 예 화류계 여자들의 이야기가 있다. 많은 남자와 사랑하고 교제하고 살림하고 살아 봐도, 잊혀지지 않는 것은 머리 얹어 준 첫 사내라는 것이다. 〈윤오영-내 고향〉

③ 여자가 시집을 가다. 예 머리 얹을 나이가 되다.

머리(를) 얹히다

① 동기(童妓)와 관계를 맺어 그 머리를 얹어 주다.

② 시집 보내다.

머리(를) 풀다

상제(喪制)가 되다.

머리(를) 흔들다

진저리를 치거나 강한 거부 의사를 나타내다. 예 그는 노름으로 재산을 날린 뒤로 화투 소리만 들어도 머리를 흔들었다.

목이 떨어지다

① 죽음을 당하다.

② 어떤 직위에서 그만두게 되다.

목이 붙어 있다

① 살아[남아] 있다.

② 어떤 직위에 겨우 머물러 있다.

목이 빠지게 기다리다

몹시 안타깝게 기다리다.

목(을) 자르다

① 목을 베다.

② (기업·직장 등에서) 해고하다.

몸(이) 달다

마음이 조급하여 안타까워하다. 예 그는 합격자 발표일이 다가오자 몸이 달아 안절부절 못했다.

몸 둘 바를 모르다

어떻게 처신해야 할지 모르다. 예 대청을 지키던 사령 하나가 얼굴이 새파랗게 질려 벌벌 떨면서, "안핵사 나리는 벌써 오늘 새벽에 전주로 도망 가고 여기는 없습니다." 하고 몸 둘 바를 몰라 했다. 〈최인욱-전봉준〉

몸(을) 바치다

① 어떤 목적을 위하여 목숨을 희생하다.

② 몸을 아끼지 않고 희생적으로 행하다. 예 평생을 육영 사업에 몸 바치다.

③ 여자가 남자에게 정조를 바치다.

몸을 던지다

① 온갖 정열을 다 기울여 어떤 일에 열중하다.

② (자살하려고) 죽을 곳에 뛰어들거나 떨어지다.

몸을 사리다

어떤 일에 적극적으로 임하지 않고 살살 피하며 몸을 아끼다.

몸(을) 팔다

여자가 금품을 받고 정조를 팔다.

몸(을) 풀다

① 아이를 낳다. 예 닷새 동안을 정신을 잃고 진통 중에 있던 산모가 성
순의 따스한 손길아래 자정이 넘은 지 얼마 후에 몸을 풀게 되었다.
〈이봉구– 타 마리아〉

② 몸의 피로를 덜다.

문턱 드나들 듯. 어떤 곳에 매우 쉽게 잘 드나든다는 뜻.

ㅂ

바가지(를) 긁다

아내가 남편에게 생활의 어려움에서 오는 불평·불만을 늘어놓으면서
잔소리를 하다. 예 이런 때는 온종일 그 이튿날 아침까지 긁는다. 그 때
마다 말 없던 어멈이 옹알옹알 바가지 긁는 소리가 들린다. 〈전영택–화수
분〉

바가지(를) 쓰다

요금이나 물건 값을 치르는 데 있어서 억울한 손해를 보다.

바닥(이) 나다

돈이나 물건이 다 소비되어 없어지다. 예 바닥 난 쌀통. 일거리가 바닥나
다. 자본이 바닥나다. 객주를 전전하며 술을 마시고 잠을 자던 그는 얼마
되지 않아 가지고 있던 돈이 바닥이 났는지 초조한 얼굴이 되었다. 〈유현
종–장화사〉

바람(이) 나다

① 이성 관계로 마음이 들뜨다. 예 계집애가 톡톡히 바람이 났군.

② 하는 일에 능률이 한창 나다.

바람(을) 넣다

남을 부추겨서 무슨 행동을 하려는 마음이 생기게 만들다. 예 왜 얌전히
공부하는 아이에게 자꾸 바람을 넣느냐?

바람(이) 들다

① (무 따위가) 물기가 빠져 푸석 푸석하게 되다. 예 무에 바람 들다.

② 허황된 생각이 마음에 차다.

③ 다 되어 가는 일에 탈이 생기다.

바람(이) 자다

① 불던 바람이 그치다.

② 들떴던 마음이 가라앉다.

바람(을) 잡다

① 마음이 들떠 돌아다니다.

② 허황한 짓을 꾀하다.

바람(을)피우다

① 한 이성에만 만족하지 않고, 몰래 다른 이성과 관계를 가지다. 예 아내 몰래 바람 피우다.

② 허황된 짓을 자주 하다.

반죽(이) 좋다

노여움이나 부끄러움을 타는 일이 없다. 예 "그게 정말이오?" "이 아낙이 되사람과 겸상을 먹었나, 웬 의심이 그리 많수? 그럼 내가 없는 소릴 반죽 좋게 씨부렸단 말이유?" 〈김주영-객주〉

발(을) 구르다

안타까움이나 다급함을 형용하는 말. 예 차 시간을 대지 못해 발을 동동 구르다.

발(을) 끊다

오가지 않거나 관계를 끊다. 발길을 끊다. 예 박씨 그 사람, 몇 해 전에 한 번 다녀간 뒤로 발을 뚝 끊었어요.

발길에 채다

① 걷는 사람의 발에 채다.

② 천대받고 짓밟힘을 비유한 말.

발길이 떨어지지 않다

(애착이나 걱정·미련 따위로) 마음이 놓이지 않아 선뜻 떠나지 못하다.

발길이 멀어지다

서로 오가는 것이 뜸해지다. 예 정이 멀어지니 자연 발길이 멀어진다.

발길이 무겁다

① 가고 싶은 마음이 내키지 않다. 예 일이 재미 없으니 출근하는 발길이 무겁다.

② 발걸음이 무겁다.

발등에 불이 떨어지다

어떤 일이 몹시 절박하게 닥치다.

발등을 밟히다

제가 하려는 일을 남에게 앞지름을 당하다.

발등의 불을 끄다

눈앞에 닥친 어려움을 처리하여 해결하다. 예 우선 발등의 불이나 끄고 봐야지.

발등(을) 찍히다

배신당하다.

발(이) 묶이다

돈이 떨어지거나 교통 수단이 통하지 않아 몸을 움직이지 못할 형편이 되다. 예 눈이 많이 내려 등산객이 산에서 발이 묶여 있다.

발 벗고 나서다

적극적으로 나서다. 예 나무 장사에 쌀 장사를 겸해 보자는 구형의 이 말에 또한 문원은 발 벗고 나서서 반대할 필요를 느끼지 않았다. 〈박노갑-삼인행〉

발(을) 빼다

어떤 일에서 관계를 끊고 물러나다. 예 내 신경 전부를 일으켜 세우는 소리가 또 하나 들려 왔으니 그것은 애욕에서 발을 빼는 날이라야 완전한 구언을 받을 수 있다던 검은 복장을 입은 엄숙한 신부의 음성이었다. 〈최정희-지맥〉

발 뻗고 자다

곤란한 일에서 벗어나 마음 놓고 편히 자다. 예 빚을 다 갚았으니 이제 발 뻗고 잘 수 있겠다.

발(을) 씻다

관계하던 일에서 완전히 물러나 관계를 끊다.

배(가) 맞다

① 남녀가 남 모르게 서로 몸을 허락하다. **예** 서울 와서 몇 달도 안 돼서 네 어미 버릇을 따르느라고 바람이 났구나? 바른대로 말해! 어떤 놈 하고 배가 맞았느냐 말이다. 〈김광주-종점소묘〉

② 떳떳하지 못한 일을 하는 데에 서로 뜻이 통하다.

비위(에) 거슬리다

마음에 언짢다. **예** 그 사람과 일을 하자면 비위에 거슬리는 일이 어찌 한 두 가지겠는가만 꾹 참고 견뎌 보게나.

비위(를) 건드리다

남의 마음을 상하게 하다. **예** 잘난 체하는 꼴이 사람 비위를 건드린다 말야.

비위(를) 긁다

비위를 상하게 하거나 감정을 언짢게 하다. **예** 여보게, 자넨 그런 쓸데없 는 말을 해서 남의 비위를 긁어야만 속이 시원하겠나.

비위(를) 맞추다

남의 마음에 들도록 해주다. **예** 변덕이 죽 끓듯 하니, 그분 비위를 어떻 게 맞춰요?

비위(가) 상하다

하는 짓이 마음에 맞지 않아 아니꼽고 거슬리다. **예** 그 사람은 천성이 원 만해서 남의 비위를 상하게 하는 말은 좀체 입 밖에 내지 않아요.

비위(가) 좋다

아니꼽거나 싫은 일을 잘 견디는 힘이 있다. **예** 창피한 줄도 모르고 비위 좋게 앉아 있다. 그 외면이 너무나 완강한 것이어서 비위가 좋은 여학생 도 더 이상 말을 걸어 보지 못한다. 〈박경리-타인들〉

비위(가) 틀리다

마음에 맞지 않아 기분이 틀어지다. **예** 비위 틀리면 그만두지 뭐, 거기 아니면 밥 굶나!

뼈도 못 추리다

죽은 뒤에 추릴 뼈조차 없다는 뜻으로, 상대와 싸움의 적수가 될 수 없음

을 과장되게 이르는 말. 예 그 사람 손에 걸렸다 하면 네까짓 녀석은 뼈
도 못 추릴 걸.

뼈를 깎다

매우 견디기 어려운 고통을 비유적으로 이르는 말.

뼈만 남다

지나치게 여윈 모습을 이르는 말. 뼈만 앙상하다.

뼛골(에) 사무치다

고통이나 원한 따위가 마음속 깊이 강렬하게 느껴지다. 예 원한이 뼛골
에 사무치다.

ㅅ

살로 가다

먹은 것이 살로 되다.

살(이) 붙다

=살(이) 오르다. 예 식욕이 좋아지니 살도 붙는다.

살(을) 붙이다

대강의 줄거리에 여러 가지를 덧붙여 보태다.

살(을) 섞다

부부 생활을 하다. 예 30년 살을 섞은 사이인데 이혼이라니.

살을 깎고 뼈를 갈다

몸이 야윌 정도로 몹시 애쓰다. 매우 고생하다.

살을 에다

추위나 슬픔 따위로 살을 베어내듯 고통이 몹시 심하다. 예 살을 에는 듯
한 추위.

살(이) 내리다

① 사람을 해치거나 물건을 깨치는 사나운 살이 떨어져 나가다.
② 일가 친척 사이에 사나운 띠앗머리가 떨어져 나가다. 살(이) 나가다.

살(을) 맞다

초상집 · 제삿집 · 혼인집 등에 갔다가 갑자기 탈이 난 경우에 '악귀의
침범을 받다' 의 뜻으로 이르는 말.

살(이) 오르다

① 사람을 해치거나 물건을 깨치는 독살궂은 기운이나 악귀의 짓이 들러붙다.

② 일가 친척 사이에 띠앗머리를 사납게 하는 악귀가 들러 붙다. 살(이) 붙다.

속(을) 끓이다

마음을 태우다. 예 집안 일로 속 끓이다.

속(을) 떠보다

=속(을) 뜨다. 예 속을 떠보려고 한 소리야.

속(을) 뜨다

남의 마음을 알려고 넘겨짚다. 속(을) 떠보다.

속(이) 보이다

엉큼한 마음이 들여다보이다. 속(이) 들여다보이다. 예 속 보이는 소리. (준) 속 뵈다.

속(을) 상(傷)하다

마음이 불편하고 괴롭다. 예 도둑을 맞아 속 상하다. 속이 상하는 일이 한두 가지가 아니다.

속(이) 시원하다

(좋은 일이 생기거나 나쁜 일이 없어져서) 마음이 상쾌하다. 예 그 문제가 해결되어 속이 시원하다.

속(이) 썩다

마음이 몹시 상하다. 예 아이들 대문에 속이 푹푹 썩다.

속(을) 썩이다

① (뜻대로 되지 않거나 좋지 못한 일로) 몹시 괴로워하다. 예 혼자서 속을 썩이지 말고 말을 해 보아라.

② 남의 마음을 몹시 상하게 하다. 예 말을 안 듣고 속을 썩인다.

속(이) 없다

① 생각이 줏대가 없다. 예 남이 하자는 대로 하는 걸 보니 자넨 속이 없네.

② 악의가 없다. 예 말은 저렇게 해도 속은 없는 사람이야.

속(을) 주다

마음 속에 있는 것을 숨김 없이 드러내 보이다. 속(을) 터놓다. 예 아무
에게나 속을 주다.

속(을) 차리다

① 지각 있게 처신하다. 예 속을 차릴 나이가 되다.

② 자기의 실속을 꾸리다. 예 남 좋은 일만 하지 말고 속 좀 차려라.

속(이) 타다

걱정이 되어 마음이 달다. 예 너무 가물어서 벼가 말라 죽을까 봐 속이
타다.

속(을) 태우다

① 몹시 걱정이 되어 마음을 졸이다. 예 집을 나간 아이가 돌아오지 않아
부모가 속을 태우다.

② 남의 속을 타게 하다. 예 어지간히 속을 태우고 이젠 사람 좀 되어라.

속(이) 풀리다

화를 냈거나 토라졌던 감정이 누그러지다. 예 자세한 내용을 알고 속이
풀리다.

손(이) 가다

① 손이 미치다. 예 이 약을 아이들 손이 안 가는 곳에 잘 두어라.

② 손을 대어 매만지다. 예 헌 집이라 손이 가야 할 곳이 많다.

손(이) 거칠다

① 도둑질하는 손버릇이 있다. 또는, 손버릇이 나쁘다.

② 일을 다루는 솜씨가 세밀하지 못하다. 예 너는 손이 거친 게 탈이야.

손(을) 끊다

교제나 거래 관계를 끊다.

손끝(이) 맵다

① (손이) 슬쩍 때려도 몹시 아픔을 주다. 손(이) 맵다. 손때(가) 맵다.

② 일하는 것이 야무지다. 예 손끝이 매운 사람이라서 일의 매조지가 잘
되었군.

③ 가축·가금을 기르는 일에 번번이 실패하는 사람에게 미신적으로 이
르는 말. 예 자네 손끝이 매워서 염소가 또 죽었나 보구려.

손(을) 나누다

　①헤어지다. 예 마지막으로 그 사람과 손을 나눈 뒤로 나는 행상(行商)으로 나섰다.

　②한 가지 일을 여럿이 나누어 하다. 예 혼자서 하느라고 애쓰지 말고 손을 나누어 하면 쉽지 않겠소.

손(이) 나다

　어떤 일에서 조금 쉬거나 다른 것을 할 틈이 생기다. 예 지금은 바빠서 안 되지만 손이 나면 찾아가 보리다.

손(이) 달리다

　일손이 모자라다. 예 농촌에서는 농번기 때에 손이 달린다.

손(이) 뜨다

　일하는 동작이 매우 굼뜨다. 예 여태 한 일이 이것이냐, 너처럼 손이 뜬 사람은 처음 봤다.

손(을) 떼다

　하고 있던 일을 그만두다. 예 이제 그 일에서 나는 손을 뗐다.

손도(를) 맞다

　패륜 행위를 하여 그 지방에서 쫓겨나다. 또는, 남에게 배척을 당하다. 예 …순봉의 집에서는 상하가 경사라고 떠들 때에 정염이는 손도 맞은 사람같이 혼자 방 안에 들어앉아 눈물을 흘리었다. 〈홍명희-임꺽정〉

손(이) 많다

　일손이 많다. 예 손이 많은 덕택에 일을 빨리 끝냈다.

손(이) 맞다

　함께 일을 할 때 생각·방법 등이 서로 맞다. 예 손이 맞아야 일을 같이 하지? 이렇게 그야말로 찧고 까불고 하는 소리를 누가 속은 모르고 밖에서 듣기만 한다면 꼬옥 손 맞은 애들이 지껄이고 노는 줄 알 겁니다. 〈채만식-태평성대〉

손(이) 모자라다

　일손이 부족하다. 예 한창 손이 모자라 애를 먹고 있는데 잘 왔다.

손(을) 벌리다

　(돈 따위를) 귀찮게 요구하다.

손(을) 빌리다

무슨 일을 하는 데 남의 도움을 받다. 예 남의 손을 빌려 하던 일을 끝냈다. 그까짓 일이라면 목수의 손을 빌릴 것도 없이 제가 하겠어요.

손(을) 뻗치다

이제까지 하지 않던 일을 해보다. 또는, 세력을 넓히다.

손(을) 씻다

부정적인 일에 대한 관계를 청산하다. 예 그는 종교에 귀의한 뒤로 범죄 조직에서 손을 씻고 착실히 살아가고 있다.

손(이) 서투르다

일하는 폼이 익숙하지 않다. 손(이) 설다. 예 아직 손이 서투르지만 열심히 하다 보면 곧 익숙해지겠지요.

손(이) 싸다

손놀림이 몹시 빠르다.

손(이) 크다

① 씀씀이가 후하고 크다. 예 큰며느리가 그렇게 손이 커서야 살림이 견뎌나겠느냐고 마을 사람들이 수군거렸다.

② 수단이 좋고 많다. 예 손이 큰 어른이어서 그분이 주선하는 일이라면 안 되는 일이 없다.

손(을) 타다

물건의 일부가 자주 없어지다. 예 빤히 보이는 데다가 놓아 두니 손을 타지.

손(을) 털다

본전을 모조리 잃다. 예 손을 털어야 집에 갈 거야?

손에 달리다

어떤 사람에게 매이거나 의존하여 좌우되다. 예 일의 성패가 내 손에 달려 있다.

손에 들다

어떤 세력 범위나 손아귀에 들어가다.

손에 땀을 쥐다

아슬아슬하여 마음이 조마조마하도록 몹시 애가 달다. 예 손에 땀을 쥐게 하는 곡예. 결승전은 관중의 손에 땀을 쥐게 하는 격돌의 연속이었다.

손에 손을 잡다

다정하게 서로 힘을 합쳐 돕다.

손에 잡히다

차분하게 마음을 가라앉혀 일할 수 있게 되다. 예 마음이 산란하여 일이 손에 잡히지 않는다.

손에 잡힐 듯하다

매우 가깝게 또는 또렷하게 보이다.

손에 쥐다

어떤 것을 자기 소유로 만들다. 예 부귀와 명예를 함께 손에 쥐다.

손(에) 익다

손에 익숙하다. 예 이 일은 하도 많이 해 봐서 손에 익었다.

손(이) 작다

① 물건이나 재물의 쓰임이가 깐깐하고 작다.
② 수단이 적다.

손(이) 재다

동작이 재빠르다.

손끝(에) 물이 오르다

구차하던 살림이 점차 부유해지다. 예 그 집도 이젠 손끝에 물이 오르나 보지. 올해에는 논을 사 보탰다지 뭔가.

손끝(이) 여물다

손으로 하는 일을 빈틈 없고 뒤탈 없이 아주 잘한다. 손(이) 여물다.
예 그만큼 손끝이 여물었으니까 이만한 일은 맡겨도 좋겠지요.

손때(가) 묻다

오랜 세월을 사용하여 손으로 만진 때가 끼어 있다. 예 손때가 묻은 책. 왕조가 퇴락하고 파생 싸움에 가로 가는 양반 사대부가 늘어, 먹고 살 수가 없으니까 손때 묻은 가보로부터 세간까지 내다 파는 사람이 부쩍 늘고 그걸 사들이는 왜인들이 붙어나 골동상의 경기는 제법 좋았다. 〈유현종-장화사〉

손바닥(을) 뒤집듯 하다

　순식간에 변하거나 노골적으로 태도를 바꾸는 경향이 있다. 예 자기도 찬성한다더니 어쩌면 그렇게 반대로 돌아서서 손바닥을 뒤집듯 할까?

시치미(를) 떼다

　자기가 하고도 하지 않은 체하거나 알고도 모르는 체하다. 시치미(를) 따다. 예 영희는 책을 자기가 감추고도 시치미를 떼었다.

신을 거꾸로 신고 나가다

　반가운 사람을 맞으러 정신 없이 허둥지둥 뛰어나가다.

쓴 잔을 마시다

　=고배를 마시다.

쓸개(가) 빠지다

　하는 짓이 줏대가 없고 온당하지 못함을 욕으로 하는 말. 예 쓸개 빠진.

씨를 말리다

　어떤 종류의 것을 하나도 남기지 않고 죄다 없애다. 예 장김이 너무 극성한 때문 종친중에 똑똑한 인물을 다 씨를 말리려 하니 한심하시단 분부까지 내리겠습니다. 〈박종화-전야〉

어깨가 가벼워지다

　무거운 책임에서 벗어나 마음이 홀가분하다.

어깨가 무겁다

　무거운 책임을 져서 마음의 부담이 크다. 예 분에 넘치는 직책을 맡고 보니 어깨가 무겁다.

어깨가 움츠러들다

　떳떳하지 못하고, 창피하고 부끄럽게 여겨지게 되다.

어깨가 으쓱거리다

　떳떳하고 자랑스러워서 으쓱거리는 기분이 되다. 예 시험에 합격하니 어깨가 저절로 으쓱거린다.

어깨가 처지다

　힘이 빠져 어깨가 축 늘어지다. 기력을 잃거나 낙심하는 모양을 일컬음.

예 그는 사업에 실패한 뒤로 어깨가 축 처져 있다.

어깨로 숨을 쉬다

어깨를 들먹이며 괴로운 듯이 숨을 쉬다.

어깨를 겨누다

대등(對等)한 위치에서 서다. 비슷한 세력(勢力)의 힘을 가지다. 어깨를 겨루다. 어깨를 나란히 하다. **예** 그는 너와 어깨를 겨눌 만한 상대다.

어깨를 나란히 하다

① 나란히 서다. 또는 나란히 서서 걷다.

② 어깨를 겨누다.

어깨를 으쓱거리다

① 어깨를 자꾸 위아래로 들먹거리다.

② 우쭐거리며 뽐내다.

얼굴 가죽이 두껍다

부끄럼이나 거리낌이 없이 뻔뻔하다.

얼굴(을) 붉히다

부끄럽게 여기거나 화를 내어 얼굴빛을 붉게 하다.

얼굴에 똥칠을 하다

명예ㆍ체면을 손상시키는 짓을 하다. 얼굴에 먹칠을 하다. **예** 이놈, 아비 얼굴에 똥칠을 해도 분수가 있지 그런 나쁜 짓을 해?

얼굴에 철판을 깔다

염치나 체면도 없이 몹시 뻔뻔스럽다. **예** 얼굴에 철판을 깔지 않고서야 어떻게 그런 짓을 할 수 있겠는가.

얼굴에 침 뱉다

맞대 놓고 모욕을 주다.

얼굴을 고치다

화장을 새로 하다. **예** 거기서 그녀는 핸드백을 열고 천천히 얼굴을 고쳤다. 입술에 루주를 다시 바르고, 아이 섀도를 약간 진하게 칠했다. 〈황순원-일월〉

얼굴을 깎다

체면을 잃게 만들다. **예** 남의 흉을 보는 것은 스스로 제 얼굴을 깎는 짓이다.

얼굴을 보아 주다

체면을 세워 주다.

얼굴을 익히다

얼굴을 여러 번 보아 눈에 익게 하다.

얼굴을 하다

(어떤) 표정을 짓다. 예 화난 얼굴을 하다.

싫은 얼굴을 하다.

얼굴이 뜨겁다

부끄러운 일을 당하여 남을 대할 면목이 없다. 예 그가 내 치부를 들추는

바람에 얼굴이 뜨거워 혼났다.

얼굴이 반쪽이 되다

앓거나 고통을 겪거나 하여 얼굴이 몹시 수척해지다.

얼굴이 팔리다

세상에 널리 알려지게 되다. 유명해지다.

얼굴이 피다

얼굴에 살이 오르고 화색이 돌다. 예 얼굴이 핀 것을 보니 형편이 좋아진

모양이다.

얼굴이 화끈하다

부끄럽고 창피하여 얼굴이 빨개지다.

입(을) 떼다

말을 꺼내다. 예 마침내 그는 입을 떼기 시작했다.

입(을) 막다

말을 내지 못하게 하다. 예 목격자를 협박하여 입을 막다. 입을 막기 위

하여 돈을 주다.

입만 살다

① 실천은 따르지 않고 말만 그럴듯하게 잘한다. 예 입만 살아서 큰소리

친다 / 안평은, 우익(羽翼)만 없으면 아무 일도 못 할 사람. 돌아다니

면서 남에게 역한 말이나 하라면 잘할 사람이지만, 입만 살았지 속살

이 없는 사람일세. 〈김동인-대수양〉

② 격에 맞지 않게 음식을 가려 먹다.

입만 아프다

애써 자꾸 얘기해도 상대방이 받아들이지 않아 보람이 없다. 예 너랑 말해야 내 입만 아프다.

입맛(을) 다시다

① 음식을 먹고 싶어하다. 예 동생이 옆에서 입맛을 다시고 있는데 형 혼자만 먹는다.

② 뜻대로 되지 않는 일을 당하여 귀찮아하거나 난처해하다. 예 그로부터 거절을 당하고 쓴 입맛을 다셨다.

③ 무엇을 가지고 싶거나 하고 싶은 욕심을 내다.

입(을) 모으다

여러 사람이 모두 같은 의견으로 말하다. 예 동네 사람이 입을 모아 칭찬하다.

입(이) 바르다

듣는 사람이 꺼려 할 만큼 옳은 말을 곧이곧대로 하다. 예 저 사람은 고지식해서 입 바른 소리를 잘한다.

…그 중의 한 생원이란 사람은 행검(行檢)이 있어서 자기 앞도 잘 닦거니와 입이 발라서 남의 허물을 용서 않고 면박을 잘하는 까닭에 친구들 사이에 평산 어사(平山御史)라는 별명이 있고… 〈홍명희-임꺽정〉

입 밖에 내다

어떤 사실을 말로 드러내다. 예 이 일은 절대 입 밖에 내지 마.

그 동안 자신들의 자존심이 상처 입은 것만큼의 울분을 일시에 터뜨리고 있는 셈이었다. 아마 내가 그 자리에 없었다면 그들은 그런 울분을 결코 입 밖에 내지 않았을지도 모른다. 〈전상국-하늘 아래 그 자리〉

입(이) 빠르다

남에게서 들은 말을 참지 못하고 옮기다. 예 입 빠른 사람.

입(이) 싸다

=입이 가볍다. 예 배고파서 말하기 싫다든 자식이 말대답은 입 싸게 하는구나. 〈홍명희-임꺽정〉

입(을) 씻기다

자기에게 불리한 말을 못 하도록 돈이나 물건을 주다.

입(을) 씻다

이문 따위를 혼자 차지하고서 시치미를 떼다. 예 입을 씻고 아닌 체하다.

입 안의 소리

남이 제대로 알아들을 수 없게 혼자서만 웅얼웅얼하는 소리.

입에 거미줄 치다

가난하여 먹지 못하고 굶다. 예 "아닌게 아니라 바우 벼슬길 알아본다고 서울에 다녀오겠다고 하시더라. 입에 거미줄 안 치고 등 따시면 됐지 무슨 벼슬에 그리 독이 올랐는지 정말 모르겠다." 〈오탁번-우화의 땅〉

입에 맞다

음식물이 식성에 들어맞다. 예 입에 맞는 음식.

입에 발린 소리

마음에도 없는 것을 겉치레로 하는 말. 예 입에 발린 소리를 늘어 놓다.

입에서 젖내가 난다

나이가 어려 하는 짓이나 말이 유치하다.

입에 오르내리다

자주 남의 이야깃거리가 되다.

입에 침이 마르다

남을 아주 좋게 말하다. 예 자식 자랑을 입에 침이 마르게 늘어놓다. 추사 김정희 선생이 여간해서는 남의 서화를 칭찬 않으시는 터인데 석판의 난초에 가서는 입에 침이 마르도록 칭찬을 하셨드군요. 〈박종화-전야〉

입에 풀칠(을) 하다

겨우 밥이나 먹을 정도로 겨우 살아가다. 예 양반가 노비에서 풀려나오면 수월찮은 세금을 바쳐야 하게 됨은 고사하고라도, 당장 입에 풀칠을 하기가 캄캄해질 것이다. 〈서기원-조선백자 마리아상〉

입을 봉(封)하다

말을 하지 않고 입을 다물다. 입을 함봉하다.

입을 틀어막다

시끄러운 소리나 자기에게 불리한 말을 하지 못하게 막다.

정신(이) 나가다

마음이 정상적인 상태에서 벗어나다. 예 정신 나간 사람처럼 왜 그리 멍청하게 서있느냐?

정신(이) 나다

사리를 분별할 수 있는 정신이 생기다. 예 찬바람을 쐬고 들어왔더니 정신이 난다.

정신(이) 들다

① 잃었던 의식이 돌아오다. 예 이제야 정신이 드느냐?

② 사리를 분별할 수 있는 이성적 능력이 돌아오다. 예 선생님의 따끔한 충고에 정신이 들었다.

정신(이) 사납다

정신이 흐리다. 예 요즘에 정신이 사나워서 책을 읽어도 통 머리에 들어오질 않는다.

정신(이) 없다

① 몹시 바쁘다. 예 손님 접대하느라 정신이 없다.

② 사리를 분별하지 못하다. 예 갑자기 당한 일이라 정신이 없다.

정신(을) 차리다

① 잃었던 의식을 되찾다. 예 고열에 시달리던 그는 오늘 아침에야 겨우 정신을 차렸다.

② 사리를 분별할 만한 정신을 가지다. 예 혼이 나더니 정신을 차린 모양이다.

정신(이) 팔리다

자기가 해야 할 일은 잊고 다른 데에 정신이 쏠리다. 예 어머니가 바느질에 정신이 팔리어서 골몰하고 있을 때 몰래 가만히 일어나서 나오지요. 〈주요섭-사랑 손님과 어머니〉

코가 납작해지다

몹시 무안을 당하거나 기가 죽다. 예 필승을 호언하던 녀석을 1회전에서 KO패로 눕혀 코가 납작해지게 만들어 놓았다.

코가 높다

잘난 체하고 뽐내는 기세가 있다. 예 그 여자는 코가 높아서 웬만한 남자
는 거들떠보지도 않는다.

코가 땅에 닿다

머리를 깊이 숙이다.

코가 삐뚤어지다

몹시 취하도록 술을 마시는 모양. 예 오늘은 코가 삐뚤어지게 마셔 보자.

코가 우뚝하다

젠체하며 거만을 빼다.

코 값을 하다

대장부답게 의젓하게 굴다.

코(를) 골다

잠을 잘 때에 드르렁거리며 콧숨을 쉬다.

코를 찌르다

냄새 따위가 코를 몹시 자극하다. 예 고약한 냄새가 코를 찌르다. 장원두
는 딱딱한 나무 의자에 가서 앉았다. 드럼통으로 만들어 놓은 술 탁자 가
운데서는 연탄불이 피고 있어서 연탄 냄새가 코를 찔렀다. 〈안장홍−안개
강〉

코 묻은 돈

어린아이가 가지고 있는 적은 돈을 하찮은 것으로 이르는 말.

코(가) 빠지다

근심에 싸여 기가 죽고 활기가 없어지다. 예 내 코가 석 자나 빠졌는데
무슨 힘으로 남을 도울 수 있겠는가.

코(가) 세다

남의 말을 잘 듣지 않고 고집이 세다. 콧등이 세다.

코 아래 진상(進上)

먹을 것이나 뇌물 따위를 바치는 일을 이르는 말.

피가 거꾸로 솟다

몹시 흥분하여 피가 머리로 모이다.

피가 뜨겁다

정열적이다. 예 피가 뜨거운 청년

피가 마르다

몹시 괴롭거나 애가 타다. 예 행방 불명이 된 아들 소식을 피가 마르게
기다렸다.

피가 켕기다

핏줄이 이어진 사이에는 저도 모르게 서로 당기는 친화력(親和力)이 있다.

피가 통하다

사무적·공식적이 아니고, 인간적인 감정이나 인정으로 연결되다.

피(가) 끓다

혈기나 감정 따위가 격렬하게 복받쳐 오르다. 예 피 끓는 젊은이.

피 나다

몹시 고생하다. 예 피 나는 노력.

피도 눈물도 없다

조금도 인정이 없다.

피로 피를 씻다

① 혈족끼리 서로 죽이며 다투다.
② 악을 처단하기 위하여 또다시 악으로써 보복하다.

피를 나누다

혈육의 관계가 있다. 예 피를 나눈 동기(同氣)끼리 그 무슨 짓이냐.

피를 마시다

[옛날, 중국에서 맹세할 때 희생의 생혈(生血)을 마셨던 데서] 굳게 맹
세하다.

피를 말리다

몹시 괴롭히거나 애가 타게 만들다. 예 피를 말리는 입시 지옥.

피를 받다

(조상·부모 등의) 성격적·신체적 특질을 이어받다. 예 아버지의 피를

받아 고집이 세다.

피를 보다

① 싸움으로 피를 흘리는 사태가 빚어지다.

② 크게 봉변을 당하거나 곤욕을 치르다.

③ 크게 손해를 보다. 예 피를 보는 쪽은 내 쪽이지 그 사람에게야 무슨 손해가 있겠어요?

피를 빨다

착취하다. 예 양반을 눌러 두드려 부셔야겠습니다. 십대조 이십대조가 한 번 잘난 덕으로 백 년 이백 년 잘난 놈도 양반 못난 놈도 양반! 양반 자세를 해서 억울하게 백성의 피를 빨아먹는 이 양반 계급을 두들겨 부셔야겠사옵니다. 〈박종화-전야〉

피를 흘리다

싸우거나 하여 사상자(死傷者)를 내다. 예 그들의 말다툼은 끝내 피를 흘리는 사태까지 이르렀다.

피에 울다

피를 토하며 울다. 또는, 몹시 슬피 울다.

피에 주리다

죽이거나 다치게 하려는 동물적인 욕망이 끓어오르다. 예 나치스는 피에 주린 늑대처럼 유태인을 학살하였다.

피와 땀

대단한 인내와 노력의 비유. 예 피와 땀으로 이룬 사업.

피와 살이 되다

(지식이나 지혜 따위가) 완전히 소화되어 제 것이 되다. 예 아버지의 말씀은 내 어린 시절의 피와 살이 되었다.

하늘 같다

상대자를 아주 높이 우러러보거나 그 은혜를 크게 느낌을 이르는 말. 예 하늘 같은 부모님의 은혜

하늘과 땅

두 사물 사이에 큰 차이나 거리가 있음을 이르는 말. 예 두 사람의 실력 차는 하늘과 땅이다.

하늘 높은 줄 모르고 오르다

물가가 매우 높게 뛰다

하늘에 맡기다

운명에 맡기다. 예 의사로서 할 수 있는 일은 다했습니다. 나머지는 하늘에 맡기는 수밖에 없습니다.

하늘을 지붕 삼다

① 한데서 기거(起居)하다.

② 정처 없이 떠돌아다니는 신세를 비유하는 말.

하늘을 찌르다

① (산이나 건물 등이) 아주 높게 솟아 있다. 예 하늘을 찌를 듯한 첨탑.

② 기세가 대단하다. 예 병사들의 사기가 하늘을 찌를 듯하다.

하늘이 노랗다

기력이 몹시 쇠하거나 지나친 상심(傷心)으로 하늘이 노랗게 보일 정도가 되다.

하늘이 두쪽이 나도

(어떤 결심을 할 때) 아무리 큰 어려움이 있어도. 예 하늘이 두쪽이 나도 내 신념을 관철하겠다.

하늘이 캄캄하다

큰 충격을 받아 정신이 아찔하다.

허리가 부러지다

① 당당한 기세가 꺾이고 재주를 펼 수 없게 되다.

② 몹시 우습다.

허리를 굽히다

① 허리를 구부려 절하다.

② 남에게 겸손한 태도를 취하다.

③ 머리 숙여 남에게 굴복하다.

※엮은이 약력
　서울대학교 국어교육과 졸업
　현, 양명고등학교 교사

※저서
　한수위 언어영역(서울:대인교육)

고교생을 위한 23주 완성 (고사성어,속담,다의어,관용어)

고교 필수 어휘 풀이 사전　　값 8,500원

1판2쇄 2011년 11월 25일 인쇄
1판2쇄 2011년 11월 30일 발행

엮 은 이/ 정 문 간

발 행 처/ 서림문화사
발 행 자/ 신 종 호
주　　소/ 서울 종로구 종로 6가 213-1
　　　　　(영안빌딩 101호)
홈페이지/ http://www.kung-fu.co.kr
　　　　　http://www.tutodown.com
전　　화/ (02)763-1445, 742-7070
팩시밀리/ (02)745-4802

등　　록/ 제1-218호(1975.12.1)
특허청 상호등록/ 022307호

ⓒ2005.Seolim Publishing Co., Printed in Korea
ISBN 978-89-7186-648-9 53710
ISBN 978-89-7186-006-5(세트)